2025 MINISTRY RESOURCE MANUAL BOOK

목회와 설교자료

"성령의 능력으로
부흥하는 교회"
(겔 37 : 14, 행 9 : 31)

한국장로교출판사

2025 MINISTRY RESOURCE
MANUAL BOOK

목회와
설교자료

머리말

"성령의 능력으로 부흥하는 교회"(겔 37 : 14, 행 9 : 31)

한국교회는 코로나19 팬데믹이 끝나면 교회의 시대적 위기가 나아질 거라고 기대했지만, 교회를 바라보는 부정적인 시선, 교회의 갈등과 분쟁, 교인 수의 감소 등으로 여전히 어려움을 겪고 있습니다. 이러한 때에 한국교회와 성도들은 우리의 모습을 돌아보아 회개해야 합니다.

우리가 회개하고, 새롭게 되는 것은 성령의 능력으로 가능합니다. 하나님께서는 성령의 능력으로 회개하여 새롭게 된 한국교회와 성도들을 복음 전파의 도구로 사용하십니다. 이제 우리는 세상으로 나아가 예수 그리스도의 십자가 복음을 전해야 합니다. 그리하여 이 복음을 통하여 많은 사람들이 예수님을 구주로 고백하고, 믿기를 간절히 소망합니다.

제109회기 총회주제는 "성령의 능력으로 부흥하는 교회"(겔 37 : 14, 행 9 : 31)입니다. 2025년, 한국교회와 모든 성도들이 성령의 능력으로 회개하고 회복되어 전도와 교회의 부흥을 경험하길 간절히 바랍니다. 이러한 마음을 담아 『2025년 목회와 설교자료 : 한국교회 강단』을 제작하였습니다. 본서는 복음이신 예수 그리스도의 생애와 사역에 따른 교회력에 맞추었고, "성령의 능력으로 부흥하는 교회"라는 총회 주제를 담아 '전도'를 주제로 설교가 집필되었습니다.

본서를 제작하기 위해 52분의 목회자들이 기도하며 집필에 참여해 주셨습니다. 집필에 참여해 주신 분들께 감사의 말씀을 전합니다. 그리고 출판을 책임져 주신 한국장로교출판사에도 감사를 표합니다. 무엇보다 이 책이 한국교회의 모든 성도들에게 주님의 말씀이 전해지는 귀한 통로로 사용되길 소망합니다.

2024년 9월 24일
제109회기 대한예수교장로회 총회장 김영걸 목사

차례

머리말 / 4

주일예배 설교자료

기도하고 있더라 _ 박성근 목사(포항오천교회)	12
지체할 수 없습니다 _ 손윤탁 목사(총회한국교회연구원)	20
주님은 왜 이 말씀을 하셨습니까? _ 이병영 목사(열방교회)	30
쉼으로의 초대 _ 김휘현 목사(동일교회)	38
인생의 한밤중에서 _ 서은성 목사(상신교회)	46
예수님의 마지막 유언 _ 이정원 목사(주하늘교회)	54
나의 연약함을 알게 하소서 _ 심영섭 목사(삼양제일교회)	60
내 삶이 무너질 때 _ 이전호 목사(충신교회)	68
예수님은 물러가사 한적한 곳에서 기도하시니라 _ 곽재욱 목사(동막교회)	76
전도자의 멋 _ 류영모 목사(한소망교회)	82

두루 다니시며 _ 문성욱 목사(일산명성교회)	88
예수님이 유일한 소망입니까? _ 손병렬 목사(포항중앙교회)	96
꽃샘추위 너머를 바라보며 _ 심상철 목사(제주영락교회)	104
아버지의 마음 _ 정명철 목사(도림교회)	112
종려나무와 십자가 _ 최원준 목사(안양제일교회)	120
예수님의 부활 나의 부활 _ 김문년 목사(덕장교회)	128
전도자의 일을 하라 _ 김영철 목사(월드비전교회)	136
교회의 사명 _ 이규호 목사(큰은혜교회)	146
예수님이 필요한 사람 _ 박석진 목사(포항장성교회)	154
진짜 하나님의 일 _ 김대동 목사(구미교회)	160
너희에게 평강이 있을지어다 _ 림형천 목사(잠실교회)	170
이것을 기록함은 생명을 얻게 _ 이태종 목사(수지교회)	178
성령 충만함 _ 오경환 목사(신성교회)	186
교회가 교회 되게 하라 _ 김승민 목사(원미동교회)	194
우리가 어찌할꼬 _ 허요환 목사(안산제일교회)	200
십자가 교환 장소 _ 박요셉 목사(좋은교회)	208

성령의 능력으로 부흥하는 교회 _ 김영걸 목사(포항동부교회) 214

하나님은 구원의 역사를 이끌어 가십니다 _ 주승중 목사(주안교회) 220

부흥하게 하소서 _ 김휘동 목사(포항송도교회) 228

가장 아름다운 발길 _ 장승권 목사(청주서남교회) 236

구원받은 자의 변화된 삶의 모습 _ 박선용 목사(가경교회) 246

전도! 이 복이 나에게 있다니 _ 최원주 목사(대구남덕교회) 254

전도, 듣든지 아니 듣든지 _ 황순환 목사(서원경교회) 260

복음을 위한 일꾼의 자격 _ 김선인 목사(포항푸른숲교회) 266

하나님의 은혜의 선물 _ 오세원 목사(은성교회) 274

성령 충만을 받으라 _ 심상효 목사(대전성지교회) 284

기도하는 행복을 아십니까? _ 김영일 목사(천안동산교회) 292

다시 복음 앞에 _ 김한호 목사(춘천동부교회) 298

모두 태워 갑시다 _ 이상천 목사(강릉교회) 304

영적 담력을 가집시다 _ 정해우 목사(신양교회) 312

어리석은 결혼 설계사 _ 조민상 목사(구미시민교회) 320

오직 예수 _ 남정우 목사(하늘담은교회) 328

오직 너 하나님의 사람아 _ 류철배 목사(보배로운교회)   336

다시 시작하라 _ 황세형 목사(전주시온성교회)   344

전도는 복입니다 _ 서화평 목사(샘물교회)   352

건강한 신앙 문화로서의 추수감사절 _ 조택현 목사(광주서남교회)   358

주님이 주목하시는 교회 _ 남택률 목사(광주유일교회)   366

소망의 기다림 _ 김승학 목사(안동교회)   374

새 하늘과 새 땅을 기다리며 _ 홍성호 목사(순천제일교회)   382

양과 염소 비유 _ 정 훈 목사(여천교회)   390

동방 박사들의 성탄절 _ 이진구 목사(성루교회)   396

하나님 앞에 자신을 드리는 일꾼 _ 이창교 목사(상남교회)   406

주일예배 설교자료

기도하고 있더라

1월 첫째 주 　박성근 목사
　　　　　　　포항오천교회

행 12 : 1~12

예배로 부름
시 42 : 1
"하나님이여 사슴이 시냇물을 찾기에 갈급함같이 내 영혼이 주를 찾기에 갈급하니이다"

입례 찬양
10장 "전능왕 오셔서"

결단 찬양
363장 "내가 깊은 곳에서"

세상의 모든 존재는 자기 역할을 하며 살아가고 있습니다. 각자 역할 외의 일에 월권할 이유가 없습니다. 반대로 자신의 협소함에 빠져서도 안 됩니다. 각각 하나님이 맡기신 사명을 감당하면 됩니다. 성도의 역할은 하나님을 예배하며 살아가는 것입니다. 성도가 믿음을 가지고 사는 것이 결코 쉬운 일은 아니지만, 세상에 미혹되어 자기 본분을 망각하는 것은 도리가 아닙니다. 그렇다면 이 완고한 시대에 성도가 어쩔 수 없는 것에 매달리지 말고 반드시 감당해야 할 것은 무엇입니까?

1. 세상은 세상의 일을 합니다(1-3절)

헤롯 왕이 항의하는 유대인들의 요청으로 그리스도인 몇을 해쳤더니 유대인들이 좋아했습니다. 이에 헤롯 왕은 유대인들의 환심을 사려고 적극적으로 기독교를 박해하기 시작했습니다. 정치하는 사람들은 여론에 약합니다. 그것이 정치가들의 강점이고 약점입니다. 헤롯도 여론에 약했습니다. 그 당시 예수님을 믿는 사람은 적었고, 바리새인, 서기관, 대제사장들처럼 힘 있는 사람들은 예수님을 믿는 자들을 적대하였습니다. 헤롯은 유대인에게 인기를 얻기 위해 마침내 요한의 형제 야고보를 죽이고 기독교인들을 핍박했습니다.

믿음 생활을 하다 보면 우리는 때로 이해하지 못할 일들을 만납니다. '저런 귀한 분은 오래 사셔야 하는데, 왜 이 중요한 때에 데려가시나?', '하나님의 보호를 받는 교회에서 어찌하여 이런 일이 벌어지는가?', '저런 사람은 왜 빨리 거두시지 않는가?' 등 이해되지 않는 것들이 많이 있습니다. 그러나 성도는 이해하지 못할 일을 만나도 모든 판단을 하나님께 맡기고 나아가야 합니다. 우리가 모르는 그곳에도 하나님의 뜻이 있기 때문입니다.

"이는 내 생각이 너희의 생각과 다르며 내 길은 너희의 길과 다름이니라 여호와의 말씀이니라 이는 하늘이 땅보다 높음같이 내 길은 너희의 길보다 높으며 내 생각은 너희의 생각보다 높음이니라"(사 55 : 8-9).

세상에는 내가 당장 이해하지 못하는 일이 많습니다. 그러나 그 안에 하나님의 깊은 뜻이 있습니다. 야곱이 아무리 애쓰고, 야곱의 가족들이 아무리 부지런히 농사를 짓고 양을 쳐도 흉년을 피할 수 없었습니다. '왜 이런 일이 일어나나?' 하며 야곱은 답답했을 것입니다. 그러나 흉년이 2년, 3년 계속되어 그의 아들들이 양식을 구하러 애굽에 갔기 때문에 요셉을 만날 수 있었고, 야곱의 가족이 고센 땅의 복을 누릴 수 있게 되었습니다.

지금은 이해하지 못해도 훗날 이해될 일들이 많습니다. 땅에서는 이해하지 못해도 천국에서 이해될 일들이 많습니다. 그러니 지금 이해된다면 감사하고, 이해되지 않는 일들은 하나님께 맡기고 묵묵히 걸어가야 합니다.

야고보 사도가 헤롯 왕에게 죽게 된 것을 당장은 이해하기가 어렵습니다. 우리의 생각에는 야고보를 죽이라고 명령한 헤롯 왕이나 야고보를 죽인 사람은 벼락을 맞아야 마땅합니다. 그러나 헤롯 왕도 건재하고, 야고보를 죽인 사람도 벼락을 맞지 않았습니다. 야고보만 피 흘리며 죽었습니다.

그것을 보고 유대인들이 좋아하니 헤롯 왕은 '내 인기가 올라가겠구나.' 생각하며, 이참에 지지 기반을 더 다지기 위해 베드로까지 잡아들입니다. 유월절 후에 그는 베드로를 감옥에 가두고 여러 병사에게 지키도록 합니다. 그렇게 해 놓고도 베드로가 도망갈까 봐 쇠사슬로 묶기까지 합니다.

이렇게 세상은 철저하게 자기의 일을 합니다. 헤롯의 거친 탄압으로 베드로가 감옥에 갇혔습니다. 헤롯은 그뿐만 아니라 군병 넷씩 네 패(16명)에게 베드로를 철저히 감시하게 합니다. 잘 때도 병사들은 베드로의 양옆에서 같이 잠을 잤을 정도입니다. 그리고 또 다른 병사들이 문밖에서 지킵니다. 이중, 삼중으로 지키고 있습니다. 지키는 것이 저들의 일입니다. 답답하고 안타깝지만 세상은 세상의 일을 합니다.

2. 하나님은 하나님의 일을 하십니다(7-10절)

하나님은 옥중의 베드로에게 천사를 보내셨습니다. 천사가 나타나 캄캄한 밤에 환한 빛이 비치는데도 베드로는 아무것도 모르고 잠에 빠져 있었습니다.

베드로는 복도 많습니다. 내일 죽을지라도 오늘 단잠을 잘 수 있는 것, 그것이 얼마나 큰 복입니까? 하나님께서 사랑하시는 자에게 잠을 주신다고 말씀하셨습니다. 자야 할 때 잘 수 있는 자는 복된 자입니다. 잠자리에 누웠는데 잠은 오지 않고 별의별 생각 때문에 뜬눈으로 지새운다면 얼마나 괴로운 일입니까?

천사가 옥중에서 단잠을 자는 베드로의 옆구리를 치고 "일어나라." 하며 그를 깨웠습니다. 베드로가 무슨 일인가 싶어 일어나니 쇠사슬이 벗겨졌습니다. 천사는 놀라운 능력으로 베드로를 풀어 주었습니다. 베드로의 사슬을 풀어 준 그 천사가 오늘 우리와도 동행합니다.

잠에서 깨어 일어난 베드로에게 천사가 말합니다. "띠를 띠고 신발을 신어라." 베드로가 그대로 하니 천사가 또 말합니다. "겉옷을 입고 따라오라." 베드로가 천사를 따라가니 굳게 잠겨 있던 쇠문이 열립니다. 그래도 간수들은 아무것도 모른 채 곯아떨어져 잠만 잡니다. 첫째 파수를 지나고, 둘째 파수를 지나도 병사들은 잠에서 깨지 않습니다. 베드로가 성으로 통하는 쇠문에 이르니 성문이 저절로 열립니다. 군사들이 베드로를 밤새 지켰지만, 하나님은 베드로를 구원하셨습니다.

인생의 사방 길이 막혔어도 하늘은 열려 있습니다. 사방에 길이 없어도 하늘과 통하는 사람에게는 길이 열립니다. 우리 하나님은 홍해 가운데 길을 내신 분입니다. 요단강을 갈라서 길을 내신 분입니다. 하나님께는 능하지 못한 일이 없습니다. 그분이 우리가 믿는 구원의 주님입니다. 세상은 세상의 일을 하지만 하나님은 하나님의 일을 하십니다.

3. 교회는 교회의 일을 해야 합니다(5, 12절)

"이에 베드로는 옥에 갇혔고 교회는 그를 위하여 간절히 하나님께 기도하더라"(행 12 : 5).

베드로가 감옥에 있을 때 그 소식을 들은 교회는 그를 위하여 기도했습니다. 교회에 위기가 오고 지도자가 어려움을 당할 때 성도들은 자기 일만 하지 않았습니다. 고난 중에 있는 지도자를 위하여 기도했습니다. 지도자 베드로는 옥중에서 태평스럽게 잠을 잤지만, 교회는 지도자 베드로가 알든지 모르든지 그를 위해 간절히 기도했습니다.

교회가 위기를 극복하고 바르게 세워지려면 반드시 기도가 필요합니다. 지도자가 마음껏 일할 수 있는 것은 기도의 후원이 있기 때문입니다.

사랑하는 성도 여러분, 교회와 지도자를 위하여 기도하고 있습니까? 그것은 성도의 본분입니다. 그것이 교회의 덕이 되고, 하나님께서 하시는 일에 동참하는 것입니다.

"깨닫고 마가라 하는 요한의 어머니 마리아의 집에 가니 여러 사람이 거기에 모여 기도하고 있더라"(행 12 : 12).

베드로가 천사의 도움으로 옥에서 탈출한 뒤 마가의 어머니의 집으로 갔습니다. 그때 사람들이 그곳에서 간절히 기도하고 있었습니다. 기도는 허공을 치지 않습니다. 흩어 사라지지 않습니다. 기도는 하나님의 살아 계심을 붙드는 것입니다. 기도는 하나님께서 개입하시기를 구하는 것입니다. 교회와 성도들이 베드로를 위해 기도한 대로 베드로가 감옥에서 풀려났습니다.

우리가 열심히 공부하고, 사업하며, 자기 일에 최선을 다하는 것은 매우 중요합니다. 그러나 열심 중에 놓치지 말아야 할 것이 있습니다. 바로 기도입니다. 우리는 기도해야 합니다. 신앙생활은 예배하기 위해 교회를 왔다 가는 정도로는 안 됩니다. 교회가 베드로를 위해 기도했을 때, 놀라운 일이 일어났습니다. 베드로의 쇠사슬이 끊어졌습니다. 천사들이 나타났습니다. 겹겹으로 잠겼던 옥문들이 열렸습니다. 베드로 옆에 있던 병사들이 힘쓸 겨를도 없이 베드로가 풀려났습니다. 하나님께서 하시는 일은 놀랍습니다.

지금도 하나님은 살아 계시며 역사하십니다. 교회가 누구를 위하여 기도한다고 할 때, 교회가 어느 성도를 위하여 기도한다고 할 때, 세상이 성도들을 겹겹이 포위해도 걱정 없습니다. 교회가 성도들을 위해 기도할 때 하나님께서 성령님을 보내시고, 그 성령님께서는 묶인 것을 푸시고 갇힌 것을 놓이게 하십니다. 기도는 예나 지금이나 여전히 만사를 변화시킵니다. 기도는 하나님의 자녀들의 가장 위대한 능력입니다.

영적으로 가장 무서운 일은 교회가 염려하고, 분노하며, 비난하고, 적극 참여하여 애를 쓰며, 회의하고, 모금하는데 기도하지 않는 것입니다. 인간사에서 제일 무서운 손실은 사람들이 서로를 위해 더 이상 기도하지 않는 것입니다. 가정의 비극은 부모가 자녀를 위해서 더 이상 기도하지 않는 것입니다. 부모가 자녀에게 장난감, 고액의 학비, 삶의 기반이 될 자금 등 모든 것을 주어도, 기도하지 않는다면 좋은 자녀와 후손들이 자라날 수 없습니다. 기도를 잃어버리는 것은 인류 최고의 비극입니다.

사도행전의 모든 장마다 기도 이야기가 나옵니다. 제자의 수가 채워지고, 교회가 세워지며, 전도가 되고, 기적이 일어나며, 일꾼과 선교사들이 세워지고, 교회가 부흥하는 것은 다 기도의 힘입니다. 가정이 세워지고, 자녀가 자라나며, 삶이 풍성해지는 것도 기도의 힘입니다. 인생에서 가장 소중한 시간은 기도의 시간입니다. 열심히 일한 뒤에 해야 할 마지막 일은 기도입니다. 교육도 기도로 시작해서 기도로 마치는 것입니다. 일의 시작과 마지막은 기도입니다.

세상은 세상의 일을 합니다. 하나님께서는 하나님의 일을 하십니다. 그리고 우리는 우리의 일을 해야 합니다. 오늘날 우리가 해야 하는 일 그리고 할 수 있는 일은 기도하는 것입니다. 그러므로 성도 여러분, 기도의 시간과 자리를 회복하기를 바랍니다.

2025 MINISTRY RESOURCE
MANUAL BOOK

목회와
설교자료

지체할 수 없습니다

1월 둘째 주   손윤탁 목사
총회한국교회연구원

눅 5 : 1~11

예배로 부름
시 36 : 9~10
"진실로 생명의 원천이 주께 있사오니 주의 빛 안에서 우리가 빛을 보리이다 주를 아는 자들에게 주의 인자하심을 계속 베푸시며 마음이 정직한 자에게 주의 공의를 베푸소서"

입례 찬양
34장 "참 놀랍도다 주 크신 이름"

결단 찬양
329장 "주 날 불러 이르소서"

주 안에 거하는 성도 여러분! 주님의 이름으로 승리하는 믿음의 해를 보내시길 바랍니다.

세상의 유혹에 넘어가지 않으려면 주님과 함께, 주님의 말씀과 함께, 주님께 순종해야 합니다. 특별히 2025년 "성령의 능력으로 부흥하는 교회"라는 주제로 새해를 맞이한 우리는 초심을 잃지 않아야 합니다. 그러기 위해서라도 세초부터 세말까지 함께하시는 주 예수 그리스도 안에 거하여야 합니다.

그리스도인들은 성령님을 모시고 사는 자들입니다. 그분과 함께, 그분 안에서 우리는 모든 것을 할 수 있습니다. 그래서 사도 바울은 서신마다 '엔 크리스토스'(Ἐν Χριστός)를 강조하며 '주 안에서' 문안하고, 평강을 기원하며, 복을 받기를 바랍니다. 특별히 "내게 능력 주시는 자 안에서 내가 모든 것을 할 수 있느니라"(빌 4 : 13)라는 말씀은 누가 우리에게 승리를 주시는지를 분명히 합니다.

하나님은 주 안에 거하게 하시기 위하여 우리를 부르셨습니다. 세상을 사랑하시는 하나님은 모든 사람이 다 구원받기를 원하시기 때문입니다. 그래서 독생자를 세상에 보내시고(요 3 : 16), 이 놀라운 일을 위하여 그의 사람들, 곧 우리를 부르십니다. 하나님은 사람을 통하여 일하시기 때문입니다.

오늘 본문은 예수님께서 "성령에게 이끌리어"(마 4 : 1) 광야로 가서 마귀에게 시험을 받아 말씀으로 승리한 후, 공생애를 시작하며 제자들을 부르신 장면입니다. 마태와 마가는 예수님께서 바다에 그물을 던지는 베드로와 안드레 형제에게 "나를 따라오라 내가 너희를 사람을 낚는 어부가 되게 하리라"라고 말씀하고(마 4 : 19, 참조. 막 1 : 17), 더 가다가 그물을 깁고 있는 야고보와 그의 형제 요한을 부르자 그들이 아버지와 배를 버려두고 따랐다고 기술합니다. 그런데 누가는 이 이야기를 좀 더 구체적으로 표현합니다(눅 5 : 1-11). 시몬 베드로의 배에서 무리를 가르치시던 주님은 베드로에게 "깊은 데로 가서 그물을 내려 고기를 잡으라."라고 하셨고, 베드로는 주님의 말씀에 순종하므로 그물이 찢어질 정도로 많은 고기를 잡습니다. 이 만남을 통하여 베드로는 자신을 발견하고 두려운 마음으로 자신이 죄인임을 고백합니다. 베드로의 동업자인 야고보와 요한도 이 사실을 보고 놀랍니다.

하나님은 또다시 2025년 새해를 허락하셨습니다. 이 한 해도 우리 주 예수 그리스도 안에서 승리하는 한 해, 부흥하고 성장하는 한 해로 만들어 가야겠습니다. 지난 몇 년 동안 우리는 코로나19 팬데믹으로 여러 가지 실패와 좌절을 경험했습니다. 그러나 다시 일어서야 합니다. 우리의 이웃과 세상이 우리들을 보고 놀랄 수밖에 없는 한 해가 되어야 하기 때문입니다.

주님의 명령은 매우 구체적입니다. 깊은 데로 가서 그물을 내리라고 하시고, 나를 따라오라고 하십니다. 더 중요한 것은 주님이 이렇게 명령하시고, 부르신 목적입니다. "무서워하지 말라 이제 후로는 네가 사람을 취하리라"(눅 5 : 10). 사람을 낚는 어부가 되라는 말씀입니다.

1. 거룩한 만남(깊은 데로 가서 그물을 내려라)

성장과 부흥을 노래하던 한국교회가 지난 몇 년 동안 침체의 위기를 겪었습니다. 그러나 다시 일어서야 합니다. 땀 흘리고 수고하였으나 결과가 없으면 낙심할 수밖에 없습니다. 하지만 우리들은 부활하신 예수 그리스도 안에 있는 자들입니다.

"그러므로 내 사랑하는 형제들아 견실하며 흔들리지 말고 항상 주의 일에 더욱 힘쓰는 자들이 되라 이는 너희 수고가 주 안에서 헛되지 않은 줄 앎이라"(고전 15 : 58).

그리스도 안에서의 수고는 헛되지 않습니다. 그래서 우리는 늘 위기가 기회임을 이야기해 왔습니다.

베드로가 때로는 풍성한 어획으로 기쁨을 누리는 날도 있었겠지만, 지난밤에는 고기를 한 마리도 잡지 못하고 빈 그물을 손질하고 있었을 것입니다. 바로 그때 예수님이 찾아오셨습니다. 베드로가 초청한 것이 아니라 주님이 찾아오신 것입니다. 호숫가에는 배가 두 척 있었는데, 예수님은 그중에서 베드로의 배에 오르셨습니다(눅 5 : 3). 예수님은 그 배에 서서 무리를 가르치셨고, 그 후에 베드로에게 말씀하셨습니다.

이러한 만남의 과정을 우리도 체험해 왔습니다. 예수님은 우리의 부족함과 약함을 먼저 아시고 우리를 찾아오십니다. 그리고 말씀하십니다. 이렇게 우리를 부르시고 사명을 주시는 이 일련의 과정을 우리는 '거룩한 만남'이라고 합니다.

세상에는 수많은 만남이 있습니다. 그중에는 단순한 만남(meeting)도 있으나 우리의 인생을 변화시키는 깊은 만남(encounter)도 있습니다. 수십 년을 같은 직장에서 함께 생활해도 회사라는 밴드가 끊어지면 거기에서 인연이 끝나는 경우도 있지만, 단 한 번의 만남을 통해서 인생의 동반자를 만나기도 하고, 삶이 변화되기도 하는 것을 봅니다. 주님과의 만남은 단순한 만남이 되어서는 안 됩니다. 깊은 만남이 되고 서로의 부족함을 채워 주고 덮어 주는 유대 관계의 만남(bonding)이 되어야 합니다. 상대방의 약점을 이해하거나 어려움에 공감하는 정도가 아니라, 그의 단점을 내가 채워 주고 그의 어려움을 함께 해결하므로 단단한 관계를 형성하는 만남이어야 합니다.

예수님은 우리의 고통을 알고, 우리의 연약함을 감당하며, 우리의 부족함을 채워 주기 위하여 찾아오셨습니다. 이렇게 찾아오신 주님을 만난(encounter with Jesus) 베드로는 자신의 죄를 고백합니다.

"예수의 무릎 아래에 엎드려 이르되 주여 나를 떠나소서 나는 죄인이로소이다 하니"(눅 5 : 8).

주님을 만난 사람은 진정한 자신과의 만남(encounter with me)을 통하여 자신을 깨닫게 됩니다. 사람을 낚는 어부가 되고 이웃을 섬기는 봉사자(encounter with others)가 되기 위하여 우리도 이러한 과정을 먼저 경험해야 합니다.

더욱 깊은 데로 나아가기 위하여 올해에는 말씀과 기도와 찬양에 힘쓰되, 주일 성수와 수요 예배와 금요 기도회 등 교회 행사를 통하여 찾아오시는 주님을 만나고, 나 자신을 돌아봄으로 주님과의 만남을 통한 깊이를 더해 가는 성도들이 되기를 부탁드립니다.

2. 부르심에 대한 순종(나를 따라오라)

새사람에 대한 열망은 누구에게나 있습니다. 새해를 맞이하면서 새로운 삶을 다짐하는 일도 한두 번이 아닙니다. 그러나 늘 그 자리에 머무는 자신의 모습에 실망도 많이 합니다. 변화에 대한 기대는 있으나 대개 손발이 따르지 않습니다.

강단에 선 교수가 학생들에게 이야기합니다. "오늘의 주제는 '변화'

입니다. 먼저 우리 스스로 시도해 봅시다. 왼쪽에 앉은 학생들은 모두 오른쪽으로, 오른쪽에 앉은 학생들은 왼쪽으로 자리를 옮겨 봅시다." 그리고 잠시 교수님은 자리를 비웠다가 다시 돌아왔습니다. 몇 명이나 자리를 옮겼겠습니까?

우리가 본문을 통하여 확인하려는 것은 변화를 체험하기 위하여 우리가 가져야 하는 자세입니다. 예수님을 만난 시몬은 우리가 아는 베드로가 되었습니다. 누구를 만났는가 하는 사실도 중요하지만, 이러한 만남을 통하여 인생의 새로운 변화, 전환기를 맞는다는 것은 정말 쉬운 일이 아닙니다.

시몬 베드로는 어부로서 평생을 갈릴리호수에서 고기 잡는 일에 종사해 왔습니다. 지난밤은 밤이 새도록 수고하였으되 잡은 것이 없었지만 예수님의 말씀에 순종합니다.

"시몬이 대답하여 이르되 선생님 우리들이 밤이 새도록 수고하였으되 잡은 것이 없지마는 말씀에 의지하여 내가 그물을 내리리이다 하고"(눅 5 : 5).

그는 자신의 경험이나 지식을 포기합니다. 밤새껏 수고했음에도 잡은 것이 없었지만, 예수님의 '말씀에 의지하여' 그물을 내리겠다고 하였습니다. 예수님이 말씀하신 대로 따르기로 결심합니다. 그리고 순종하였습니다. 머리, 가슴만큼이나 손발도 중요합니다. 그는 주님의 말씀에 순종하여 그물을 내렸습니다.

"그렇게 하니 고기를 잡은 것이 심히 많아 그물이 찢어지는지라"(눅 5 : 6).

다른 배에 있는 동무들에게 손짓하여 도움을 청합니다. 두 배에 고기를 채웠는데 배가 잠길 정도였습니다. 이 놀라운 사실을 보고 자신이 죄인임을 고백하는 베드로의 자세도 중요하고, 함께 있던 모든 사람과 동업자인 야고보와 요한이 놀랐다는 사실도 중요합니다. 그러나 더 중요한 사실은 이들이 배도, 그물도, 잡은 고기들도 버려두고 예수님을 따라나섰다는 것입니다. 마태와 마가는 예수님이 이들에게 "나를 따라오라"(마 4 : 19, 막 1 : 17)라고 명령하신 말씀을 기록합니다. 변화의 계기는 예수님을 만날 때 주어지지만, 그때 말씀에 순종하는 것이 중요합니다. 그래야만 주님과 동행하는 삶, 주님 안에 거하는 삶이 가능합니다.

새해를 맞이하면서 수없이 반복하며 확인된 이 말씀을 다시 한번 기억합시다.

"그런즉 누구든지 그리스도 안에 있으면 새로운 피조물이라 이전 것은 지나갔으니 보라 새것이 되었도다"(고후 5 : 17).

3. 부르심의 목적(사람을 낚는 어부가 되게 하리라)

"내가 너희를 사람을 낚는 어부가 되게 하리라"(마 4 : 19, 참조. 막 1 : 17).

"무서워하지 말라 이제 후로는 네가 사람을 취하리라"(눅 5 : 10).

주님께서 베드로와 그의 형제 안드레, 야고보와 그의 형제 요한을 부르신 이유, 즉 주께서 부르신 목적을 말씀하셨습니다. 궁극적으로 주님이 제자들을 부르신 목적이 중요합니다.

마가복음 3 : 13~19을 보면 열두 제자를 부르신 내용이 소개됩니다. 산에 오르신 주님은 자신이 원하는 자들을 부르십니다. 마가복음 3 : 16 이하에 이들의 이름이 열거되어 있습니다. 왜 부르셨습니까? 마가는 이 사실을 분명하게 요약하고 있습니다.

"이에 열둘을 세우셨으니 이는 자기와 함께 있게 하시고 또 보내사 전도도 하며 귀신을 내쫓는 권능도 가지게 하려 하심이라"(막 3 : 14-15).

첫째는 '함께 있게 하시기 위함'입니다. 그래서 예수님은 "나를 따라오라"라고 부르셨고, 시몬의 형제도 요한의 형제도 모든 것을 버려두고 예수님을 따라나섰습니다. 둘째는 '보내사 전도하기 위함'입니다. 사람을 낚는 어부, 사람을 취하는 전도자가 되기 위함입니다. 부르심의 목적은 보내심이며, 보내심의 목적은 복음을 전하며 전도하는 일입니다. 그러나 그냥 보내지 않고 약속을 주십니다. 귀신을 내쫓는 권세를 주겠다고 하십니다. 전도는 쉽지 않습니다만 어려운 것도 아닙니다. 주께서 권능을 주시기 때문입니다.

그러니 지체할 수 없습니다. 지체해서도 안 됩니다. 성령님을 모시고 주 안에 거하는 성도 여러분! 새해는 주님과 함께 시작합시다. 주님의 거룩한 부르심에 응답하는 한 해가 되어야 합니다. "성령의 능력으로 부흥하는 교회"가 되기 위하여 더욱더 깊이 주님을 만나기 바랍니다. 주님을 만나는 방법은 언제나 동일합니다. 말씀으로, 찬송으로, 기도로 만날 수 있습니다. 예배를 통하여 주님과 더욱 깊은 교제가 이루어짐도 잊지 맙시다. 새해는 예배와 더 가까워지는 한 해이길 바랍니다.

그리고 주님의 말씀에 순종합시다. 머리로 알고 가슴으로 깨달았다고 하더라도 주님은 우리에게 손과 발을 원하십니다. 순종은 입술에 있는 것이 아닙니다. 우리의 삶과 행위에 있습니다. 더욱 부지런히 주와 교회를 섬기는 2025년이 되어야 합니다.

또한 전도해야 합니다. 먼저 복음을 전해야 할 대상자의 이름을 적고 그의 이름을 부르며 기도하십시오. 나를 찾아와서 말씀하신 주님의 부르심이 그에게도 필요하기 때문입니다. 그리고 수시로 찾아가서 교제하십시오. 교회에서 계획한 초청일에 반드시 초청하시기 바랍니다. 전도는 나에게도 유익하지만, 하나님 나라에 꼭 필요한 일입니다. 전도하지 않고서는 부흥과 성장을 기대할 수 없습니다. 장차 하나님 나라의 상급을 위해서라도 더 이상 지체하지 말고 복음을 전하여 사람을 낚는 어부들이 되기를 바랍니다.

2025 MINISTRY RESOURCE
MANUAL BOOK

목회와
설교자료

주님은
왜 이 말씀을 하셨습니까?

1월 셋째 주   이병영 목사
              열방교회

마 6 : 33

예배로 부름
요 4 : 14
"내가 주는 물을 마시는 자는 영원히 목마르지 아니하리니 내가 주는 물은 그 속에서 영생하도록 솟아나는 샘물이 되리라"

입례 찬양
370장 "주 안에 있는 나에게"

결단 찬양
570장 "주는 나를 기르시는 목자"

그리스도인들은 어떻게 살아가야 합니까? 그리스도인의 삶이 예수님을 믿지 않는 사람들의 삶과 같아도 됩니까? 그중 가장 기본적인 의식주 문제는 어떻게 해야 합니까? 의식주 문제는 단순히 먹고 사는 문제로만 끝나지 않습니다. 이것은 삶의 문제이면서 신앙의 문제입니다. 그리스도인들은 기본적인 의식주 문제를 대하는 방식부터 달라야 합니다.

1. 하나님을 바라보며 사는 삶이 되어야 합니다

"그런즉 너희는 먼저 그의 나라와 그의 의를 구하라 그리하면 이 모든 것을 너희에게 더하시리라"(마 6 : 33).

주님은 왜 이 말씀을 하셨습니까? 하나님께서는 우리가 의식주만을 우선하여 무엇을 먹을까, 무엇을 마실까에 집중하면서 사는 것이 아니라 하나님을 바라보며 살아가기를 원하십니다. 그러나 우리는 당장 눈앞에 보이는 의식주의 문제를 우선으로 하여 살아갑니다.

세상에는 여러 가지 삶의 영역이 있습니다. 우리는 그 영역 안에서 삶의 우선순위를 추구하며 살아갑니다. 사람들은 세상의 물질, 특히 돈을 매우 중요하게 생각하여 이것이 부족하거나 없으면 안정감을 잃어버립니다. 성경은 지나치게 돈을 중요시 여기거나 사랑하지 말라고 말합니다. 더 나은 환경을 누리는 것만을 추구하면서 살아가는 사람이 많습니다. 더 큰 집, 더 많은 화장실 등을 선호하면서 그것을 얻는 데 집중합니다. 능력과 실력을 기르기 위하여 공부하는 데 시간과 에너지를 소비하는 사람들이 많습니다. 인간관계만을 우선으로

하여 사람을 찾아다니고, 사람을 만나는 일에만 애쓰는 사람들이 있습니다. 하지만 이 또한 너무 지나치면 모든 것을 잃어버리고 빼앗길 수 있습니다.

대표적인 사람이 바로 삼손입니다. 삼손은 구별된 하나님의 거룩한 사람으로 소명을 받았지만 이방인 여자 들릴라를 너무 사랑한 나머지 시간과 에너지를 낭비하고, 결국은 두 눈을 잃고 놋줄에 묶여서 연자 맷돌을 돌리는 불쌍한 신세로 전락하고 맙니다.

때로 우리는 세상의 것을 사랑할 뿐 아니라 지나치게 자기를 사랑하고, 자기 중심적으로 살아갑니다. 우리 삶의 우선순위는 세상의 것으로 가득 차 있습니다. 이런 우리에게 성경은 다음과 같이 말합니다.

"이 세상이나 세상에 있는 것들을 사랑하지 말라 누구든지 세상을 사랑하면 아버지의 사랑이 그 안에 있지 아니하니 이는 세상에 있는 모든 것이 육신의 정욕과 안목의 정욕과 이생의 자랑이니 다 아버지께로부터 온 것이 아니요 세상으로부터 온 것이라 이 세상도, 그 정욕도 지나가되 오직 하나님의 뜻을 행하는 자는 영원히 거하느니라"(요일 2 : 15-17).

육신의 정욕, 안목의 정욕, 이생의 자랑은 모두 아버지께로부터 온 것이 아니라고 말씀합니다. 사탄이 광야에서 예수님을 시험할 때 "나에게 절을 하면 천하만국을 다 주겠다."라고 하지 않았습니까? 구약의 바알 신앙과 아스다롯 신앙도 결국은 풍요와 다산을 얻기 위한 것이었습니다. 사람들은 풍요와 다산을 구하며 바알과 아스다롯을 비롯해 온갖 신을 섬겼습니다.

의식주가 중요한 것은 사실이지만, 그것만을 삶의 전부로 여기며 살면 안 됩니다. 이러한 것들은 지나가는 것들이기 때문입니다. 우리는 오직 하나님만을 바라보며 살아야 합니다.

2. 예수 그리스도는 인간 삶의 국경선입니다

인간 삶의 국경선은 공자가 아닙니다. 석가모니도, 마호메트도, 소크라테스도 아닙니다. 인간 삶의 국경선은 예수 그리스도입니다.

예수 그리스도는 천국과 지옥을 가르는 국경선입니다. 십자가 좌우편의 강도의 인생이 그것의 증거입니다.

또 예수 그리스도는 우리를 구원의 길로 인도하는 천국의 안내자입니다. 안내자가 되려면 길을 잘 알아야 합니다. 누가 하늘과 땅을 잘 압니까? 누가 천국을 잘 압니까? 바로 예수님입니다.

"예수께서 이르시되 내가 곧 길이요 진리요 생명이니 나로 말미암지 않고는 아버지께로 올 자가 없느니라"(요 14 : 6).

"하나님은 한 분이시요 또 하나님과 사람 사이에 중보자도 한 분이시니 곧 사람이신 그리스도 예수라"(딤전 2 : 5).

또한 예수 그리스도는 우리의 죄를 대속하셨습니다. 인간의 가장 큰 문제는 식량 문제가 아닙니다. 인구 문제나 기후 문제가 아닙니다. AI 같은 기술 문명 문제도 아닙니다. 죄 문제입니다. 식량이나 저출산, 핵 문제 등은 이 세상의 문제에 불과합니다. 그러나 죄는 금생과 내생이 관련된 문제입니다. 로마서 6 : 23은 "죄의 삯은 사망이요 하나님의 은사는 그리스도 예수 우리 주 안에 있는 영생이니라"라고 말씀합니다. '사망'은 분리를 말합니다. 부부 사이에 죄가 개입하면 부부의 관계가 멀어집니다. 부모와 자녀 사이에 죄가 개입하면 부모와 자녀의 관계가 멀어집니다. 하나님과 인간 사이에 죄가 있으면 하나님과 인간의 관계가 멀어집니다. 죄는 그 관계를 영원히 멀어지게 합니다.

"오직 너희 죄악이 너희와 너희 하나님 사이를 갈라놓았고 너희 죄가 그의 얼굴을 가리어서 너희에게서 듣지 않으시게 함이니라"(사 59 : 2).

"하나님을 모르는 자들과 우리 주 예수의 복음에 복종하지 않는 자들에게 형벌을 내리시리니 이런 자들은 주의 얼굴과 그의 힘의 영광을 떠나 영원한 멸망의 형벌을 받으리로다"(살후 1 : 8-9).

인간에게 가장 치명적인 문제는 죄입니다. 인간은 죄인입니다. 죄를 지어서 죄인이기도 하지만, 인간은 처음부터 죄인으로 태어났습니다. 죄인이 아닌 사람은 아무도 없습니다.

"모든 사람이 죄를 범하였으매 하나님의 영광에 이르지 못하더니"(롬 3 : 23).

이처럼 예수 그리스도는 우리를 죄에서 건지시기 위해 우리 죄를 대신 지고 십자가에서 죽으셨습니다. 그래서 우리의 죄의 문제를 해결하셨습니다.

"예수께서 신 포도주를 받으신 후에 이르시되 다 이루었다 하시고 머리를 숙이니 영혼이 떠나가시니라"(요 19 : 30).

우리는 예수 그리스도를 믿는 믿음으로 죄 사함을 받습니다. 하나님 앞에 서는 의를 얻고 하나님의 자녀가 됩니다. 천국의 백성이 됩니다.

3. 하나님 나라의 풍성함을 약속하십니다

세상 사람들은 흔히 이런 말을 합니다. "예수님을 믿으면 밥이 나오냐? 쌀이 나오냐?" 그런데 예수님을 믿으면 정말 밥도 나오고 쌀도 나옵니다. 예수 그리스도는 우리에게 하나님의 공급하심, 하나님 나라의 풍성함을 약속하십니다. 예수님은 병든 사람들을 긍휼히 여기시고, 고쳐 주시며, 우리의 일용할 양식에도 관심이 많으십니다. 우리의 영혼뿐만 아니라 육체에도 관심이 있습니다.

많은 사람이 주님의 말씀을 듣기 위해 따라왔을 때, 주님은 어린아이의 도시락 곧 보리떡 다섯 개와 물고기 두 마리로 오천 명을 충분히 먹이고도 열두 광주리가 남을 만큼의 기적을 베푸셨습니다. 예수님이 우리의 육과 양식에도 관심이 있음을 웅변한 사건입니다. 또 이 사건은 장차 우리가 갈 하나님 나라의 풍성함을 보여 주신 것이기도 합니다. 구약성경의 만나와 메추라기 사건을 통해서도 하나님께서 우리의 먹을 것과 마실 것에 관심을 갖고 공급하시는 분임을 알 수 있습니다.

주의 나라와 그의 의를 구하는 것은 하나님의 주권을 믿는 것입니다. 세상의 참된 주인이신 하나님께서 공급하신다는 것을 믿는 것입니다. 하나님 나라의 풍성함을 믿는 것입니다.

"도둑이 오는 것은 도둑질하고 죽이고 멸망시키려는 것뿐이요 내가 온 것은 양으로 생명을 얻게 하고 더 풍성히 얻게 하려는 것이라"(요 10 : 10).

"구하라 그리하면 너희에게 주실 것이요 찾으라 그리하면 찾아낼 것이요 문을 두드리라 그리하면 너희에게 열릴 것이니 구하는 이마다 받을 것이요 찾는 이는 찾아낼 것이요 두드리는 이에게는 열릴 것이니라 너희 중에 누가 아들이 떡을 달라 하는데 돌을 주며 생선을 달라 하는데 뱀을 줄 사람이 있겠느냐 너희가 악한 자라도 좋은 것으로 자식에게 줄 줄 알거든 하물며 하늘에 계신 너희 아버지께서 구하는 자에게 좋은 것으로 주시지 않겠느냐"(마 7 : 7-11).

"모든 눈물을 그 눈에서 닦아 주시니 다시는 사망이 없고 애통하는 것이나 곡하는 것이나 아픈 것이 다시 있지 아니하리니 처음 것들이 다 지나갔음이러라 보좌에 앉으신 이가 이르시되 보라 내가 만물을 새롭게 하노라 하시고 또 이르시되 이 말은 신실하고 참되니 기록하라 하시고"(계 21 : 4-5).

'무엇을 먹을까? 무엇을 마실까? 무엇을 입을까?'는 단순한 문제가 아닙니다. 한 인간의 생각이나 인생관, 세계관을 엿볼 수 있고 그 사람이 지향하는 바를 볼 수 있습니다. 세상의 것만을 추구하는 삶인가, 하나님을 바라보는 삶인가의 바로미터입니다.

우리는 무엇을 추구해야 합니까? 예수 그리스도는 우리를 하나님 앞으로, 천국으로 인도하는 국경선이고 안내자이며 하나님의 주권 아래 영혼의 진정한 평안함과 생명의 충만함, 풍성함으로 인도하시는 분입니다. 예수 그리스도를 믿고, 하나님 나라의 풍성함을 소망하며, 오직 하나님만을 바라보며 살아가는 성도 여러분이 되길 바랍니다.

2025 MINISTRY RESOURCE
MANUAL BOOK

목회와 설교자료

쉼으로의 초대

1월 넷째 주   김휘현 목사
                     동일교회

마 11 : 28~30

예배로 부름
사 55 : 1~2
"오호라 너희 모든 목마른 자들아 물로 나아오라 돈 없는 자도 오라 너희는 와서 사 먹되 돈 없이, 값 없이 와서 포도주와 젖을 사라 너희가 어찌하여 양식이 아닌 것을 위하여 은을 달아 주며 배부르게 하지 못할 것을 위하여 수고하느냐 내게 듣고 들을지어다 그리하면 너희가 좋은 것을 먹을 것이며 너희 자신들이 기름진 것으로 즐거움을 얻으리라"

입례 찬양
15장 "하나님의 크신 사랑"

결단 찬양
337장 "내 모든 시험 무거운 짐을"

누군가의 초대를 받는 것은 기분 좋은 일입니다. 본문 말씀은 수고하고 무거운 짐을 진 자들을 향한 예수님의 초대, 쉼으로의 초대입니다. 이전에는 쉼이 이스라엘 백성에게만 한정되었는데, 이제 모두에게로 확장되었습니다. 예수님의 초대는 차별 없이 누구에게나 열려 있습니다.

왜 예수님은 이스라엘 백성에게 한정되었던 구원의 초대를 모든 사람에게 확대하셨습니까? 하나님께서 이스라엘을 선택하신 것은 그들만 구원하기 위해서가 아니라, 그들을 통하여 세상을 구원하시기 위해서였습니다. 예수님은 이 구원 계획을 친히 이루고자 성육신하셨고 구원의 초대를 모든 사람에게로 확대하신 것입니다. 그러면 우리는 하나님의 초대에 어떤 자세를 가져야 합니까?

1. 예수님께서 초청해 주셨습니다

2000년부터 매년 6월이면 이베이(eBay)에서 온라인으로 워런 버핏(Warren Edward Buffett) 버크셔 헤서웨이 회장과의 점심 경매가 이뤄집니다. 역대 최고 낙찰가는 2022년 1,900만 달러(약 249억)입니다. 수익금이 자선단체인 '글라이드 재단'에 기부된다고 하지만, 뉴욕의 스테이크하우스 '스미스 앤 월런스키'(Smith & Wollensky)에서 지인 일곱 명과 함께하는 점심 식사치고는 참으로 놀라운 금액이 아닐 수 없습니다. 이런 거금을 지불하면서까지 식사에 응하는 이유는 무엇입니까? 구체적인 투자 조언이나 향후 투자 계획에 대해서는 논의하지 않지만, 자유로운 대화 속에서 투자와 삶에 대한 조언을 제공받기 때문입니다. 여러 사람이 버핏과의 만남을 통해 영감을 받고, 중요한 통찰(insight)을 얻고, 대화를 통해 큰 변화를 경험했으며, 그

중 일부는 이후 큰 성공을 거두기도 했습니다.

예수님의 초청에는 제한이 없습니다. "다 내게로 오라"(마 11 : 28). 이 말씀에서 핵심 단어는 '다'입니다. 제한이 없습니다. 제한이 없기에 탈락자가 없습니다. 이 초청의 말씀을 듣고 보는 자라면 누구든지 다 초청을 받은 것입니다. 남녀노소, 빈부귀천의 제한이 없습니다. 어디서 왔건, 어떤 길을 걸어왔건, 과거에 어떤 일을 했건 묻지 않습니다. 이전에 어떤 사람이었냐가 중요하지 않습니다.

예수님의 초청은 제한이 없는 가운데 제한이 있습니다. "다 내게로 오라"라고 부르는 말씀 바로 앞에 "수고하고 무거운 짐 진 자들아"(마 11 : 28)라고 부르는 사람들을 지정하고 있습니다. 여기서 '수고하고'(코피온테스)의 헬라어 시제가 '현재 완료 분사 능동형'이기에 능동적인 고생을 뜻합니다. 부연하면, 외부의 어떤 요인이나 다른 사람의 일에서 파생된 고생이라기보다 스스로 많은 일을 지속해서 지쳐있는 상태를 말합니다. "젊어서 고생은 사서도 한다"라는 속담에서 말하는 종류의 고생이나 더 높은 곳을 바라보며 스스로를 채근하는 수행을 말하는 것도 아닙니다. 경제력에 대해 강박관념, 자기의 능력을 과장하는 성향, 가정이나 삶의 다른 측면에서 오는 긴장(stress)에서 초래되는 일중독(workaholic) 같은 종류의 수고를 말합니다. 이 같은 수고는 쉼을 누리지 못하는 현대인들의 자화상입니다.

반면에 '무거운 짐을 진 자'(페포르티스메노이)의 헬라어 시제는 '현재 분사 수동형'이기에 피동적인 고생을 뜻합니다. 부연하면, 외부의 어떤 요인이나 다른 사람으로 인해 무거운 짐을 지고 있는 상태가 지속되어 지친 것을 나타냅니다. 원치 않은 환경이나 직책으로 인해 고생하는 것을 말합니다. 문맥상 율법과 유전의 짐이나 죄와 죄에서 초래된 고통을 의미합니다.

사람은 누구나 이 두 가지 중에서 두 가지 모두 혹은 둘 중 한 가지를 지고 살아가는 존재입니다. 예외는 없습니다. 겉으로 보기에는 편하게 사는 것 같아도 안을 들여다보면 다 무거운 짐이 있고, 그 짐으로 인해 고생하며 살아갑니다. 이는 아담과 하와로부터 유전되는 원죄의 결과입니다.

2. 예수님께서 쉬게 하십니다

사회운동가 이승원은 『우리는 왜 쉬지 못하는가』(돌베개, 2022)에서 쉼을 누리지 못하는 이유로 소비를 꼽습니다. 생존에 필요한 모든 것이 상품화된 사회에서 살아남기 위해 '소비 능력'을 갖춰야 하고, 그러려면 끊임없이, 더 많이 일해야 한다는 것입니다. 과로와 일중독을 잊기 위해 또 다른 소비에 열중하는데, 오늘의 소비는 내일의 노동을 담보로 하기에 이 삶의 패턴은 악순환된다는 것입니다.

그런데 예수님께서 사도 요한을 통해 주신 계시의 말씀에 따르면 천국과 지옥을 구분 짓는 것 중 하나가 쉼입니다. 지옥은 밤낮 쉼이 없는 곳입니다.

"그 고난의 연기가 세세토록 올라가리로다 짐승과 그의 우상에게 경배하고 그의 이름표를 받는 자는 누구든지 밤낮 쉼을 얻지 못하리라 하더라"(계 14 : 11).

반면에 천국은 쉼이 있는 곳입니다.

"또 내가 들으니 하늘에서 음성이 나서 이르되 기록하라 지금 이후로 주

안에서 죽는 자들은 복이 있도다 하시매 성령이 이르시되 그러하다 그들이 수고를 그치고 쉬리니 이는 그들의 행한 일이 따름이라 하시더라"(계 14 : 13).

일찍이 블레즈 파스칼(Blaise Pascal)이 "인간의 불행은 단 한 가지, 고요한 방에 들어앉아 휴식할 줄 모른다는 데서 비롯한다."라고 간파하였듯이 인간 스스로는 진정한 쉼을 누리지 못합니다. 주님께로 갈 때만 진정한 쉼이 있습니다. 그래서 예수님은 예수님의 초청에 응해 주님께로 온 자들에게는 쉬게 하시겠다고 약속하셨습니다. "내가 너희를 쉬게 하리라"(마 11 : 28). 인간에게 무거운 짐을 지웠던 자들과 달리 예수님께서는 절대적인 쉼을 주시겠다고 하셨습니다.

여기서 '쉼'은 두 가지 의미로 해석할 수 있습니다. 하나는 이 세상에서 삶을 마감하고 천국에서 누릴 영원한 안식이고, 다른 하나는 일상의 삶에서 초래되는 모든 수고와 짐으로부터 해방입니다. 그러므로 '쉬다'라는 것은 '회복'과 '소생', '평화'와 '안식' 그리고 '새 창조'를 뜻합니다. 과로로 지친 자에게는 쉼이 필요합니다. 일로 인한 긴장 가운데 있는 자에게는 쉼이 필요합니다. 오랜 시간 집을 떠나 여행길에 있는 자에게는 쉼이 필요합니다. 절망과 낙심과 실패 중인 자에게는 쉼이 필요합니다. 예수님은 쉼을 통해 우리에게 회복과 소생, 평화와 안식을 주십니다. 예수님은 쉼을 통해 우리의 삶을 새롭게 시작하게 해 주십니다.

이 말씀에서 또 주목할 부분은 "쉬게 하리라."라고 하지 않고, "내가 쉬게 하리라."라고 하셨다는 것입니다. 이 부분의 핵심 단어는 '내가'(카고)입니다. 스스로 쉬는 것은 결코 진정한 쉼이 못 됩니다. "내가 너희를 쉬게 하리라"(마 11 : 28)라는 말씀은 쉼의 주관자이신 주님께서 쉼을 주셔야만 참된 안식을 누릴 수 있음을 강조합니다. 그러니 쉼보다 더 중요한 것은 쉼을 주시는 분입니다. 사람은 본능적으로 피곤하면 쉬려고 합니다. 그러나 진정한 쉼이 예수님께 있음을 알지 못합니다. 그래서 참된 안식을 누리지 못하고 쉬어도 피곤에서 벗어나질 못합니다.

3. 우리는 초청에 응해야 합니다

예수님의 초청을 받은 자는 초청에 응해야 합니다. 예수님께로 가야 합니다. 예수님께로 간다는 것은 예배와 같은 의식을 넘어서는 말입니다. 예수님께서는 자상하게도 쉼을 얻는 구체적인 비결 두 가지를 알려 주십니다.

"나는 마음이 온유하고 겸손하니 나의 멍에를 메고 내게 배우라 그리하면 너희 마음이 쉼을 얻으리니"(마 11 : 29).

쉼을 얻는 비결은 두 가지입니다. 하나는 예수님의 멍에를 메는 것이고, 다른 하나는 예수님께 배우는 것입니다. 그런데 쉬게 해 준다면서 멍에를 메고 배우라는 것을 이해하기가 힘듭니다. 이는 멍에와 배움에 대한 오해 때문입니다. 여기서 멍에는 두 가지로 해석되는데 첫째는 유대 사회에서 사제 간에 이뤄지는 훈육입니다. 이 경우 배움은 단순한 지식이나 경험의 학습이 아니라 쉼을 누리는 진리의 계시입니다. 둘째는 소나 말 두 마리가 짝을 이루어 끄는 멍에입니다. 한 마리가 끌면 멍에의 무게 때문에 힘들고 쉽게 지칠 수 있습니다. 그래서 일부러 짝을 지어 멍에를 지우고 함께 끌게 합니다. 우리도 주님과 함께 멍에를 메니 가볍습니다.

쉼을 얻기 위해서, 먼저 우리는 주님의 멍에를 메어야 합니다. 주님은 주님을 따르고자 하는 이들에게 율법의 멍에 대신 사랑의 멍에를 주셨습니다. 주님의 사랑이면 모든 것을 감당할 수 있습니다. 스웨덴 룬터 학파의 대표 신학자인 안더스 니그렌(Anders Nygren)은 『아가페와 에로스』(크리스천다이제스트, 1998)에서 아가페의 사랑과 에로스의 사랑을 이렇게 정의합니다. "에로스의 사랑이 가치 때문에 사랑을 창조하는 사랑이라면, 아가페의 사랑은 사랑 때문에 가치를 창조하는 사랑이다." 에로스의 사랑이 조건부의 사랑이라면, 아가페의 사랑은 조건을 초월한 사랑입니다. 그 사랑이 있는 한 무거운 짐도 더는 두렵지 않고, 고난도 은총이 됩니다.

주님은 주님을 따르려는 자에게 자기를 부인하고 자기 십자가를 지고 따르라고 하셨습니다(막 8 : 34). 그런데 주님을 따르는 우리가 해야 할 자기 부인과 자기 십자가를 지는 일까지도 스승이신 주님께서 함께 감당해 주겠다고 하십니다. 그래서 우리가 쉼을 누릴 수 있습니다.

그리고 우리는 주님께 배워야 합니다. 주님의 온유한 마음과 겸손한 마음을 배워야 합니다. 아니, 주님의 마음을 배우는 것으로는 부족하고, 주님의 마음을 받아야 합니다. 배워서 하는 것은 흉내일 뿐입니다. 주님의 겸손하고 온유한 마음이 우리에게 전이되어야 합니다.

온유와 겸손은 주님의 본질적 성품입니다. 온유와 겸손은 동전의 양면과 같아서, 겸손이 하나님을 향한 것이라면 온유는 사람을 향한 것입니다. 온유는 '주인이신 하나님께 다스려지는 강한 힘'입니다. 주님은 하나님의 뜻이면 죽기까지 복종하셨지만, 하나님의 뜻에 반하는 일 앞에서는 분노하셨습니다. 만민이 기도하는 집(사 56 : 7)인

성전이 시장과 다름없음을 보신 주님은 노끈으로 채찍을 만들어 양과 소를 다 쫓아내고, 돈 바꾸는 이들의 돈을 쏟으며, 상을 엎어 성전을 정화하셨습니다(요 2 : 14-16).

예수님은 쉼이 없이 수고하는 우리, 무거운 짐을 지고 가는 우리를 찾아와서 말씀하십니다. "다 내게로 오라." 어려운 멍에를 벗고 쉬운 멍에를 지라고 하십니다. 무거운 짐을 내려놓고 가벼운 짐을 지라고 하십니다. 우리가 쉼을 얻는 길은 예수님의 멍에를 메고, 예수님의 짐을 지는 것입니다. 그러니 주님의 온유하고 겸손한 마음을 달라고 기도합시다. 주님의 온유하고 겸손한 마음을 가지면 그 어떤 환경도, 그 어떤 사람도, 그 어떤 일도 두렵지 않습니다. 주님이 멘 멍에를 함께 메면 쉽습니다. 가볍습니다. 주님의 초청에 응해 참된 쉼을 얻고 자유와 평화를 누리길 바랍니다.

인생의 한밤중에서

2월 첫째 주   서은성 목사
                  상신교회

행 16 : 19~34

예배로 부름
롬 15 : 16
"이 은혜는 곧 나로 이방인을 위하여 그리스도 예수의 일꾼이 되어 하나님의 복음의 제사장 직분을 하게 하사 이방인을 제물로 드리는 것이 성령 안에서 거룩하게 되어 받으실 만하게 하려 하심이라"

입례 찬양
445장 "태산을 넘어 험곡에 가도"

결단 찬양
502장 "빛의 사자들이여"

조개가 진주를 만드는 데 5~10년이라는 세월이 걸린다고 합니다. 외부로부터 이물질이 들어와서 조개의 체내에 상처를 입히면 새로운 물질이 분비되기 시작합니다. 진주 한 알을 만들어 내기 위해서 조개는 10년 동안 이물질과 싸우는 고통과 아픔을 참아 내야 합니다.

우리 인생에도 고통의 순간들이 있습니다. 하나님께서 우리에게 아픔의 시간을 허락하시는 이유가 무엇이겠습니까? 우리 인생을 좀 더 아름답게 만들어 가려는 하나님의 목적이 있다는 것을 알아야 합니다.

우리는 인생을 살면서 내 생각과는 전혀 다르게 한밤중과 같은 깜깜한 때를 만나기도 합니다. 수많은 고난을 만나면서 살아갑니다. 그런데 여기서 생각해야 할 것이 있습니다. 이러한 고난이 나에게 닥쳤다는 것보다 더 중요한 문제가 있다는 것입니다. 그것은 바로 '이 고난이 나에게 어떤 의미가 있는지' 하는 것입니다. 이한규는 『눈물섞인 빵껍질을 씹을 때』(예찬사, 1993)라는 책에서 고난을 이렇게 말하고 있습니다. "고난은 딱딱한 밭을 가는 쟁기다. 고난은 하나님의 음성을 증폭시키는 확성기다. 고난은 한여름 밤 해변을 쓸고 지나가는 폭풍이다."

본문 말씀을 보면, 바울은 복음을 전하다가 감옥에 갇혔습니다. 깜깜한 한밤중에 하나님께 기도하며 찬송하자 하나님께서 옥문을 열어 주시고 전도의 열매를 맺게 하셨습니다. 우리도 인생을 살아가면서 인생의 한밤중을 만날 때가 있습니다. 인생의 한밤중에 하나님께서 우리에게 주시는 은혜는 무엇입니까?

1. 하나님을 만날 수 있는 기회

저는 성도들에게 이렇게 물어봅니다. "전도가 어렵습니까, 쉽습니까?" 우리 교인들은 쉽다고 대답합니다. 왜 쉽습니까? 하면 되기 때문입니다. 그리고 이렇게 물어봅니다. "전도가 기대가 됩니까, 피하고 싶습니까?" 기대된다고 대답합니다. 왜 기대가 됩니까? 기도하고 나가면 예비된 영혼을 만나기 때문입니다. 또 이렇게도 물어봅니다. "전도가 부담입니까, 기쁨입니까?" 기쁨이라고 대답합니다. 왜 기쁨입니까? 전도하면 하늘의 상급이 있기 때문입니다. 할렐루야!

우리 교회의 전도 방법은 '만사형통운동'입니다. 사람들을 만나서 관계를 맺고, 사랑의 교제를 나누며, 형제자매에게 교회와 목사님을 자랑하고, 교회로 초청하는 운동입니다. 열심히 만나서 식사를 대접하고, 선물을 주며, 마음을 열게 하여 관계를 맺는 것이 먼저입니다.

빅터 프랭클은 나치 치하에서 강제 수용소에 포로로 잡혀 있었습니다. 그곳에 갇힌 유대인들은 짐승만도 못한 대접을 받았습니다. 모두가 죽기만을 기다리고 있었습니다. 그런 사람들 틈에서 빅터 프랭클은 이 고난도 의미가 있다는 확신이 있었습니다. 그는 아침 일찍 일어나서 말끔하게 면도하고, 하나님께 기도하며, 하루를 시작했습니다. 모두들 비웃었습니다. 그러나 그는 끝까지 그 고난의 어두운 터널 속에서 하나님을 향한 희망을 놓치지 않았습니다. 훗날 그는 수용소에서 살아남았고, 그곳에서의 경험을 통해 배운 바를 담은 『죽음의 수용소에서』(청아출판사, 2020)를 출간했습니다. 그리고 전 세계를 다니며 의미요법을 강의하면서 고난 속에는 반드시 의미가 있다고 전하였습니다.

본문 말씀에서 바울과 실라도 감옥에서 한밤중을 맞이합니다. 하나님은 그들에게서 세상의 모든 것을 끊어버리셨습니다. 그리고 하나님만 바라보도록 만드셨습니다. 한밤중에 감옥에서 할 수 있는 일이라고는 딱 두 가지뿐이었습니다. 하나는 다른 사람들처럼 전부 포기하고 잠을 자는 것입니다. 다른 하나는 오직 하나님만 바라보고 하나님께 찬송하고 기도하는 것입니다. 바울은 하나님께 찬송하고 기도하는 쪽을 택했습니다.

사랑하는 성도 여러분! 인생의 한밤중은 하나님을 만날 수 있는 영적 기회입니다. 시편 42 : 8에서 "낮에는 여호와께서 그의 인자하심을 베푸시고 밤에는 그의 찬송이 내게 있어 생명의 하나님께 기도하리로다"라고 말씀합니다. 우리에게 한밤중은 어떤 의미입니까? 한밤중은 가장 어두운 때입니다. 영적으로 심리적으로 한밤중의 어두움은 언제라도 우리에게 찾아올 수 있습니다. 한밤중은 우리가 낙심하고 있을 때입니다. 한밤중은 우리가 환경에 짓눌려 우울할 때입니다. 한밤중은 그동안 우리가 쌓은 모든 것이 무너져 내리고 탈출구가 전혀 보이지 않을 때입니다. 한밤중은 우리가 잘해 보려고 노력하는데도 모두 잘못되어 가고 있을 때입니다. 삶이 도무지 공평하지 않다고 느껴지는 그때가 바로 한밤중입니다.

내가 승진할 차례가 되었는데 옆의 동료가 먼저 승진할 때 그때가 바로 한밤중입니다. 도저히 해결할 수 없는 가족 문제에 직면한 그때가 바로 한밤중입니다. 자녀들이 반항적인 행동을 하고 집을 나가는 때가 바로 한밤중입니다. 열심히 일을 했는데도 일한 열매가 보이지 않는다면 그때가 바로 한밤중입니다. 일을 하고 싶어도 일할 곳이 없는 그때가 바로 한밤중입니다. 나를 격려해 줄 조그만 빛도 없고, 누구를 만나도 악담을 퍼붓고 싶은 마음뿐일 때가 한밤중입니다.

이러한 인생의 한밤중을 만났을 때 우리가 분명하게 알아야 하는 것은, 바로 그때가 우리가 하나님을 깊이 만날 기회라는 것입니다. 하나님만 바라보십시오. 하나님을 만나고 하나님께 도움을 구하면 하나님께서 우리 인생의 한밤중에서 모든 어두움을 물리쳐 주실 것입니다. 고린도후서 4 : 8에서 "우리가 사방으로 욱여쌈을 당하여도 싸이지 아니하며 답답한 일을 당하여도 낙심하지 아니하며"라고 말씀합니다. 왜 그렇습니까? 보배를 질그릇에 가졌기 때문입니다.

　인생의 한밤중은 하나님을 만날 수 있는 기회임을 믿고 낙심하지 말고 하나님께 도움을 구하는 믿음의 성도들이 되기를 바랍니다.

2. 하나님의 복을 경험할 수 있는 기회

　바울은 감옥에 갇혀 있습니다. 그곳에서 꼼짝을 할 수가 없습니다. 당시의 감옥은 토굴 같은 곳이었고, 움직이지 못하도록 손과 발을 묶어 놓았기에 할 수 있는 것이라고는 입술로 말하는 것뿐이었습니다. 한창욱은 『나를 변화시키는 좋은 습관』(다연, 2017)이라는 책에서 "어려운 상황이 닥치면 질문을 던져라."라고 합니다. 누구에게 질문을 던져야 합니까? 하나님께 해야 합니다. 하나님께 질문하는 것, 그것이 기도입니다.

　성도 여러분! 때로는 내 마음의 분노가 나를 묶고 있어서 자유하지 못합니다. 열등감이 나를 묶고 있어서 용기를 낼 수 없을 때가 있습니다. 수치심이 나를 묶어 아무것도 할 수 없게 만들 때가 있습니다. 가난이라는 상황이 나를 묶어 둘 때도 있습니다. 질병이 나를 묶고, 복잡하게 얽혀 버린 인간관계가 나를 묶어 놓기도 합니다. 그래서 자유하지 못하고, 마음에 한밤중의 어둠과 같은 흑암이 자리 잡고 있을 때가 있습니다. 이럴 때 우리가 어떻게 반응해야 합니까?

　이럴 때 우리의 반응에 따라 우리의 믿음이 드러납니다. 이것은 하나님의 테스트일 수도 있습니다. 믿음이 있느냐 없느냐를 어떻게 알 수 있습니까? 내가 하는 말에서 믿음이 나타납니다. 내가 감사하느냐, 불평하느냐를 보면 압니다. 믿음은 교회를 사랑하는 마음입니다. 교회를 위해 희생하는 마음입니다. 우리는 "주님을 어떤 분으로 믿고 있는가? 그 주님이 살아 계셔서 나에게 은혜를 베풀어 주시는 분이라고 확실하게 믿고 있는가?"라는 질문에 믿음으로 반응해야 합니다.

이사야 61 : 3에서 "무릇 시온에서 슬퍼하는 자에게 화관을 주어 그 재를 대신하며 기쁨의 기름으로 그 슬픔을 대신하며 찬송의 옷으로 그 근심을 대신하시고 그들이 의의 나무 곧 여호와께서 심으신 그 영광을 나타낼 자라 일컬음을 받게 하려 하심이라"라고 말씀합니다. 바울과 실라를 보십시오. 한밤중에 무엇을 하고 있습니까? 만약 여러분이 그러한 상황을 만났다면 기도하겠습니까, 아니면 불평하겠습니까? 바울과 실라는 한밤중에 하나님께 찬양하고 기도했습니다. 그랬더니 그들을 묶고 있는 모든 것이 풀렸습니다. 그뿐만이 아닙니다. 옥문도 모두 다 열렸습니다. 본문 26절에서 "이에 갑자기 큰 지진이 나서 옥터가 움직이고 문이 곧 다 열리며 모든 사람의 매인 것이 다 벗어진지라"라고 말씀합니다. 놀라운 하나님의 복이 임한 것입니다.

"주께서 나의 슬픔이 변하여 내게 춤이 되게 하시며 나의 베옷을 벗기고 기쁨으로 띠 띠우셨나이다"(시 30 : 11).

우리가 인생의 한밤중을 만났다 할지라도 우리에게 복을 주시려고 준비하시는 하나님을 바라보고 그 복을 경험할 수 있기를 바랍니다.

3. 영혼을 살리는 구원의 기회

유명한 심리학자 하워드 J. 클라인벨은 자신의 책 『전인건강』(성장

상담연구소, 2012)에서 건강한 사람은 세 가지 꾼의 모습을 가지고 있다고 했습니다. 그 세 가지는 '놀이꾼, 자랑꾼, 추수꾼'입니다. 저는 이것이 신앙생활에도 적용되는 내용이라고 봅니다. 믿음의 사람은 열매를 추수하는 사람들입니다. '누군가는 하겠지.'라고 생각하면 아무도 하지 않습니다. 전도는 누가 합니까? 그렇습니다. 내가 해야 합니다.

본문 27절에서 "간수가 자다가 깨어 옥문들이 열린 것을 보고 죄수들이 도망한 줄 생각하고 칼을 빼어 자결하려 하거늘"이라고 말씀합니다. 정작 자결하려고 해야 하는 사람은 죄수들인데, 죄수들은 자유하게 되었고 오히려 그들을 지키던 간수가 자결하려 합니다. 상황이 완전히 뒤집혔습니다. 하나님은 역전의 명수입니다. 로또가 인생 역전의 비결이 아니라 믿음의 기도가 인생 역전의 비결인 줄 믿으시기 바랍니다.

"바울이 크게 소리 질러 이르되 네 몸을 상하지 말라 우리가 다 여기 있노라 하니"(행 16 : 28).

"이르되 주 예수를 믿으라 그리하면 너와 네 집이 구원을 받으리라 하고"(행 16 : 31).

바울은 담대하게 선포하고 있습니다. 바울과 실라도 다른 죄수들처럼 감옥을 빠져나가 도망칠 수 있었습니다. 그러나 바울은 하나님께서 이러한 일이 일어나게 하신 것은 또 다른 사람에게 복이 되기 위해서라는 사실을 잘 알고 있었습니다. 그는 하나님이 주신 기회, 바로 영혼 구원의 열매를 맺는 기회를 놓치지 않았습니다. 바울로 인해서 간수의 집 모두가 세례를 받게 되는 놀라운 구원의 역사가 일어났습니다. 바울의 인생의 한밤중은 영혼을 살리는 구원의 기회가 되었습니다.

우리 주변을 살펴봅시다. 오늘날 수많은 사람이 인생의 한밤중에 있습니다. 인생의 한밤중을 만난 자들을 찾아갑시다. 그리고 담대하게 그들에게 말합시다. "함께 교회에 갑시다. 정말 좋은 교회가 있습니다. 인생의 해답을 찾을 수 있습니다. 인생의 방황은 예수님을 만나면 끝나고, 신앙의 방황은 좋은 교회를 만나면 끝납니다."

기도하고 나가면 반드시 예비된 영혼을 만납니다. 여러분의 삶에 한 영혼을 구원하기 위해서 어떤 대가라도 지불하겠다는 결단이 있기를 바랍니다. 성도 여러분 모두 인생의 한밤중에서 영혼을 구원하는 기회를 붙잡고 복음을 선포하며 살아가길 간절히 원합니다.

예수님의 마지막 유언

2월 둘째 주   이정원 목사
주하늘교회

마 28 : 16~20

예배로 부름
행 1 : 8
"오직 성령이 너희에게 임하시면 너희가 권능을 받고 예루살렘과 온 유대와 사마리아와 땅 끝까지 이르러 내 증인이 되리라 하시니라"

입례 찬양
9장 "하늘에 가득 찬 영광의 하나님"

결단 찬양
508장 "우리가 지금은 나그네 되어도"

옛날에 엄마의 말이라면 무조건 반대로만 하던 청개구리가 있었습니다. 그것을 잘 알던 청개구리의 어머니는 죽고 나서 산에 묻히려고 자식에게 "냇가에 묻어 달라."라고 유언하였습니다. 그래야 반대로 산에 묻을 것이라고 생각한 것입니다. 그러나 어머니가 돌아가신 후 불효를 뉘우친 청개구리는 어머니의 유언대로 냇가에 묻었습니다. 그 뒤 청개구리는 비가 오기만 하면 무덤이 떠내려갈 것이 걱정되어 슬프게 운다고 합니다. 아무리 못된 자식도 유언은 지킬 만큼, 유언은 이렇게 중요합니다.

마태복음은 다섯 개의 예수님의 말씀 모음집으로 나눌 수 있습니다. 정리하면 다음과 같습니다. 예수님의 가르침, 산상수훈(5-7장), 예수님의 선교론(10장), 예수님의 천국 비유 일곱 가지(13 : 1-52), 예수님의 교회론(18장), 예수님의 종말론(24-25장)입니다.

사람은 일생을 살면서 이런저런 말을 남깁니다. 평균적으로 사람이 한 해 동안 하는 말을 다 글로 옮겨 적으면 400쪽 분량의 책 132권을 만들 수 있다고 합니다. 문제는 그가 한 말 중에서 과연 읽을거리, 남길거리가 얼마나 되느냐 하는 것입니다. 하루하루 하는 말이 읽을거리가 되도록 살아야 합니다. 남길 거리가 있는 말을 해야 합니다.

유명 인사들의 말들은 세월이 흘러도 전해집니다. 소크라테스는 "너 자신을 알라."라고 말했고, 파스칼은 "인간은 생각하는 갈대이다."라고 말했습니다. 히포크라테스의 "Ὁ βίος βραχύς, ἡ δὲ τέχνη μακρή"(호 비오스 브라쿠스 헤 데 떼크네 마끄레)라는 말은 "인생은 유한하고 배우고 익혀야 할 의학 지식은 많다."라는 뜻으로 그가 제자들에게 말한 것인데, 영어로 번역하면서 "Life is short, art is long." 곧 "인생은 짧고 예술은 길다."로 오역되었습니다. 그러나 이런 말들은 모두 참으로 들을 만한, 기억할 만한 글입니다.

사람이 이 세상을 떠날 때 남긴 마지막 말은 더욱 중요합니다. 석가모니는 '생자필멸'(生者必滅), 즉 "살아 있는 자는 반드시 죽는다."라는 말을 마지막으로 남겼습니다. 불교의 성철 스님은 "산은 산이고 물은 물이로다."라는 말을 남겼습니다. 존 웨슬리 목사는 "내게 최고의 것은 하나님이 나와 함께하신다는 것이다."(The best of all is God is with us)라는 말을 남겼습니다. 이처럼 이들의 말은 유언이기 때문에 중요한 의미를 갖습니다.

예수님도 모든 말씀을 하신 후 최후의 명령, 마지막 유언을 하십니다.

"예수께서 나아와 말씀하여 이르시되 하늘과 땅의 모든 권세를 내게 주셨으니 그러므로 너희는 가서 모든 민족을 제자로 삼아 아버지와 아들과 성령의 이름으로 세례를 베풀고 내가 너희에게 분부한 모든 것을 가르쳐 지키게 하라 볼지어다 내가 세상 끝날까지 너희와 항상 함께 있으리라 하시니라"(마 28 : 18-20).

우리에게 매우 중요한 의미를 갖는 예수님의 유언을 살펴보면 이렇습니다.

1. 제자 삼으라

본문에서 주동사는 한 개입니다. '제자 삼으라'(μαθητεύσατε, 마데튜사테)입니다. 예수님의 유언을 한마디로 하면 "제자 삼으라. 모든 민족을 제자 삼으라."입니다.

마가복음 3 : 13~19을 보면 예수님은 "또 산에 오르사"라고 했습니다. 또 기도하셨다는 말씀입니다. 예수님의 일생은 '또 기도하는'

일생이었습니다. 그리고 원하는 자를 부르셨습니다. 내가 원한다고 마음대로 제자가 될 수 있는 것이 아닙니다. 주님의 뜻이 있어야 제자가 됩니다. 예수님은 열두 명을 제자로 세우셨습니다.

제자라고 하는 말에는 네 가지 의미가 있습니다. 첫째는 배우는 자, 둘째는 훈련받는 자, 셋째는 따르는 자입니다. 스승을 따라가는 길은 편안하고 좋은 길만 있는 것은 아닙니다. 제자는 괴로운 곳, 힘든 곳, 아주 고통스러운 곳까지도 따라갑니다. 어디든지 스승을 끝까지 따라갑니다. 마지막 넷째는 닮는 자입니다. 제자는 스승을 닮아야 합니다. 예수님의 인격, 예수님의 성품을 닮아야 한다는 뜻입니다.

예수님이 세우신 제자들에게는 사명이 있었습니다. 마가복음 3 : 14에서 예수님이 제자들을 세우신 이유에 대해 "자기와 함께 있게 하시고"라고 했습니다. 제자들은 스승과 함께합니다. 그렇습니다. 예수님의 제자들에게는 예수님과 함께 있으면서 예수님을 닮아야 하는 사명이 있습니다. 또 예수님은 그들에게 전도하게 하시며, 귀신을 내쫓는 권능을 주십니다. 그렇게 제자들과 동행하는 삶을 사시고, 마지막에 유언하십니다. "내가 했던 것처럼 너희도 제자 삼으라!" 우리는 만민을 예수님의 제자로 만들어야 합니다. 이것은 우리 주님의 마지막 명령이자 유언입니다.

2. 가라, 세례를 주라, 가르치라

본문 말씀 19~20절에는 분사가 세 개 나옵니다. 예수님은 만민을 제자로 삼기 위해 먼저 '가라'(πορευθέντες, 포류덴테스)라고 말씀합니다. 만민을 향하여 달려가라고 하십니다. 구원받아야 할 영혼을 행하여 달려가라고 하십니다.

그리고 '세례를 주라'(βαπτίζοντες, 밥티존테스)라고 하십니다. 삼위일체 하나님의 이름으로 세례를 주라는 것입니다. 이 단어는 세 가지 의미를 가지고 있습니다. '물에 잠근다.'(죄인인 나는 죽는다), '씻는다.'(나의 죄를 씻는다), 그리고 '충만하다.'(예수님으로 충만, 성령으로 충만하다)입니다. 나는 죽고 예수님으로 충만하도록 해야 합니다. 성령 충만한 제자를 만들어야 합니다.

마지막으로 '가르치라'(διδάσκοντες, 디다스콘테스)라고 하십니다. 주님의 가르침을 잘 가르치고 지키게 해야 합니다. 즉, 가서 세례 주고, 가르쳐 지키도록 해야 제자가 됩니다.

3. 함께하겠다

예수님의 유언에는 약속도 있습니다.

"볼지어다 내가 세상 끝날까지 너희와 항상 함께 있으리라 하시니라"(마 28 : 20).

예수님은 이 땅에 종말(συντελείας, 쉰텔레이아스)이 올 때까지, 역사가 완성될 때까지 우리와 함께 있을 것이라고 말씀하십니다. 그렇습니다. 예수님은 우리와 항상 함께하십니다. 우리는 세상 끝날까지 우리와 함께하시겠다고 약속하신 예수님과 함께 복음을 전하며 많은 사람들을 제자 삼는 일에 힘써야 할 것입니다.

성도 여러분, 예수님의 마지막 유언을 꼭 기억하기 바랍니다. 그리고 그 말씀에 순종하여 복음 전도자의 사명을 끝까지 감당하는 제자의 삶을 살아가길 간절히 소망합니다.

2025 MINISTRY RESOURCE
MANUAL BOOK

목회와
설교자료

나의 연약함을 알게 하소서

2월 셋째 주   심영섭 목사
                 삼양제일교회

시 39 : 4~7, 마 26 : 69~75

예배로 부름
시 92 : 1~3
"지존자여 십현금과 비파와 수금으로 여호와께 감사하며 주의 이름을 찬양하고 아침마다 주의 인자하심을 알리며 밤마다 주의 성실하심을 베풂이 좋으니이다"

입례 찬양
25장 "면류관 벗어서"

결단 찬양
382장 "너 근심 걱정 말아라"

다윗은 이스라엘 통일왕국의 2대 왕으로 막강한 권력을 지닌 통치자였습니다. 그럼에도 불구하고 다윗은 오늘 본문 말씀에서 "나의 연약함을 알게 하소서."라고 고백하며, 하나님 앞에서 자신의 날이 허무하다고 말하고 있습니다. 그는 하나님께서 자신에게 주신 날이 손 한 뼘 길이만 하게 짧고, 견고하지 못하며, 든든하지 못하다고 고백합니다(5절). 또한 자신의 삶이 무의미함을 인생은 그림자와 같이 덧없다고 표현합니다(6절). 그러므로 우리는 자랑할 것이 없으며 자랑하지도 말라고 했습니다.

"여호와께서 이와 같이 말씀하시되 지혜로운 자는 그의 지혜를 자랑하지 말라 용사는 그의 용맹을 자랑하지 말라 부자는 그의 부함을 자랑하지 말라 자랑하는 자는 이것으로 자랑할지니 곧 명철하여 나를 아는 것과 나 여호와는 사랑과 정의와 공의를 땅에 행하는 자인 줄 깨닫는 것이라 나는 이 일을 기뻐하노라 여호와의 말씀이니라"(렘 9 : 23-24).

다윗 왕이 육신적으로 연약했다면, 마태복음에서 소개하는 다른 한 사람 베드로는 영적으로 매우 연약했습니다. 그는 예수님을 따르던 제자 중에서 가장 많이 알려진 인물입니다. 또한 어떤 상황에서도 끝까지 예수님과 함께하겠다고 호기롭게 장담했던 사람입니다. 그러나 정작 위기의 순간에 그는 예수님을 외면하고 부인했습니다(마 26 : 70, 72, 74). 예수님이 로마 군인들에게 잡히시고 대제사장 가야바 앞에 서서 재판받으실 때 베드로는 예수님을 세 번이나 모른다고 부인하였습니다.

이러한 베드로의 모습을 통해 우리가 깨달아야 하는 교훈은 무엇입니까?

1. 믿음은 고난 중에 나타난다

예수님을 향한 충정의 마음을 갖고 있던 베드로는 자기의 목숨을 다해 예수님을 따를 것이라고 고백했습니다.

"그때부터 그의 제자 중에서 많은 사람이 떠나가고 다시 그와 함께 다니지 아니하더라 예수께서 열두 제자에게 이르시되 너희도 가려느냐 시몬 베드로가 대답하되 주여 영생의 말씀이 주께 있사오니 우리가 누구에게로 가오리이까"(요 6 : 66-68).

심지어 예수님에 대해 "주는 그리스도시요 살아 계신 하나님의 아들이시니이다"(마 16 : 16)라는 놀라운 고백까지 했습니다.

이런 고백은 분명히 그의 진솔한 마음에서 비롯되었을 것입니다. 그러나 이러한 마음은 위기가 닥치자 아무런 힘을 발휘하지 못했습니다. 예수님이 붙잡힌 상황에서 그는 두려움에 사로잡혔습니다. 그의 마음에 가득 찬 두려움이 결국 예수님을 외면하고 부인하게 만들었습니다.

우리도 평상시에는 베드로처럼 믿음의 고백을 주님께 드리곤 합니다. 예배를 통해 받은 감격에 반응하거나, 개인의 삶에서 경험한 은혜에 응답한 것일 수 있습니다. 그래서 주님은 우리의 고백이 참된 것인지를 삶의 현장에서 구체적으로 확인하길 원하십니다.

살다 보면 주님을 위해 손해를 입고 비난을 받아야 할 때가 있습니다. 세상 사람들은 결코 예수를 따르는 제자인 우리에게 호의적이지 않습니다. 그들은 오히려 그리스도인을 비난하고, 흠잡으려 하며, 적대할 때가 많습니다. 우리가 이런 것을 두려워하여 제자의 신분을 감추고 산다면 주님을 부인한 베드로와 같이 우리도 부끄러움을 당하게 될 것입니다.

의를 위하여 핍박을 받는 자에게 오히려 복이 있습니다(마 5 : 10). 우리는 적대적인 사람 앞에서도 그리스도의 제자답게 살아야 합니다. 우리가 사람들 앞에서 예수님을 당당하게 시인하면 예수님도 하나님 앞에서 우리를 기꺼이 시인하실 것입니다.

"누구든지 사람 앞에서 나를 시인하면 나도 하늘에 계신 내 아버지 앞에서 그를 시인할 것이요 누구든지 사람 앞에서 나를 부인하면 나도 하늘에 계신 내 아버지 앞에서 그를 부인하리라"(마 10 : 32-33).

한 조사에서 연예인 부부 중 가장 닮고 싶은 부부로 차인표, 신애라 씨가 선정되었습니다. 차인표 씨는 40년간 예수님을 믿어도 확신이 없었습니다. 그러던 어느 날, 아내 신애라 씨가 사정이 생겨 가지 못하게 된 인도 봉사활동에 그가 대신 가게 되었습니다. 그는 협조하고 싶은 마음도, 진심도 없이 갔지만, 아이들의 손을 잡는 순간 마음속에 '너를 사랑한다. 너는 사랑받기 위해 태어났다.' 하는 음성이 들리며 하나님의 뜨거운 사랑이 몰려옴을 느꼈습니다. 그러면서 삶의 가치관이 변했습니다. 그는 아이들에게 하나님의 사랑을 전해 주러 가서 오히려 자신이 그 사랑을 받았다고 고백했습니다. 이렇게 우리가 주님을 향한 믿음의 고백을 할 때, 예수님의 이름을 부를 때, 주님의 손을 잡을 때 능력을 얻습니다.

2. 주님은 우리의 연약함을 도우시고 용납하신다

하나님은 우리의 연약함을 아십니다. 로마서 7 : 15~17에서 사도 바울은 다음과 같이 말합니다.

"내가 행하는 것을 내가 알지 못하노니 곧 내가 원하는 것은 행하지 아니하고 도리어 미워하는 것을 행함이라 만일 내가 원하지 아니하는 그것을 행하면 내가 이로써 율법이 선한 것을 시인하노니 이제는 그것을 행하는 자가 내가 아니요 내 속에 거하는 죄니라"(롬 7 : 15-17).

우리는 나의 연약함을 고백해야 합니다. 나의 죄를 고백해야 합니다. 하나님이 나의 모든 것을 아시고 용납하기를 원하시기 때문입니다.

베드로가 예수님을 세 번이나 부인하는 사건에서 우리가 기억해야 하는 중요한 사실이 하나 있습니다. 예수님은 이미 베드로가 당신을 부인할 것을 알고 계셨다는 것입니다.

"예수께서 믿지 아니하는 자들이 누구며 자기를 팔 자가 누구인지 처음부터 아심이러라"(요 6 : 64).

예수님은 베드로 자신도 알지 못했던 그의 연약함까지 알고 계셨고, 부활하신 후에 베드로를 찾아가 그럼에도 불구하고 그를 사랑한다는 것을 알려 주셨습니다. 이처럼 예수님은 베드로를 정죄하거나 포기하지 않으셨습니다. 오히려 베드로를 위로하고 회복시키시며 복음 전파의 사도로 귀하게 사용하셨습니다.

"내가 이 말을 하는 것은 너희를 정죄하려고 하는 것이 아니라 내가 이전에 말하였거니와 너희가 우리 마음에 있어 함께 죽고 함께 살게 하고자 함이라 나는 너희를 향하여 담대한 것도 많고 너희를 위하여 자랑하는 것도 많으니 내가 우리의 모든 환난 가운데서도 위로가 가득하고 기쁨이 넘치는도다"(고후 7 : 3-4).

우리도 베드로처럼 연약하고 넘어지기도 합니다. 그때 우리는 '나는 왜 믿음이 이렇게 없나? 나는 왜 이렇게 변화되지 못했는가?'라고 자책하기도 합니다. 그러나 그런 순간에도 우리를 끝까지 사랑하시는 예수님을 기억해야 합니다. 예수님이 자신을 부인하고 외면했던 베드로를 찾아가셨듯이 오늘날 자신의 연약함 때문에 힘들어 하는 우리를 찾아오십니다. 그리고 우리를 격려하시고 예수님을 위해 새로운 삶을 살도록 기회와 힘을 공급해 주십니다.

우리에게 부족하고 부끄러운 모습이 발견될 때마다 주님의 사랑을 더욱 의지하시기 바랍니다. 베드로를 변화시키신 주님이 우리를 변화시켜 주셔서 주님의 귀한 일꾼으로 사용하실 것입니다.

성도는 예수님을 주로 고백하고, 그분을 따른다는 이유로 고난을 받더라도 예수님을 자랑스러워하는 믿음을 가진 자들입니다. 그런 믿음을 고백하는 일에 실패했다 하더라도 성도라면 더욱 주님께 달려가야 합니다. 예수님은 우리를 여전히 받아 주시고 새로운 힘과 능력을 주셔서 우리가 믿음의 경주를 끝까지 다하도록 도와주실 것입니다. 그러므로 연약한 인생을 도우시고 은혜를 베푸시는 주님만을 의지해야 합니다.

"그러므로 우리에게 큰 대제사장이 계시니 승천하신 이 곧 하나님의 아들 예수시라 우리가 믿는 도리를 굳게 잡을지어다 우리에게 있는 대제사장은 우리의 연약함을 동정하지 못하실 이가 아니요 모든 일에 우리와 똑같이 시험을 받으신 이로되 죄는 없으시니라 그러므로 우리는 긍휼하심을 받고 때를 따라 돕는 은혜를 얻기 위하여 은혜의 보좌 앞에 담대히 나아갈 것이니라"(히 4 : 14-16).

주님은 우리의 연약한 인생을 도우며 힘과 능력을 주시는 분입니다. 할렐루야! 주님을 의지하며 복음 전파의 귀한 사명을 감당하는 성도 여러분이 되길 간절히 바랍니다.

2025 MINISTRY RESOURCE
MANUAL BOOK

목회와
설교자료

내 삶이 무너질 때

2월 넷째 주

이전호 목사
충신교회

롬 8 : 26~30

예배로 부름

시 113 : 1~3

"할렐루야, 여호와의 종들아 찬양하라 여호와의 이름을 찬양하라 이제부터 영원까지 여호와의 이름을 찬송할지로다 해 돋는 데에서부터 해 지는 데에까지 여호와의 이름이 찬양을 받으시리로다"

입례 찬양

70장 "피난처 있으니"

결단 찬양

445장 "태산을 넘어 험곡에 가도"

지난주 한 성도님과 만났습니다. 그분은 3년 전 사랑하는 남편을 먼저 떠나보냈습니다. 이후 남편을 향한 슬픔과 그리움에 고통스러운 날을 보냈습니다. 온몸이 성한 곳 없이 화장실에 가는 것도 힘들고, 외출이라도 한 번 하려면 옷을 입는 데만 두 시간이 걸릴 정도였습니다. 그러다 3년이 지나 이제야 평온함을 얻었습니다. 그 과정에서 성도님은 "이제부터는 상실의 아픔과 고통을 당하는 사람을 섬겨라." 하는 하나님의 음성을 들었습니다. 그리고 저를 찾아와 물었습니다.

"목사님, 어떻게 하면 그들을 섬길 수 있습니까?"

진심으로 저에게 묻는 그분과 대화를 나누며 뜨거운 감동을 받았습니다.

여러분에게는 어떤 고통이 있습니까? 그 일로 아직도 울고 있지는 않습니까? 혹시 그 일로 누구를 원망하고 있습니까? 지금 여러분의 마음은 어떠합니까?

1. 하나님께 뿌리를 내리라

본문 말씀은 로마 교회에 보낸 사도 바울의 편지입니다. 사도 바울은 이렇게 고백합니다. "우리가 알거니와 하나님을 사랑하는 자 곧 그의 뜻대로 부르심을 입은 자들에게는 모든 것이 합력하여 선을 이루느니라"(롬 8 : 28). 하나님께서는 선한 일과 악한 일, 순경과 역경, 성공과 실패, 아픔과 고통, 이 모든 것을 통합해서 선을 이루십니다. 여러분은 이 말씀에 얼마나 동의합니까?

하나님은 우리의 기도대로 응답하시지 않습니다. 왜 하나님은 그렇게 응답하지 않으시는 것입니까? 왜 하나님은 우리에게 고통을 허용하십니까? 본문 29절입니다.

"하나님이 미리 아신 자들을 또한 그 아들의 형상을 본받게 하기 위하여 미리 정하셨으니 이는 그로 많은 형제 중에서 맏아들이 되게 하려 하심이니라"(롬 8 : 29).

그렇습니다. 그 아들의 형상을 본받게 하기 위함입니다. 하나님은 하나님의 자녀들이 아무 아픔도 고통도 없이 편안하게 살다가 죽기를 원하지 않으십니다. 아픔과 고통 속에서 예수 그리스도 인격과 영성을 본받아 더욱 성장하고 성숙하기를 원하십니다. 그리하여 고통과 괴로움 속에 힘들어하는 수많은 사람을 살려 내는 하나님 나라의 동역자로 쓰기를 원하십니다. 이것이 하나님께서 고통을 허락하시는 진정한 목적입니다.

사막을 횡단하다 보면 선인장을 쉽게 발견합니다. 비가 거의 오지 않는 건조한 땅에서 선인장은 어떻게 생존합니까? 선인장은 제멋대로 내리는 비에 더 이상 의존하지 않습니다. 그 대신 뿌리를 깊이 내리는 법을 배웁니다. 물이 흐르는 땅속 깊은 곳까지 뿌리를 내립니다. 바위를 뚫고 수맥을 더듬어 찾습니다. 때로는 자기 키보다 수백 배 더 길게 뿌리를 내리기도 합니다. 비가 오지 않더라도 365일 언제나 흐르는 수맥에 몸이 닿을 때, 그때 선인장은 비로소 아름다운 꽃을 피웁니다. 그래서 사막의 선인장은 비가 오지 않아도 죽지 않고, 세찬 모래바람과 토네이도의 공격에도 끄떡없는 기개를 자랑합니다.

성도 여러분, 사막의 선인장처럼 하나님께 여러분의 뿌리를 내리십시오. 하나님께 뿌리를 내린 성도는 어떤 고난도 그를 흔들 수 없습니다. 하나님은 선하신 분입니다. 하나님은 사랑 그 자체이십니다. 하나님을 향한 절대 믿음이 여러분에게 있기를 바랍니다. 하나님은 이러한 믿음을 가진 사람을 붙들어 동역자로 삼으시고 모든 것을 합력하여 선을 이루십니다.

2. 하나님의 훈련 방법

하나님은 어떻게 우리를 동역자로 훈련하십니까? 첫째, 힘든 고통을 허용하셔서 우리를 훈련하십니다.

"나에게 이르시기를 내 은혜가 네게 족하도다 이는 내 능력이 약한 데서 온전하여짐이라 하신지라 그러므로 도리어 크게 기뻐함으로 나의 여러 약한 것들에 대하여 자랑하리니 이는 그리스도의 능력이 내게 머물게 하려 함이라"(고후 12 : 9).

사도 바울에게는 육체의 연약함이 있었습니다. 그에게 육체적 질병이 있었던 것입니다. 이는 그에게 큰 고통이었습니다. 하나님께서는 이 모든 것을 사도 바울에게 허용하셨습니다. 그러나 그는 실망하거나 좌절하지 않았습니다. 부끄러워하지도 않았습니다. 도리어 자신의 아픔과 고통을 자랑했습니다. 어떻게 그런 일이 가능합니까? 바울에게는 자신의 고통이 하나님의 은혜를 경험하는 기회가 되었기 때문입니다.

사도 바울은 아픔과 고통이 있었기에 하나님께 의존할 수밖에 없었습니다. 약함이 있었기에 하나님께 기도하지 않을 수 없었습니다. 인간의 아픔은 하나님의 능력이 머무는 공간이요, 인간의 고통은 하나님의 능력이 드러나는 기회입니다. 하나님의 능력은 우리의 아픔과 고통 속에서 온전히 드러납니다.

성도 여러분, 인간의 진정한 안정과 평안이 어디에 있습니까? 이것은 오직 하나님 안에 있습니다. 만약 세상의 어떤 것이 안정과 평안을 줄 수 있다고 생각한다면 여러분은 지금 환상 가운데 살고 있는 것입니다. 빨리 꿈에서 깨십시오. 세상에는 안정과 평안이 없습니다. 하나님 외에는 그 어떤 것도 인간에게 참 평안을 줄 수 없습니다.

우리는 하나님이 허락하신 아픔과 고통을 경험하는 과정에서 '하나님 외에 이 세상에 어떤 것도 믿을 것이 없구나!' 하는 놀라운 비밀을 깨닫습니다. 그럴 때 하나님은 그 사람을 통해 하나님의 나라를 세워 가십니다.

둘째, 우리 영혼의 귀를 열어 주심으로 동역자로 훈련하십니다. 하나님은 고통을 허락하셔서 그 가운데서 우리가 하나님을 의지하고 하나님께 기도하며 부르짖게 하십니다. 그리고 하나님의 음성을 들을 수 있는 귀를 열어 주십니다.

사도 바울은 배를 타고 로마로 가던 중 유라굴로라는 광풍을 만났습니다. 모든 승객이 여러 날 동안 광풍에 시달렸습니다. 식음을 전폐했습니다. 죽음에 대한 두려움과 공포가 그들을 사로잡았습니다. 그때 사도 바울이 큰 소리로 외쳤습니다. "여러분 안심하십시오. 이 광풍으로 배는 손상을 입을지라도 여러분의 생명에는 지장이 없을 것입니다." 어떻게 이런 말을 할 수 있었습니까? 그것은 그가 광풍 속에서 기도하는 가운데 하나님의 음성을 들었기 때문입니다. 하나님께서 그에게 말씀하십니다.

"바울아 두려워하지 말라 네가 가이사 앞에 서야 하겠고 또 하나님께서 너와 함께 항해하는 자를 다 네게 주셨다 하였으니 그러므로 여러분이여 안심하라 나는 내게 말씀하신 그대로 되리라고 하나님을 믿노라"(행 27 : 24-25).

사도 바울의 말대로 배는 그 후 안전하게 로마에 도착했습니다. 이 과정을 로마의 관리들도 알게 되어서 복음을 전해지는 결정적 계기가 되었습니다.

사랑하는 성도 여러분, 고통이 찾아오면 그 속에서 주님의 음성을 들으십시오. 주님의 음성을 들은 사람에게는 새로운 인생이 열립니다. 그리고 고통 속에 있는 수많은 사람을 살릴 것입니다.

셋째, 하나님께서는 하나님의 섭리를 깨닫게 하심으로 동역자를 훈련하십니다. 사도 바울은 로마의 감옥에서 이런 편지를 보냅니다.

"형제들아 내가 당한 일이 도리어 복음 전파에 진전이 된 줄을 너희가 알기를 원하노라"(빌 1 : 12).

바울은 이 편지를 쓸 당시 로마 감옥에 갇혀 있었습니다. 그는 복음을 전하다가 체포되어 재판을 기다리는 중이었습니다. 감옥에 갇혀 있다는 사실 자체는 외견상으로 그의 사역을 방해하고 중단시키는 것처럼 보였습니다. 그러나 실제로는 바울의 투옥이 복음 전파에 불을 지폈습니다. 그래서 사도 바울은 우리의 인생은 하나님 나라에 도착할 때까지의 프로세스, 과정이라고 말합니다. 이런 일 저런 일, 내 마음에 안 드는 일들까지도 반드시 선으로 향하여 가는 과정입니다. 하나님의 역사에는 실패가 없습니다.

만약 현재 나에게 일어난 일이 마음에 들지 않는다면 '왜 이런 일이 있을까, 왜 저런 일이 있을까?' 이렇게 생각하면서 조금만 기다려 보십시오. 주님께 귀를 기울이며 조금만 기다려 보십시오. 그 일이 여러분의 생애에 꼭 필요한 일들이었음을 깨닫게 될 것입니다. 우리의 생애에 없어도 될 일은 없습니다. 우리의 생애에는 있어야 할 일만 있을 뿐입니다.

하나님께서 사랑하는 자에게 주시는 모든 것, 거기에는 우연이 없습니다. 성공과 실패, 건강과 질병, 이 모든 것을 초월해 계시는 하나님의 높은 섭리가 있기 때문입니다. 한 성도님이 저를 찾아와서 이렇게 고백했습니다.

"목사님, 그때는 내가 왜 고통을 당해야 하는지, 왜 내가 질병에 시달려야 하는지 몰랐습니다. 그러나 이제야 깨닫게 되었습니다."

무슨 뜻입니까? 저 역시 어려움을 겪었습니다. 힘든 질병을 겪으면서 두 가지가 변했습니다. 첫째로 나보다 남을 먼저 생각하는 사람이 되었습니다. 둘째로 나보다 하나님의 영광을 먼저 생각하는 사람이 되었습니다. 인기를 위해서 노래를 부르는 것이 아니라 하나님의 은혜를 자랑하는 찬양을 부르고 싶습니다. 오로지 하나님의 영광을 위하여 찬양하고 싶습니다.

성도 여러분, 평탄함만으로는 아무것도 할 수 없습니다. 평탄함만으로는 하나님 나라의 일꾼이 될 수 없습니다. 하나님은 역경과 순경, 폭풍과 고요함, 아픔과 치유, 고통과 회복 이 모든 것을 합력하여 선을 이루어 가십니다. 하나님은 선하신 분입니다.

2025 MINISTRY RESOURCE
MANUAL BOOK

목회와
설교자료

예수님은 물러가사
한적한 곳에서 기도하시니라

3월 첫째 주 　곽재욱 목사
　　　　　　　　동막교회

눅 5 : 16

예배로 부름

시 23 : 1~2

"여호와는 나의 목자시니 내게 부족함이 없으리로다 그가 나를 푸른 풀밭에 누이시며 쉴 만한 물가로 인도하시는도다"

입례 찬양

6장 "목소리 높여서"

결단 찬양

408장 "나 어느 곳에 있든지"

1. 고치시는 예수님

본문은 나병 환자와 중풍병자를 고치신 예수님의 사역 가운데 끼어 있는 말씀 한 구절입니다. 나병과 중풍은 여러 가지 점에서 대조적인 두 가지 질병입니다. 나병은 신체의 바깥 피부로부터 발생한 병증이 신체 내부의 여러 조직 안으로 서서히 파고들어 마침내 전신을 파괴하는 과정의 질병인 데 비하여, 중풍은 신체의 깊숙한 내부에서 발생한 문제가 멀쩡하던 신체의 바깥 얼굴과 사지를 순식간에 마비시키는 돌발 질병입니다. 나병은 환자를 사회적으로 고립시키고, 중풍은 병상의 수발이 요구되는 사회적 질병입니다.

예수님은 그 두 가지의 질병을 고치시는 데 온 힘을 다하셨습니다. 예수님은 우리의 신체와 삶의 외부에 드러난 질병들을 고치실 뿐만 아니라 우리의 내부에 깊숙이 도사리고 있는 질병까지도 고치십니다. 예수님은 우리 삶을 서서히 파괴하면서 마침내 죽음에 이르게 하는 점진적 질병뿐만 아니라 예기치 않은 어느 순간 갑자기 우리 인생을 습격하여 무너트리는 돌발 질병도 고치십니다. 예수님은 환자 자신의 신앙고백을 귀히 받으시며 그를 고쳐 주셨을 뿐만 아니라 환자의 병상을 들고 온 사람들의 헌신과 믿음을 보고 환자를 고쳐 주기도 하셨습니다.

본문을 조금 더 확장하여 보면, 예수님은 나병 환자를 고치시기 전에 베드로와 요한, 갈릴리의 어부들을 제자로 부르셨고, 본문 다음에 중풍병자를 고치신 후에 마지막 제자인 마태를 부르심으로 열두 제자의 명단을 확정하셨습니다. 본문은 이처럼 예수님의 부르심과 고치심의 여러 사역 한 가운데 있는 구절입니다.

더구나 예수님이 고치신 것은 나병 환자와 중풍병자의 신체만이 아니었습니다. "이 사람아 네 죄 사함을 받았느니라"(눅 5 : 20). 예수님은 그들의 신체의 겉과 속을 고치셨을 뿐만 아니라 그들의 영혼을 함께 고쳐 주셨습니다. 질병을 물리치고 고치시는 예수님의 모든 사역의 핵심적 메시지는 다름 아닌 '죄 용서'에 있음을 알아야 합니다.

2. 기도하신 이유

나병과 중풍은 사람들의 모든 질병과 고통, 삶의 모든 문제를 대표하는 질병입니다. 그런데 그 두 질병이 나타내는바 인간의 모든 문제와 고통을 돌보던 그 분주한 시간에 갑자기 "물러가사 한적한 곳에서 기도하셨다."라는 것입니다. 왜 그렇게 하셨습니까? 더 이상 고쳐 줄 환자가 없어 그 틈을 이용해서 잠시 쉼을 가지신 것입니까? 그렇지 않습니다. 본문의 앞 절, 15절의 말씀이 그것은 아님을 가르쳐 줍니다.

"예수의 소문이 더욱 퍼지매 수많은 무리가 말씀도 듣고 자기 병도 고침을 받고자 하여 모여 오되"(눅 5 : 15).

예수님이 나병 환자를 고쳐 주시자 예수님에 대한 좋은 소문이 널리 퍼졌고, 그 소문을 들은 수많은 사람들이 말씀도 듣고 병도 고침 받고자 모여들었다고 했습니다. 사람들이 몰려들어 많은 병자를 고치는 일에 지치셨거나 끝없이 몰려드는 병자들이 귀찮았다고, 지극히 인간적인 기준으로 생각할 수도 있습니다. 그러나 본문은 아니라고 분명히 말합니다. 예수님은 물러가서 누워 쉬신 것이 아니라 기도하셨습니다.

기도는 체력이 소모되는 일입니다. 그렇다면 사람들이 몰려들었으니 적은 시간이라도 절약하여, 심지어 기도 시간을 절약하여 한 사람에게라도 더 복음을 전하고, 한 사람이라도 더 고치는 것이 낫지 않나 생각할 수도 있습니다. 그러나 본문의 한 절 말씀이, 나병과 중풍이라는 두 질병 곧 인간의 겉과 속, 사람들의 모든 질병을 고쳐 주시고 사람들의 모든 문제를 해결해 주신 사역 한가운데 끼어 있음에 주목할 필요가 있습니다.

이 기도는 예수님의 모든 사역에 쉼과 숨을 제공하고 있습니다. 바로 그 쉼과 숨이 있어 사람들의 병을 고치고 사람들의 문제 해결도 이루어지는 것입니다. 즉, 예수님의 쉼과 숨은 두 질병, 곧 우리 인간들의 모든 질병과 삶의 모든 문제 해결의 근본입니다. 그것들을 해결하는 바르고 확실한 단 하나의 해법입니다.

3. 숨과 쉼을 통한 전진

열왕기하 3 : 13~17에는 북이스라엘과 남유다, 에돔 세 나라가 연합군을 형성하여 모압 정벌에 나섰다가 물이 없는 곳으로 길을 잘못 들어서서 병사들과 짐승들이 다 죽게 생긴 일이 나옵니다. 정작 전투가 벌어지기도 전에 자멸할 위기에서 세 나라의 왕들은 하나님의 말씀을 받기 위하여 하나님의 사람 엘리사 선지자에게 전령을 보냅니다. 엘리사를 통해서 내려 주신 하나님의 해결책은 기괴했습니다. 병사 중에 거문고를 타는 사람들을 선발하여 진영 한가운데에서 거문고를 타라는 것입니다.

이 기괴한 하나님의 말씀의 의미는 '일단 멈춤'입니다. 험준한 바위 협곡 사이에서 만난 문제의 본질은 '좌절과 실망, 두려움'이었습니다. 목마른 병사들과 짐승들에게 당장 필요한 것은 어딘가에 존재하는 샘을 찾는 것이 아니라 침잠하고 영혼을 돌아보는 묵상이었습니다.

자동차는 달리기 위하여 만들어진 것이지만, 쉼 없이 계속 달리기만 하면 엔진이 과열되어 사고를 자초합니다. 때로는 더 멀리 가기 위하여 잠시 쉬어야 합니다.

배에는 닻과 돛이 있습니다. 배의 '돛'은 앞으로 나아가기 위한 것이고 '닻'은 그 자리에 멈추기 위한 것입니다. 우리가 '항해'라고 부르는 것은 닻과 돛의 기능을 합한 것을 의미합니다. 닻이 없는 돛은 불안함으로 항해를 떠날 수 없고, 돛이 없는 닻은 항해 자체가 무의미한 것입니다. 우리는 언제 나아가고 언제 멈추어 서야 합니까? 여러분의 삶에서 돛의 올림과 닻의 내림은 주님의 말씀과 계획으로 일치하고 있습니까?

사도행전 24장에는 로마 총독 벨릭스라는 사람이 나옵니다. 우리 성경의 '벨릭스'는 라틴어 '펠릭스'인데, 이는 '행복', '즐거움'이란 뜻입니다. 벨릭스는 유대인이었던 그의 아내를 통하여 신앙에 대한 얼마간의 지식이 있었습니다. 벨릭스는 그의 총독부에 갇혀 있던 바울이 범죄자가 아니란 사실을 확실히 알고 있었습니다. 심지어 그는 바울에게 호감을 느꼈고, 두려움과 존경하는 마음도 있었습니다.

그러나 그 이상은 아니었습니다. 벨릭스는 가끔씩 옥에 갇힌 바울을 불러내어 말씀을 듣는 것으로 만족했습니다. 그리고 죄수 바울을 좀 더 붙잡아 두어 시일을 끌다 보면 바울로부터 돈을 좀 받을 수도 있지 않을까 하는 기대도 품고 있었습니다. 총독은 그렇게 시간을 끌다가 그의 후임 총독에게 죄수 바울을 그대로 넘겨주고 총독부를 떠나 버렸습니다.

벨릭스 식의 신앙은 행복한 신앙, 즐거운 신앙입니다. 이러한 신앙은 이중적으로 잘 처리된 신앙이라고 할 수 있습니다. 이런 '즐거운 신앙'이 오늘 우리 가운데 존재하고 있지는 않습니까? 삶과 신앙의 이중성을 고민하며 극복해 보려는 아무 노력도 없이 상수도와 하수도로의 이중으로 잘 처리되어 있는 신앙이 벨릭스 식의 신앙입니다. 예배와 말씀이 일상과 떨어져 잘 처리되어 있는 신앙 말입니다.

우리의 신앙이 이런 신앙은 아닌지 돌아보며, 예수님처럼 숨과 쉼을 잘 조율하여 하나님께 바르게 나아가는 신앙의 항해자들이 되기를 바랍니다.

전도자의 멋

3월 사순절 1 / 둘째 주   류영모 목사 / 한소망교회

마 10 : 1~16

예배로 부름
시 113 : 1~3
"할렐루야, 여호와의 종들아 찬양하라 여호와의 이름을 찬양하라 이제부터 영원까지 여호와의 이름을 찬송할지로다 해 돋는 데에서부터 해 지는 데에까지 여호와의 이름이 찬양을 받으시리로다"

입례 찬양
29장 "성도여 다 함께"

결단 찬양
499장 "흑암에 사는 백성들을 보라"

이 세상으로 보냄 받은 그리스도인은 참 멋있는 사람이요, 멋을 아는 사람입니다. 그리스도인으로서 예수님의 제자가 된다는 것은 매력 있는 존재가 되는 것입니다. 바로 이 멋을 알고 멋을 전하는 사람으로 열두 제자가 본문에 등장합니다. 열두 제자는 세상의 조건으로 보면 잘난 사람이 아니었습니다. 갈릴리호수에서 고기나 잡던 사람이 대부분이었습니다. 그러나 예수님은 바로 그 열두 제자에게 사명을 위임하고 권능을 주셨습니다. 그들을 세상에 보내셨습니다. 본문 1절에는 '제자'라 기록하고 있고, 2절에서는 보냄 받은 사람이란 뜻으로 '사도'라고 기록하고 있습니다.

1. 작은 것에서 큰 것을 보는 자는 위인이다

전도자가 가지고 있는 첫 번째 멋이 무엇입니까? 그들은 작은 것에서 큰 것을 볼 수 있었습니다. 본문 5~6절에 성경의 난제가 나옵니다. 이는 열두 제자를 보내며 "이방인의 길로도 가지 말고 사마리아인의 고을에도 들어가지 말고 오히려 이스라엘 집의 잃어버린 양에게로 가라"(마 10 : 5-6)라는 말씀입니다.

마태복음의 기록 목적은 모든 민족에게 복음을 전하는 것입니다. 그러므로 이 말씀은 이방 선교를 하지 말라는 뜻이 아닙니다. 오히려 정말 중요하다는 의미를 내포하고 있습니다. 큰일을 하기 전에 이스라엘 집의 잃어버린 양에게로 가라는 것입니다. 모든 민족이라는 어마어마한 일을 생각하기 전에 먼저 내 곁의 작은 자를 기억하라는 것입니다. 작은 것을 귀하게 보는 눈, 시시한 것에서 큰 것을 소중하게 볼 줄 아는 멋이 전도자에게 있어야 한다는 것입니다. 민족이 어떻고, 우주가 어떻고, 온 땅이 어떻고, 운운하기 전에 가까운 사람을 위대하게 보고 귀하게 보라는 말입니다. 전도자는 인류를 사랑하지만, 동시에 한 생명의 소중함을 아는 멋이 있어야 합니다.

2. 거저 주는 멋쟁이

전도자의 두 번째 멋은 거저 주는 멋입니다. 전도자는 자신이 가진 것이 모두 처음부터 자신의 것이 아니었다는 의식을 분명히 합니다. 모두 주님의 것이요 주님이 위임해 주셨습니다.

전도의 본질은 거저 받았으니 거저 주는 것입니다. 교회 봉사를 하고 대가를 받지 않고, 구제할 때도 기대나 보상을 바라지 않습니다. 구원은 은혜이므로 가치가 너무 커서 값으로 계산할 수 없다는 의미이며, 동시에 내 노력, 내 자격, 내 공로로 얻는 것이 아니라는 의미이기도 합니다. 처음부터 내 것이 아니었는데 그걸 주면서 폼 잡을 일이 뭐가 있겠습니까?

맛과 멋은 다릅니다. 무언가를 받으면 맛있습니다. 무언가를 주면 멋있습니다. 주는 자에게도 기쁨이 있고, 받는 자에게도 기쁨이 있습니다. 선물을 받아 보셨습니까? 맛있습니다. 그러나 선물을 주면 멋있습니다. 받으면 맛있지만 주면 멋있는 것입니다. 성경에 주는 자가 받는 자보다 복되도다고 했습니다. 다른 말로 하면 "주는 자가 받는 자보다 멋있다."가 됩니다.

3. 소유를 초월하는 멋

전도자의 세 번째 멋은 소유를 초월하는 멋입니다. 전도자에게는 소유를 초월하는 멋, 돈에 매이지 않는 멋이 있습니다. 전도자는 돈 때문에 일하지 않습니다.

본문 9~10절을 보면 "너희 전대에 금이나 은이나 동을 가지지 말고 여행을 위하여 배낭이나 두 벌 옷이나 신이나 지팡이를 가지지 말라"라고 합니다. 사실 여기 "가지지 말라"라는 말은 받지 말라는 말입니다. 제자들은 예수님께서 주신 권능으로 병든 자를 고쳤습니다. 귀신을 쫓아내었습니다. 예수님은 대가를 받지 않으셨습니다. 전도자의 대가는 이 땅에 있지 않습니다. 이처럼 성도들의 보상도 이 땅에 있지 않습니다. 하나님 나라에 있습니다.

전도자는 소유를 초월하여 살기에 하나님이 자신을 먹이시고 입히시는 것을 날마다 체험하는 사람입니다. 이 세상에서 제일 강하고 제일 무서운 사람이 누구입니까? 죽음이 두렵지 않은 사람이라고 합니다. 그리고 소유를 초월해서 사는 사람이라고 합니다. 죽음을 무서워하지 않는 사람은 진리를 위해서 큰 것을 할 수 있는 사람이요, 소유 때문에 일하지 않는 사람은 멋을 내면서 살아갈 수 있는 사람입니다.

4. 의리를 지키는 멋

전도자의 네 번째 멋은 의리를 지키는 멋입니다. 본문 11절의 "어떤 성이나 마을에 들어가든지 그중에 합당한 자를 찾아내어 너희가 떠나기까지 거기서 머물라"라는 말씀은 무슨 뜻입니까? 성중에 많은 사람 가운데 '합당한 자'를 찾아내 함께 일하라는 것입니다. 합당한 자는 헌신된 사람, 준비된 사람을 말합니다. 전도는 영적 전쟁입니다. 함께 싸워야 합니다. 그러기 위해서는 좋은 동역자를 만나야 합니다.

합당한 자를 찾을 때 좀 불편할 수 있습니다. 그렇지만 한 번 하나님께서 내게 붙여 준 사람이면 그와 함께 머물러야 합니다. 영접하는 자도, 전도자도 의리가 있어야 합니다. "함께 일할 합당한 사람을 보내 주십시오. 그리고 그 사람과 평생 소중한 관계를 지킬 줄 아는 멋이 내게 있게 해 주십시오!" 하고 기도하는 것이 전도자의 멋입니다.

5. 당당함의 멋

다섯 번째는 당당함의 멋입니다. 본문 12절부터 15절까지 전도자의 위엄, 품위, 당당함의 멋을 말합니다. 누구를 만나든 어느 집에 들어가든 평안을 비는 권세가 전도자에게 있습니다. 평안은 구원론적인 평안, 샬롬입니다. 누구를 만나든지 어느 가정에 들어가든지 어느 성에 들어가든지 전도자는 샬롬을 빕니다.

그때 두 가지 반응이 나타납니다. 합당한 사람들을 만나면 그 평안이 거기 임합니다. 그런데 합당하지 않은 사람을 만나 평안과 복을 빌면, 그 평안이 튀어 나와 복을 빈 나한테 돌아옵니다.

전도자는 사람을 가려서 복음을 전하거나 복을 빌지 않습니다. 오히려 복 받을 자격이 없는 자에게 더 복이 넘치길 원하는 멋이 전도자에게 있습니다.

6. 세상이 너를 버려도 너는 세상을 버리지 마라

여섯 번째, 세상이 우리, 곧 전도자를 버려도 우리는 세상을 버리지 말아야 합니다. 본문 마지막 16절에 예수님께서 제자들을 부르시고 권능을 주어 이 세상으로 파송하시는 심정이 나옵니다. "보라 내가 너희를 보냄이 양을 이리 가운데로 보냄과 같도다"(마 10 : 16).

양은 매우 약한 동물입니다. 이리는 사막의 패권을 쥐고 있을 만큼 강한 동물입니다. 또 떼를 지어 덤비기 때문에 양에겐 가장 무서운 적입니다. 염소라면 뿔이라도 흔들면서 한번 버터라도 보겠지만 양은 최소한의 방어 무기마저 없습니다.

예수님은 이리 떼 같은 세상으로 양 한 마리 같은 전도자를 파송한다고 말씀하십니다. 그곳이 전도자가 가야 할 일터이기 때문에 그렇습니다. "세상이 너를 버려도 너는 세상을 버려서는 안 된다."라는 말입니다. 복음을 전하는 가운데 아무리 세상이 악해 보여도 그 세상을 포기하지 말라는 것입니다. 아무리 세상이 미워도 산으로 도망갈 생각을 해서는 안 됩니다. 채찍에 맞아 피를 흘리면서도 그 세상을 사랑하는 자가 전도자입니다. 억울하게 순교하면서도 웃으며 죽을 수 있는 멋이 전도자에게 있어야 합니다. 믿음의 선진들은 그렇게 살았습니다.

주님의 제자들이 예수님을 믿고 천국에서 산다면 무슨 걱정이 되겠습니까? 악이 득실거리고 불의가 판을 치고 거짓이 난무한 세상 한복판에서 순진한 양이 살아야 하니, 많은 아픔이 있고 갈등이 있습니다. 그러나 전도자의 진정한 멋은 바로 여기서 진가를 발휘합니다. 그리스도인이요, 제자의 참된 멋은 바로 교회에 있는 것이 아니라 일터, 세상 한복판에 있습니다. 악한 환경 속에서도 빛을 드러낼 수 있는 멋이 그리스도인의 멋입니다.

사순절을 시작하며, 다시 한번 우리의 정체성을 되새겨 보는 시간이 되기를 소망합니다. 그리스도인이 누구입니까? 전도자는 누구입니까? 제자는 누구입니까? 우중충한 사람이 아니라 멋쟁이입니다.

두루 다니시며

3월 사순절 2
셋째 주

문성욱 목사
일산명성교회

눅 8 : 1~3

예배로 부름
요 6 : 67~69
"예수께서 열두 제자에게 이르시되 너희도 가려느냐 시몬 베드로가 대답하되 주여 영생의 말씀이 주께 있사오니 우리가 누구에게로 가오리이까 우리가 주는 하나님의 거룩하신 자이신 줄 믿고 알았사옵나이다"

입례 찬양
15장 "하나님의 크신 사랑"

결단 찬양
505장 "온 세상 위하여"

똑같은 행동을 하더라도 어떠한 마음으로 하느냐, 누구와 함께하느냐에 따라 결과가 달라집니다. 사람이 세상에 태어나서 다닌 길을 모두 합하면 몇 km가 되겠습니까? 과거 교통수단이 그렇게 발달하지 않았을 때는 한평생을 두루 돌아다녀도 그렇게 긴 거리가 아니었겠지만, 교통수단이 발달한 요즘은 자동차를 이용하여 다닌 거리에다가, 비행기를 타고 다닌 거리까지 계산해 보면 엄청난 숫자가 나옵니다. 1년 동안 자기 차로만 2만 km 이상을 다닌 사람도 있고, 이곳저곳을 두루두루 다니며 일하는 직업을 가진 사람도 있습니다.

그런데 오늘 본문을 보면 우리 주님께서 두루 다니셨다는 기록이 나타납니다. 1절을 보면 "그 후에 예수께서 각 성과 마을에 두루 다니시며 하나님의 나라를 선포하시며 그 복음을 전하실새 열두 제자가 함께 하였고"라고 표현하고 있습니다.

헬라어 성경에서는 오늘 본문 1~3절 전체가 한 문장으로 되어 있습니다. 그 가운데 가장 핵심이 되는 동사, 곧 본동사는 '두루 다니시며'입니다. 예수님은 각 성과 촌을 두루 다니셨습니다. 도시든 농촌이든 어디든지 가리지 않고 두루 다니셨습니다. 그런데 예수님이 무엇을 하기 위해 두루 다니셨습니까? 주님께서 두루 다니신 이유를 뒷부분에서 찾을 수 있습니다. "하나님의 나라를 선포하시며 그 복음을 전하실새" (눅 8 : 1).

1. 두루 다니신 예수님

주님께서 두루 다니신 것은 하나님 나라를 선포하시기 위해서입니다. "하나님 나라를 선포한다."는 것은 "하나님께서 통치하신다.", 곧 "하나님이 우리의 왕이 되셔야 한다."는 것을 선포한다는 말입니다. 주님은 우리 인생에 가장 필요한 것이 바로 하나님 나라의 선포임을 아셨기 때문에 두루 다니셨습니다.

주님은 단순히 병을 고치시기 위해서 혹은 귀신을 내쫓기 위해서 세상에 오신 분이 아닙니다. 주님이 이 땅에 오신 분명한 목적은 하나님 나라의 선포입니다. 하나님이 바로 우리의 왕 되심을 선포하는 것입니다.

아담과 하와에게 진정한 왕이신 하나님이 있었습니다. 그런데 사탄이 찾아와 선악과를 따 먹으면 하나님과 같이 된다고 유혹하였습니다. 아담과 하와로 하여금 왕을 뒤로 하고 스스로 선악을 분별하는 자리에 나아가도록 했습니다. 그것은 하나님의 통치 영역에서 벗어나는 일이었습니다. 아담과 하와는 그 유혹에 넘어가고 말았습니다. 사탄으로 말미암아 하나님의 왕 되심이 파괴되었습니다. 그런데 주님이 두루 다니면서 하나님 나라를 선포하셨습니다. 하나님의 왕 되심을 선포하셨습니다. 누가는 주님께서 모든 성과 촌을 두루 다니면서 하나님 나라를 회복해 나가시는 것을 기록하고 있습니다.

이 세상에 사는 사람들은 누구나 다 두루 다니면서 살아갑니다. 여러분들도 이 세상을 살아가는 동안 두루 돌아다닙니다. 그런데 여러분은 두루 다니며 무엇을 합니까? 지나간 한 주간 두루 돌아다니면서 주로 무엇을 했습니까? 혹시 잠언 11장에서 말하는 자들과 같지는 않았습니까?

"두루 다니며 한담하는 자는 남의 비밀을 누설하나 마음이 신실한 자는 그런 것을 숨기느니라"(잠 11 : 13).

사람들 가운데 두루 다니면서 한담하는 자들이 있습니다. 특히 이 집, 저 집을 돌아다니면서 한담을 하면서 험담까지 하고 다닙니다. 약점을 이야기합니다. 왜 사람들은 두루 다니면서 한담과 험담을 합니까? 잠언 18 : 8에서 "남의 말하기를 좋아하는 자의 말은 별식과 같아서 뱃속 깊은 데로 내려가느니라"라고 했습니다. '별식'은 특별한 음식이라는 말입니다. 늘 집에서 밥을 먹다가 음식점에 가서 특별한 음식을 먹는 것처럼 남의 말하는 것이 그렇게 좋다는 것입니다. 누가 내 이야기를 하면 속이 뒤집히는데, 내가 남의 말 하는 것은 꼭 별식을 먹는 것 같아서 두루 다니면서 한담하고 다닙니다. 여러분은 두루 다니며 남의 말이나 하는 자들, 한담이나 하는 자들이 되지 않기를 바랍니다.

2. 두루 다니는 목적

성경을 보면 두루 다닌 자가 또 있습니다.

"여호와께서 사탄에게 이르시되 네가 어디서 왔느냐 사탄이 여호와께 대답하여 이르되 땅을 두루 돌아 여기저기 다녀왔나이다"(욥 1 : 7).

두루 다니는 또 다른 자는 바로 사탄입니다. 우리 주님도 두루 돌아다니시지만, 사탄도 두루 돌아다닙니다. 그러면 사탄은 두루 돌아다니면서 무엇을 합니까? 베드로전서 5 : 8을 보면 "근신하라 깨어라 너희 대적 마귀가 우는 사자 같이 두루 다니며 삼킬 자를 찾나니"라고 말씀하고 있습니다. 사탄도 우리 주님처럼 두루 다니는데 그 목적이 다릅니다. 어떻게 하면 사람들을 미혹하고 넘어뜨릴까 하며 삼킬 자를 찾아다니는 것입니다.

이렇게 주님과 사탄은 두루 다니는 것은 같은데 전혀 반대의 일을 합니다. 주님은 두루 다니면서 하나님 나라를 선포하시고 죄 가운데 매인 백성과 사망에 매인 백성들을 풀어 주시는데, 어떤 사람은 두루 다니면서 한담이나 하고 남의 이야기나 합니다. 그런가 하면 사탄은 두루 다니면서 삼킬 자를 찾고 다닙니다.

여러분은 두루 다니면서 무엇을 하십니까? 주님을 닮아서 생명을 살리는 일을 합니까, 아니면 한담을 하면서 남을 죽이는 일이나 하고 다닙니까? 이제부터라도 두루 다니면서 하나님 나라를 선포하고 복음을 전하는 성도들로 살아가기를 바랍니다. 더 이상 한담이나 하며 다니는 자가 되지 맙시다. 사탄과 같이 다른 사람들을 삼키려고 곧 죽이는 일을 하면서 두루 다니지 말고, 예수님처럼 생명의 복음을 전하는 자들이 되기를 바랍니다.

3. 함께한 열두 제자

주님은 두루 다니면서 누구와 함께하셨습니까? 본문 1절 마지막 부분을 보면 "열두 제자가 함께하였고"라고 기록되어 있습니다. 예수님의 열두 제자가 주님과 함께 두루 다녔습니다. 예수님이 제자들과 같이 두루 다니신 데는 이유가 있습니다. 제자들에게 모범이 되기 위해서였습니다. 주님은 사랑하는 제자들이 두루 다니면서 무엇을 해야 하는지를 보여 주셨습니다. 제자들과 함께 다니면서 주님이 무엇을 하시는지 잘 보라는 것입니다.

제자들은 주님과 함께 다니면서 주님의 모습을 배웠습니다. 두루 다니면서 자신이 무엇을 해야 하는지를 배웠습니다. 제자들은 우리와 비슷한 사람들입니다. 늘 서로 자기주장을 하고 하나님 나라를 선포하기보다는 자기 이익만을 추구했습니다. 그런데 주님과 두루 다니면서 제자들은 주님의 모습을 배우고 조금씩 변화되었습니다.

우리는 그 변화의 결과를 사도행전에서 볼 수 있습니다.

"그때에 베드로가 사방으로 두루 다니다가 룻다에 사는 성도들에게도 내려갔더니 거기서 애니아라 하는 사람을 만나매 그는 중풍병으로 침상 위에 누운 지 여덟 해라"(행 9 : 32-33).

주님의 제자 베드로 역시 두루 다녔습니다. 무엇을 하려고 두루 다녔습니까? 그는 한담하기 위해서 두루 다닌 것이 아닙니다. 마귀처럼 삼킬 자를 찾기 위해서 두루 다닌 것도 아닙니다. 그는 주님과 함께 다니며, 사람이 두루 다니면서 무엇을 해야 하는지를 배웠습니다. 그러기에 그는 약한 성도들을 위로하고, 세워 주며, 격려하고, 주님의 생명을 가져다주는 복음을 전하며, 병든 자를 위해 기도하고, 회복시키기 위해서 두루 다닌 것입니다.

그러므로 두루 다닐 때 누구와 함께하느냐가 중요합니다. 우리가 인생길을 걸어가면서 누구와 동행하느냐는 너무나 중요합니다. 늘 주님과 동행하는 사람은 주님으로부터 복음을 전하는 것을 배웁니다. 반면에 한담이나 하는 자들과 같이 다니면 어느 사이에 한담하는 것을 배워서 그 사람도 두루 다니면서 한담이나 하고 다닙니다.

주님과 함께한 제자들은 훗날 두루 다니면서 복음을 전하고 약한 성도들을 굳세게 세웠습니다. 그래서 누가는 주님이 두루 다니시면서 열두 제자가 함께하였다는 것을 강조하고 있습니다.

지금 여러분 주변에는 어떤 사람들이 있습니까? 누구와 함께 인생길을 걸어가고 있습니까? 늘 불평하는 사람과 두루 다니면 자신도 모르는 사이에 불평만 하는 사람이 되고 맙니다. 전도하는 사람과 늘 동행하면 어느 사이에 입을 열어 전도하는 사람으로 변화됩니다. 이제부터 늘 주님과 동행하시기를 바랍니다. 또 주의 신실한 사람들과 늘 동행하시기를 바랍니다. 그리하여 늘 하나님 나라를 선포하고, 주님의 영광을 드러내며, 칭찬받는 성도들이 되기를 바랍니다.

4. 함께 다닌 여자 성도들

주님이 두루 다니실 때 열두 제자 말고도 함께한 사람들이 있습니다. 바로 여자 성도들입니다. 누가는 예수님의 열두 제자에 대해서는 그 이름들을 일일이 기록하지 않고 단순히 "열두 제자가 함께하였고"(눅 8 : 1)라고만 기록하였습니다. 하지만 여자 성도들에 대해서는 좀 더 자세하게 기록했습니다. 거기에는 이유가 있습니다.

주님이 두루 다니실 때 일곱 귀신이 나간 자, 막달라인이라 하는 마리아와 헤롯의 청지기 구사의 아내 요안나와 수산나와 다른 여자가 함께하였다고 말씀합니다. 세상에서 어떤 사람이었는지는 중요하지 않습니다. 고관의 아내든지 혹은 일곱 귀신이 들린 사람이든지 평범한 사람이든지 상관없습니다. 그들은 하나가 되어서 주님과 함께 두루 다녔습니다.

이 사실은 오늘날 교회에서 우리가 가져야 할 아주 중요한 자세를 보여 줍니다. 헤롯의 청지기의 아내와 같은 높은 위치에 있어도 교만할 이유가 없습니다. 귀신 들렸던 막달라 마리아라고 해서 기가 죽어 주님과 동행하지 못할 이유가 없습니다. 아무리 세상에서 천대받을 만한 위치에 있어도 우리는 주님 안에서 주님과 동행하며 하나님 나라를 선포할 수 있습니다. 지위의 높고 낮음, 지식의 많고 적음, 나이가 많고 적음에 상관없이 우리는 하나님 나라의 선포를 위해 복음을 전하는 일에 동참할 수 있습니다.

교회 안의 성도는 다양합니다. 그러나 주님 안에서 한 목적을 가지고 살아갑니다. 하나님 나라를 선포하고 그 복음을 전하는 일에 동행할 수 있습니다. 복음을 전하는 일에, 주님과 함께 두루 다니면서 하나님 나라를 선포하는 일에는 그 누구도 예외일 수는 없습니다. 누구나 참여해야 합니다. 남자와 여자의 구별이 없습니다. 다 함께 두루 다니며 하나님 나라를 선포하고 생명의 복음을 전하는 일에 함께해야 합니다.

본문 3절 마지막 부분을 보면 "자기들의 소유로 그들을 섬기더라"라고 기록되어 있습니다. 여자 성도들은 자신들의 소유로 주님과 그 제자들을 섬겼습니다. 여자 성도들은 주님과 함께하면서, 자기들의 소유로 주님을 섬기면서 헌신했습니다. 자기들의 소유를 희생하면서 주님과 함께하는 그 여자 성도들의 이름이 "헤롯의 청지기 구사의 아내 요안나와 수산나와 다른 여러 여자"라고 성경에 기록되어 있습니다.

오늘 우리는 사순절 두 번째 주일을 맞이하여 주님이 두루 다니며 하나님 나라와 복음을 선포하셨던 것을 살펴보았습니다. 세상에 두루 다니면서 한담이나 하던 자들 혹은 삼킬 자를 찾는 사탄과 같은 자들이 아니라, 주님과 함께하면서 하나님 나라를 선포했던 제자들처럼 또 여자 성도들처럼 주님과 함께 두루 다니면서 약한 자를 위로하고 격려하며 주님의 생명의 복음을 선포하는 자들이 되기를 바랍니다. 주님은 이러한 여러분을 기억하시고 놀라운 은혜로 함께하실 것입니다.

예수님이 유일한 소망입니까?

3월 시순절 3 넷째 주

손병렬 목사
포항중앙교회

요 5 : 2~9 (참고. 눅 11 : 1)

예배로 부름

요 14 : 6

"예수께서 이르시되 내가 곧 길이요 진리요 생명이니 나로 말미암지 않고는 아버지께로 올 자가 없느니라"

입례 찬양

272장 "고통의 멍에 벗으려고"

결단 찬양

313장 "내 임금 예수 내 주여"

예수님은 공생애 동안 "귀 있는 자는 들어라."라는 말씀을 열세 번 반복하셨습니다. 그리고 "아직도 깨닫지 못하느냐."라는 말씀도 일곱 번이나 하셨습니다. 왜 이런 말씀을 반복하셨습니까? 하나님 나라를 선포하며 생명의 근원이 되시는 예수님이 눈앞에 있음에도 불구하고 제자들과 많은 사람들이 깨닫지 못하고 이 땅에 마음을 빼앗겨 회개하고 돌아오지 않으니 하신 말씀일 것입니다.

경주에서 이길 수 있도록 잘 훈련된 경주마들을 보면 특이한 점이 있습니다. 여행지에 가서 타는 말들과는 다르게 눈가리개 같은 것을 쓰고 있는데, 그것을 '차안대'라고 합니다. 말에게 차안대를 착용시키는 이유는 오로지 목표만 보고 달리게 하기 위함입니다. 사람의 눈은 얼굴의 전면에 있어 시야의 범위가 한정되어 있지만, 말은 머리의 양 옆에 눈이 붙어 있으므로 시야가 무려 350도나 됩니다. 그래서 사방을 한 번에 볼 수 있는 말은, 원하든 원하지 않든 고개를 돌리지 않고도 뒤에서 접근하는 물체까지 볼 수 있다고 합니다. 말은 큰 덩치에 비해 겁이 많고 낯선 물체에 대한 공포심도 많은 동물이기 때문에 목표만을 보고 집중하여 달릴 수 있도록 고안된 것이 바로 차안대입니다.

사람도 무언가에 집중하면 다른 사람의 말이나 조언이 들리지 않고, 주변을 돌아보지 못하는 경향이 있습니다. 마치 차안대를 착용한 것처럼 말입니다. 오늘 말씀에도 이렇게 차안대를 차고 오로지 매일 한곳만 집중하고 있는 이가 등장합니다. 바로 38년 된 병자였습니다. 그는 베데스다 연못만을 바라보고 있습니다. 당시 이스라엘 사람들의 평균 수명이 40대라고 했을 때 인생의 막바지에 다다랐음에도 그가 할 수 있는 것은 오직 그곳만 바라보는 일뿐이었습니다.

그는 왜 베데스다만 바라보고 있었습니까? 베데스다와 관련되어 내려오는 이야기 때문이었습니다.

"이는 천사가 가끔 못에 내려와 물을 움직이게 하는데 움직인 후에 먼저 들어가는 자는 어떤 병에 걸렸든지 낫게 됨이러라"(요 5 : 4).

베데스다 연못에는, 가끔 천사가 연못에 내려와 물을 움직이게 하는데 그때 연못에 가장 먼저 들어가는 사람은 어떠한 병이든 다 고침을 받는다는 이야기가 내려오고 있었습니다. 그래서 베데스다에는 병 고침을 바라는 많은 이들이 항상 모여 있었습니다.

"그 안에 많은 병자, 맹인, 다리 저는 사람, 혈기 마른 사람들이 누워 물의 움직임을 기다리니"(요 5 : 3).

많은 병자, 맹인, 다리 저는 사람, 혈기 마른 사람들, 그리고 38년 된 병자도 베데스다 근처에서 천사가 내려오기만을 기다렸습니다. 병자, 맹인, 다리 저는 사람, 혈기 마른 사람들의 특징이 무엇입니까? 이 치열한 경쟁의 터전에서 스스로 무엇을 할 만한 능력이 없다는 사실입니다. 그러니 그곳이 얼마나 치열한 현장이었는지를 상상할 수 있습니다. 그 치열한 현장에 오늘 예수님이 찾아오십니다.

1. 우리를 먼저 찾아오시는 분

예수님은 우리를 먼저 찾아오시는 분입니다. 다른 복음서를 보면 예수님은 공생애 동안 주로 갈릴리에서 사역하셨고, 공생애 말미에 이르러 십자가에 달려 돌아가실 때 예루살렘에 오르신 것이 기록되어 있습니다. 그러나 요한복음에서는 예루살렘에 몇 차례 오르신 사건을 기록하는데, 그것이 본문으로 삼고 있는 베데스다의 표적 부분입니다. 예수님이 예루살렘에 오르신 이유와 베데스다의 표적 사건의 이유는 무엇입니까?

"오직 이것을 기록함은 너희로 예수께서 하나님의 아들 그리스도이심을 믿게 하려 함이요 또 너희로 믿고 그 이름을 힘입어 생명을 얻게 하려 함이니라"(요 20 : 31).

그렇습니다. 예수님이 하나님의 아들 그리스도이심을 믿게 하려 함이며, 또 생명을 얻게 하기 위함입니다. 그러기 위해 예수님이 먼저 찾아오시고 표적을 베푸셨습니다. 인생의 막바지에 여전히 미련이 남아 차마 떠나지 못하고 있는 희망 없는 인생에, 그곳에 있으면 언젠가 한 번은 자신에게 기회가 있을 것이라 여기는 인생에, 마치 차안대를 찬 경주마처럼 치열한 경쟁 사회에 모든 신경과 눈길을 빼앗긴 우리의 인생에 예수님이 찾아오십니다. 그리고 예수님이 물으십니다.

"예수께서 그 누운 것을 보시고 병이 벌써 오래된 줄 아시고 이르시되 네가 낫고자 하느냐"(요 5 : 6).

2. 살리기 원하시는 분
예수님은 우리의 모든 것을 미리 아시고 살리기 원하시는 분입니다. 38년 된 병자는 자신에게 물으시는 예수님의 음성을 듣고 비로소 베데스다 연못에 고정되어 있던 시선을 돌려 예수님을 바라보게 되었습니다. 차안대가 벗겨지는 순간입니다. 예수님은 얼마나 병이 오래 되었는지, 얼마나 아픔과 고생을 겪었는지, 현재는 어떠한 상황인지 묻지 않으십니다. 왜냐하면 그 모든 것을 이미 아실 뿐만 아니라 그러한 것이 중요하지 않았기 때문입니다. 예수님이 그를 살리기로 작정하신 것이 핵심이기 때문입니다. 예수님의 사명은 생명을 살리는 일에 있습니다.

이러한 물음에 38년 된 병자는 대답합니다.

"병자가 대답하되 주여 물이 움직일 때에 나를 못에 넣어 주는 사람이 없어 내가 가는 동안에 다른 사람이 먼저 내려가나이다"(요 5 : 7).

예수님의 질문은 '네가 낫고자 하느냐?'였습니다. 그러나 38년 된 병자는 그 질문에 대해 답변하지 않고 강조해서 이야기하기를 "내가 가는 동안에 나를 도와주는 사람이 없다."라고 합니다. 영어 성경(NIV)으로 보면 'I have no one to help me.'로 자신을 도와주는 단 한 사람이 없음을 한탄하고 있습니다. 즉, 38년 된 병자는 치열한 경쟁 사회를 탓하고 있습니다. 이렇게 될 수밖에 없는 구조적인 문제를 이야기합니다. 자신이 여전히 이 자리에 남게 된 것에 분노를 표현하며 문제를 제기하고 있는 것입니다.

그런데 여러분, 이 세상은 그런 곳 아닙니까? 세상이 그렇습니다. 38년 된 병자가 베데스다에서 문제를 해결하려고 하니 답이 없는 것입니다. 세상을 향해 고정되어 있는 차안대를 벗어 버리고 문제를 해결하실 수 있는 예수 그리스도를 바라보아야 합니다. 기적의 역사는 베데스다 연못에서 일어나지 않고 베데스다 연못 옆, 예수님이 계신 곳에서 일어납니다.

3. 오직 예수 그리스도를 바라보라

한탄 섞인 그의 답변을 들은 예수님은 말씀하십니다.

"예수께서 이르시되 일어나 네 자리를 들고 걸어가라 하시니"(요 5 : 8).

예수님의 말씀대로 38년 된 병자는 나음을 입었습니다. 38년 된 병자의 답변에서 그에게 구원을 베풀만한 어떠한 고백이 있었습니까? 없었습니다. 은혜를 베풀만한 행위가 있었습니까? 없었습니다. 은혜가 이러한 것입니다. 우리에게 구원받을 만한 어떠한 고백과 행위가 없음에도 우리가 구원받은 것은 전적으로 하나님의 은혜입니다. 그러므로 우리는 오직 눈을 돌려 예수 그리스도를 바라보아야 합니다.

일본의 신학자 마스미 토요토미는 『참 사랑은 그 어디에』(IVP, 2016)라는 책에서 세 종류의 사랑을 이야기합니다. 첫째는 조건을 묻는 '만약의 사랑', 둘째는 이유를 찾는 '때문에 사랑', 그리고 셋째는 조건과 이유가 없는 '불구하고 사랑'입니다. 상대방의 여러 결점에도 불구하고 사랑하는 것이 참사랑이며, 그리스도의 사랑도 그런 사랑이라고 말합니다. 38년 된 병자의 답변에서 구원받을 만한 어떠한 고백이나 행위가 없다 할지라도 예수님은 '불구하고 사랑'의 표적을 베푸십니다.

사순절 세 번째 주일입니다. 여전히 베데스다 연못만을 바라보면서 물이 움직이는 것만 엿보고 있습니까? 자비의 집이라고 알려진 베데스다지만 그 삶의 현장은 자비가 없는 치열함만 존재했습니다. 우리가 사는 세상도 마찬가지입니다. 진정한 회복과 나음, 치유와 회복의 역사는 치열한 삶의 현장인 베데스다에 있지 않고, 그러한 은총을 받을 만한 자격이 전혀 없는 우리를 그럼에도 불구하고 사랑하시는 예수님께 있음을 기억하길 바랍니다.

세상을 향하게 하는 차안대를 벗고 눈을 들어 우리 구주 예수 그리스도를 바라보는 귀한 사순절을 보내길 바랍니다.

2025 MINISTRY RESOURCE
MANUAL BOOK

목회와 설교자료

꽃샘추위 너머를 바라보며

3월 사순절 4 / 다섯째 주   심상철 목사 / 제주영락교회

고후 4 : 7~10

예배로 부름
시 71 : 20
"우리에게 여러 가지 심한 고난을 보이신 주께서 우리를 다시 살리시며 땅 깊은 곳에서 다시 이끌어 올리시리이다"

입례 찬양
25장 "면류관 벗어서"

결단 찬양
456장 "거친 세상에서 실패하거든"

제주시에 위치한 휴양림 가운데 '절물 자연 휴양림'이 있습니다. 가기만 해도 쉼이 된다고 권유하는 이가 있어 아내와 함께 방문했는데, 그곳에 도착하자마자 눈발이 제주의 강한 바람과 결합하여 눈보라가 몰아치기 시작했습니다. 그 차가움에 귀가 아리고 얼얼하여 결국 정상까지 오르지 못하고 돌아와야만 했습니다. 제주의 꽃샘추위를 제대로 경험하였습니다.

　이처럼 우리의 신앙 여정 속에 불어닥치는 꽃샘추위와도 같은 위기 상황을 본문에서 발견하게 됩니다. 아름다운 신앙의 꽃을 피우려는 것을 시샘하는 추위로 인해 우리들을 움츠러들게 만드는 것들입니다. 신앙의 새봄을 맞이하기 위해 우리가 직면하고 극복해야 할 영적 꽃샘추위의 현장으로 함께 가 봅시다.

1. 어떤 꽃샘추위로 떨고 있는가?

　첫 번째 꽃샘추위는 '사방으로 욱여쌈을 당하는 것'(고후 4 : 8)입니다. 욱여싼다는 것은 즙을 짜기 위해 포도를 짓누를 때 사용하는 표현입니다. 포도의 처지에서 보면 이 상황이 얼마나 고통스럽겠습니까? 많은 그리스도인이 이런 욱여쌈의 고통으로 인해 차디찬 신앙의 겨울을 지나지 못한 채로 살아갑니다. 이것과 짝을 이루는 꽃샘추위는 '답답한 일을 당하는 것'(고후 4 : 8)입니다. 적군에 둘러싸여 갇혀 있는데 적의 군대가 점점 그 포위망을 좁혀 오는 상황에서 사용되는 표현입니다. 마침내 최후의 코너에 몰려 움직일 틈조차 없는 상태에 처합니다. 막장과 같은 절대 절망의 포위망에서 아직 빠져나오지 못한 채로 살아가는 모습을 보여 줍니다.

　이어지는 꽃샘추위는 '박해를 받고 거꾸러뜨림을 당하는 것'(고후

4 : 9)입니다. 우리들의 신앙을 약화시키려고 꾸민 악한 계획, 그리고 그것이 실행되어 원형 경기장에서 패한 검투사들처럼 쓰러져 더 이상 일어서지 못하게 하는 현실을 말합니다. 오리 새끼 틈에 살았던 백조가 이상한 취급을 받고 따돌림 당했던 것처럼 우리는 우리를 그리스도인이라는 이유 하나만으로 박해하는 세상 한복판에서 살아가고 있습니다.

2. 밟힐수록 강하게 자라나고 있는가?

이런 상황 가운데서 꽃샘추위를 떨치고 마침내 아름답게 꽃 피게 하는 새봄의 생기처럼 우리의 신앙에 회복의 은혜를 주겠다고 말씀하시는 주님의 음성에 귀 기울이기 바랍니다.

"우리가 사방으로 욱여쌈을 당하여도 싸이지 아니하며 답답한 일을 당하여도 낙심하지 아니하며 박해를 받아도 버린 바 되지 아니하며 거꾸러뜨림을 당하여도 망하지 아니하고"(고후 4 : 8-9).

공동번역 성경에서는 더 생생하게 시각적으로 표현했습니다.

"우리는 아무리 짓눌려도 찌부러지지 않고 절망 속에서도 실망하지 않으며 궁지에 몰려도 빠져나갈 길이 있으며 맞아 넘어져도 죽지 않습니다"(고후 4 : 8-9, 공동번역).

참으로 멋진 선언입니다. 여러분이 처한 고난의 현장에서 울려 퍼지는 아름답고 장엄한 고백도 이와 같습니까?

중국 청나라 말기에 일어났던 의화단의 난 때 산적들이 선교사 한 사람을 산속으로 끌고 가 신앙을 부인하게 하려고 여러 가지 방법을 사용했습니다. 온갖 고문을 가해도 끝까지 신앙을 포기하지 않자 마침내 목에 칼을 들이대고 물었습니다. "마지막으로 할 말이 없는가?" 그러자 선교사님이 이렇게 대답했습니다.

"내 아들에게 중국에 와서 나를 대신해 선교 사역을 감당해 달라고 전해 주시오."

밟으면 밟을수록 더욱 강하게 자라나는 들풀처럼 결코 꺾이지 않고 소멸되지 않는 강인한 들풀 신앙이 아닐 수 없습니다. 세상 사람들이 이해할 수도 없고 감당할 수도 없는 신비한 신앙이요, 하나님이 주시는 능력의 신앙입니다.

3. 신앙의 봄은 오는가?

어떻게 이런 일이 가능합니까? 이 질문에 대한 해답의 실마리를 보여 주는 말씀이 여기 있습니다.

"우리가 이 보배를 질그릇에 가졌으니 이는 심히 큰 능력은 하나님께 있고 우리에게 있지 아니함을 알게 하려 함이라"(고후 4 : 7).

초라하게 보일 뿐만 아니라 곧 쓰러질 것 같은 식당이 있는데, 그곳에서 식사하려고 수많은 사람들이 줄을 서 있는 진풍경을 여러 번 보았습니다. 왜 그렇습니까? 그 식당의 음식이 다른 음식점과는 비교할 수 없을 만큼 보배로운 맛을 지니고 있기 때문입니다. 우리가 질그릇처럼 깨지기 쉽고 보잘것없지만, 이 안에 담겨 있는 내용물이 '보배', '보물'이기 때문에 그것을 아는 순간 함부로 대할 수 없게 됩니다. 가라앉은 보물선이 인양되면 그 안에 담겨 있는 진기하고 값비싼 보물들이 그 모습을 드러내는 것처럼, 예수 그리스도 안에 감추어진 하늘의 진기한 보물들이 바로 우리를 통해 세상에 그 모습을 드러낼 때 비로소 우리도 초대교회처럼 세상으로부터 '칭송'받는 교회가 될 것입니다.

"하나님을 찬미하며 또 온 백성에게 칭송을 받으니 주께서 구원받는 사람을 날마다 더하게 하시니라"(행 2 : 47).

본문 7절에 기록된 '이 보배'라는 어구에서 '이'는 지시대명사로 앞에 있는 6절 말씀을 가리킵니다.

"예수 그리스도의 얼굴에 있는 하나님의 영광을 아는 빛을 우리 마음에 비추셨느니라"(고후 4 : 6).

'하나님의 영광을 아는 빛'이 영어 성경(NIV)에서는 'the light of the knowledge of the glory of God'이라고 기록되었습니다. 예수님이 이 땅에 오신 사건에 대해 정의하는 요한복음의 말씀을 떠올리게 합니다.

"말씀이 육신이 되어 우리 가운데 거하시매 우리가 그의 영광을 보니 아버지의 독생자의 영광이요"(요 1 : 14).

제가 이민 목회를 하며 살았던 뉴질랜드 주택에는 여름철이면 밤 10시가 되어도 대낮같이 밝은 상황에 대처하기 위해 집마다 아주 두꺼운 커튼이 있었습니다. 그러다 보니 커튼을 치고 있으면 태양 빛이 집 안으로 거의 들어오지 못합니다. 우리 마음의 창도 그렇습니다. 예수님에 대한 무지함에 뿌리를 둔 불신앙이라는 두꺼운 커튼이 드리워 있는 한 우리는 영적 꽃샘추위를 뛰어넘을 수 없습니다. 그러니 이제 여러분 모두 마음의 창을 가리고 있는 모든 상처와 실패의 커튼을 걷어 버리십시오. 그러면 우리들이 삶 속에서 직면하게 되는 영적인 꽃샘추위 같은 고난들을 능히 이겨 내고도 남는 영광의 빛이 추위 속에 떨고 있는 우리들을 포근하게 감싸 주실 것입니다. 치료하는 빛이 되어 꽁꽁 얼어붙은 우리 마음과 영혼을 녹여 주심을 체험할 수 있습니다.

질그릇 같은 우리를 왕관의 보석처럼 반짝반짝 빛나게 하시는 주님이 일으키실 또 다른 역사에 대해 기록해 놓은 고린도후서 4 : 10 말씀을 주목해 보기 바랍니다.

"우리가 항상 예수의 죽음을 몸에 짊어짐은 예수의 생명이 또한 우리 몸에 나타나게 하려 함이라"(고후 4 : 10).

'그리스도인의 존재 양식은 십자가와 부활'이라는 사실을 깊이 묵상하는 사순절 기간을 보내고 있습니다. '고난을 통한 영광', '죽음을 통한 생명' 말입니다. 그런데 우리 안에 이토록 강력한 생명의 싹이 왜 돋아나지 못하고 있습니까? 이 생명의 싹이 자라지 못하도록 질그릇 같은 우리를 덮고 있는 덮개는 무엇입니까? 예수님이 요한복음 12 : 24 말씀을 통해 가르쳐 주신 대로 '우리들이 온전히 죽지 못했기 때문'입니다. 씨앗이 자신의 모든 것을 해체하고 땅속에서 썩어야 새로운 생명이 나타나는 것처럼 우리도 '자아'라는 옛 사람의 껍질을 벗어 버릴 때 생명의 역사가 시작될 수 있습니다.

맛있는 초코케이크가 만들어지려면 달콤한 설탕뿐만 아니라 짠 소금과 쓴 초콜릿 가루가 섞이는 과정이 필요한 것처럼, 우리 삶 속에 다가오는 고난의 과정, 십자가의 흔적을 통해 우리는 부활의 영광을 향해 나아갈 수 있습니다. 마치 꽃샘추위의 흔적을 안고 피어나는 새봄의 생명 넘치는 꽃들처럼 말입니다. "빼앗긴 들에도 봄은 오는가?"라는 한 민족시인의 외침처럼 오늘 말씀을 돌아보며 질문해 봅니다.

"꽃을 피우지 못하도록 시샘하는 고난의 추위가 아무리 강해도 신앙의 봄은 오는가?"

2025 MINISTRY RESOURCE
MANUAL BOOK

목회와
설교자료

아버지의 마음

4월 사순절 5 정명철 목사
첫째 주 도림교회

눅 15 : 11~32

예배로 부름
시 50 : 1
"전능하신 이 여호와 하나님께서 말씀하사 해 돋는 데서부터 지는 데까지 세상을 부르셨도다"

입례 찬양
40장 "찬송으로 보답할 수 없는"

결단 찬양
527장 "어서 돌아오오"

오늘 우리가 사는 세상의 아버지들은 외롭습니다. 아버지는 경쟁사회에서 뒤처지지 않기 위해 앞만 보고 달려왔습니다. 학교에서 끊임없이 경쟁했습니다. 직장을 위해 뛰었습니다. 결혼하기 위해 뛰었습니다. 가족들을 지키기 위해 또 뛰었습니다. 직장에서 수모를 당하면서도 물러설 수 없기에 뛰고 또 뛰었습니다. 이렇게 정신없이 뛰다 보니 어느 날 늙어 있는 것이 아버지의 인생입니다. 팔다리도 내 마음대로 움직이지 않고 온갖 병이 다 찾아옵니다. 그런데 가정에서는 소외를 당합니다.

이런 이야기를 하는 것은 "우리를 너무나 사랑하시는 하나님, 우리를 위하여 독생자 예수 그리스도를 십자가에 내어 주시기까지 하며 우리를 사랑하신 하나님 아버지께서 세상에서 홀대당하는 아버지 취급을 받고 계시는 건 아닐까?" 하는 질문 때문입니다. 지금 우리가 하나님 아버지를 너무나 아프게 하며 살고 있지는 않습니까?

본문은 비유의 말씀인데, 탕자의 이야기로 우리에게 잘 알려진 이야기입니다. 바리새인과 서기관들이 예수님이 세리와 죄인들과 함께 어울려 식사하시는 것을 보고 비난하자 예수님께서 비유로 들려주신 말씀입니다. 탕자의 비유는 그 초점이 탕자가 아니라 사실은 집을 나간 탕자를 기다리는 아버지의 마음에 맞추어져 있습니다.

1. 아버지처럼은 살지 않겠다

이 이야기에 나오는 아버지는 그래도 성공한 사람입니다. 재산을 꽤 모았습니다. 그런데 자식 농사는 실패했습니다. 정신없이 뛰다 보니 자식들과 관계를 잘 맺지 못했던 모양입니다. 아들이 둘 있는데, 어느 날 둘째 아들이 갑자기 자기의 분깃을 나누어 달라고 합니다. 미리 유산을 상속해 달라는 것입니다. 아버지가 돌아가시면 유산은 자동으로 상속됩니다. 그런데 미리 달라는 것은 지금의 삶이 만족스럽지 않다는 뜻입니다.

아버지가 하는 일이 고리타분하게 느껴집니다. 요즘으로 말하면, 믿는 가정에서 아버지가 자녀들에게 "주일성수 해라, 특별 새벽기도회 가자, 성경 읽어라." 잔소리를 하면 자녀들이 싫어하듯이 둘째 아들도 그런 잔소리가 싫습니다. 내가 일해서 내 힘으로 사는데 왜 하나님의 은혜 없이는 못 산다고 하는지 이해할 수 없습니다. 그래서 아버지가 내 분깃을 나누어 주면 나는 이것으로 사업도 하고 멋지게 살겠다는 마음이 들었습니다. 그는 아버지처럼 살지 않겠다고 다짐합니다.

산전수전 다 겪고 살아온 아버지는 이 아들이 어떻게 될지 다 알고 있었습니다. 사업은 그렇게 쉬운 일이 아닙니다. 세상에는 속이는 사람들, 악한 사람들이 많습니다. 아버지의 눈으로 보면 둘째 아들은 철부지입니다. 그런데도 아버지는 둘째 아들에게 유산으로 받을 몫을 떼어 줍니다. "어떻게 될지 알면서도 왜 유산 상속을 해 줍니까?" 하고 질문할 수 있습니다. "어렵게 모은 재산을 다 날려 버릴 게 뻔한데 왜 줍니까?" 하고 질문할 수도 있습니다.

그런데 이것이 아버지의 마음입니다. '그래, 너 하고 싶은 대로 해 봐라. 나는 아버지니까 손해 볼 줄 알면서도 너에게 준다.' 아버지는 아들과의 관계가 그 무엇보다 더 소중하기 때문입니다.

2. 아들을 기다리는 아버지

아버지의 예상대로 둘째 아들은 받은 유산을 다 팔아 돈을 가지고 도시로 나갑니다. 이런 둘째 아들을 보면서 '이런 불효막심한 놈' 하고 비난할지도 모릅니다. 그런데 이 모습이 바로 우리의 모습입니다. 우리는 지금 하나님의 은혜로 살고 있으면서도 불평이 많습니다. 내 뜻대로 해 보려고 합니다. 늘 아버지의 마음을 거스르고 아프게 합니다. 하나님께서 주신 은혜와 복을 다 팔아 버립니다. 말씀 속의 아버지처럼 하나님께서도 다 아십니다. 그런데 왜 그냥 내버려두십니까? 하나님께서 막지 못해서 그런 것이 아닙니다. 아버지의 마음으로 기다리시기 때문입니다. '네가 언젠가는 아버지의 마음을 알겠지.' 하고 기다리십니다.

여러분, 하나님은 지금도 기다리십니다. 우리가 사는 세상에는 둘째 아들이 많습니다. 하나님은 아버지의 마음으로 이 아들들이 돌아오기를 기다리고 계십니다.

둘째 아들은 큰돈을 가지고 도시로 나가 그 많은 재산을 다 허비해 버렸습니다. 그 삶은 죄의 삶이었고 허랑방탕한 삶이었습니다. 앞으로 어떤 일이 벌어질 줄 모르고 허랑방탕하게 살아가는 둘째 아들, 탕자의 모습이 측은하지 않습니까? 이것이 우리의 모습입니다. 앞길에 어떤 일이 일어날지 모르고 탕자처럼 신이 나서 정신없이 살아가는 모습이 바로 우리의 모습입니다.

돈이 떨어질 즈음 그 나라에 지독한 흉년이 들었습니다. 흉년이 드니 더 이상 갈 곳이 없었습니다. 돈이 있을 때 몰려들어 함께 즐기던 많은 친구도 돈이 떨어지자 모두 떠나 버렸습니다. 그의 곁에는 아무도 남아 있지 않았습니다. 결국 탕자는 이방인의 집에서 돼지 치는 일을 하며 연명하게 되었습니다. 유대인은 돼지를 치지 않습니다. 율법에서 돼지를 불결한 짐승으로 분류하기 때문입니다. 그런데 당장에 먹고 살 것이 없으니 이 비참한 지경까지 이르게 되었습니다. 돼지를 치면서 돼지가 먹는 쥐엄 열매로 허기를 달래려고 했으나 그 쥐엄 열매조차 주는 이가 없었습니다. 돼지만도 못한 대접을 받았습니다.

이때 탕자는 비로소 자기가 떠났던 아버지의 집을 생각합니다.

"이에 스스로 돌이켜 이르되 내 아버지에게는 양식이 풍족한 품꾼이 얼마나 많은가 나는 여기서 주려 죽는구나"(눅 15 : 17).

탕자가 잘한 일은 이때 돌이킨 것입니다. 그는 아버지의 집에서 사는 것이 얼마나 행복한 일이었는지를 그동안 깨닫지 못했습니다. 그곳은 종들의 양식도 풍족한데 자기는 여기서 굶어 죽게 생겼습니다. 탕자는 마음을 돌이켰습니다. '내가 하늘과 아버지께 죄를 지었으니 이제는 아들이라 말할 수 없다. 나를 품꾼의 하나로 써 달라고 하자.'라고 간청하겠다고 생각합니다. 그리고 집으로 터벅터벅 걸어가기 시작합니다. 탕자는 집으로 돌아가기까지 많은 고민을 했을 것입니다. 그러나 아버지가 자신을 종으로라도 받아 주실 것이라 믿고 집을 향하여 발걸음을 내딛기 시작합니다.

둘째 아들이 집을 떠난 후로 세월이 얼마나 흘렀는지는 알 수 없습니다. 지금 집으로 돌아가고 있는 시간도 알 수 없습니다. 그런데 예수님은 아직도 거리가 먼데 아버지가 그를 보고 측은히 여겨 달려가 목을 안고 입을 맞추었다고 말씀하셨습니다. 이것을 보면 아버지는 매일 같이 먼 길을 바라보며 탕자가 돌아오기를 기다렸음을 알 수 있습니다. 일어나 잠들 때까지 아들 생각을 하며 먼 길을 하염없이 내다보며 아들이 돌아올 것을 기다렸다는 말입니다.

아버지는 아들의 미래를 이미 알고 있었습니다. 세상이 얼마나 흉악한지, 아들에게 그런 세상을 혼자 감당할 능력이 없음도 알았습니다. 그러니까 돌아올 것을 알고 기다린 것입니다. 아버지의 예상대로 아들은 모든 것을 잃고 빈털터리가 되어 돌아왔습니다. 그런데 반전이 일어납니다. 아버지는 종들에게 일러 제일 좋은 옷을 내어다가 입히고, 손에 가락지를 끼우고, 발에 신을 신기게 했습니다.

아버지를 떠난 이 아들은 신발도 없는 비참한 종의 신분으로 전락했습니다. 그런데 아버지는 이 둘째 아들에게 다시 가락지를 끼우고 신발을 신겨 줌으로 종에서 아들의 신분으로 회복시킵니다. 그리고 송아지를 잡고 잔치를 베풉니다. 하나님 아버지는 우리가 아버지의 품으로 돌아오는 것을 이렇게 기뻐하십니다. 영혼이 죽음의 자리로 갔다가 다시 돌아왔고, 잃어버린 아들을 다시 찾았기 때문입니다.

세상에는 아직도 방황하며 고단한 삶을 살아가는 탕자들이 많이 있습니다. 하나님 아버지는 그들이 돌아오기를 기다리고 계십니다. 그리고 그들이 돌아올 때 매우 기뻐하십니다.

본문 앞 누가복음 15 : 7에도 나와 있듯이 죄인 한 사람이 회개하고 돌아오면 의인 아흔아홉으로 인하여 기뻐하는 것보다 더 기뻐하십니다. 이것이 아버지의 마음입니다.

우리가 아버지의 이 마음을 안다면 그냥 있어서는 안 됩니다. 아버지의 마음을 가지고 세상을 향하여 나가야 합니다. 세상에는 지치고 아파하는 우리의 이웃들이 있습니다. 이들이 구원의 복된 소식을 듣고 구원을 받아야 합니다. 그런데 그들에게 복음을 전해 주는 사람이 없습니다. 이것을 보며 주님은 안타까워하십니다. 죽어 가는 우리의 이웃들을 보면서 이들이 돌아오기를 기다리시는 아버지의 마음을 깨달아야 합니다.

이제 우리는 긍휼한 마음을 가지고 아버지의 마음을 전해야 합니다. 아버지의 사랑을 전해야 합니다. 우리가 전하지 않으면 세상 사람들은 기다리시는 하나님의 마음을 알 수 없고 들을 수 없습니다. 이것은 우리의 사명입니다. 한 생명을 천하보다 귀하게 여기시는 주님의 마음을 가지고 복음을 전하는 일에 앞장서서 나가는 성도들이 되기를 바랍니다. 세상에서 방황하는 탕자들을 아버지께로 인도하여 하나님 아버지를 가장 기쁘시게 하는 착하고 충성된 종들이 되기를 소망합니다.

2025 MINISTRY RESOURCE
MANUAL BOOK

목회와 설교자료

종려나무와 십자가

4월 종려주일, 고난주간 최원준 목사
둘째 주 안양제일교회

시 92 : 12~13, 마 21 : 1~11

예배로 부름
마 21 : 9
"앞에서 가고 뒤에서 따르는 무리가 소리 높여 이르되 호산나 다윗의 자손이여 찬송하리로다 주의 이름으로 오시는 이여 가장 높은 곳에서 호산나 하더라"

입례 찬양
140장 "왕 되신 우리 주께"

결단 찬양
150장 "갈보리산 위에"

오늘은 종려주일입니다. 종려주일은 예수님이 새끼 나귀를 타고 예루살렘에 입성하실 때 사람들이 종려나무 가지를 가지고 나와서 예수님을 왕으로 환영했음을 기념하는 절기입니다. 마태복음 21장에는 '종려나무 가지'라는 말이 없지만, 요한복음 12 : 13에는 사람들이 종려나무 가지를 가지고 예수님을 맞으러 나왔다고 말합니다.

사람이 무엇인가를 들고 사람을 향해 흔드는 데는 다 이유와 의미가 있습니다. 3·1 운동 당시 우리 선조들이 태극기를 흔든 것은 부당한 침략에 대한 항거요, 독립에의 열망의 표현입니다. 길을 잃은 사람이 구조 헬기를 향해 뭔가를 가지고 흔드는 것은 "내가 여기 있으니 구해 달라."라는 뜻입니다. 2천 년 전, 예수님이 예루살렘에 입성하실 때 사람들이 자기의 겉옷을 길 위에 펴고, 종려나무 가지를 가지고 나온 행동에도 그들의 염원이 담겨 있습니다. 어떤 마음이었습니까? 또 왜 하필 종려나무였습니까?

먼저 성경에 나오는 종려나무가 어떤 의미를 담고 있는지 살펴봅시다. 유대인들은 종려나무를 매우 사랑합니다. 전국 어디에 가도 종려나무를 볼 수 있습니다. 이스라엘의 동전 5세겔과 10세겔에는 종려나무가 새겨져 있습니다. 종려나무는 다산과 풍요를 상징합니다. 히브리어로 '타마르'(תמר)라고 하는 데, 우리말 성경에는 '다말'로 나옵니다. 유다의 며느리 이름도 다말입니다. 종려나무란 뜻의 이름입니다.

종려나무는 풍성한 열매를 맺는데, 종려나무 한 그루가 연간 130~180kg의 열매를 거둔다고 합니다. 종려나무 열매는 대추야자(date)로 꿀처럼 답니다. 흔히 가나안은 '젖과 꿀이 흐르는 땅'이라고 하는 데, 여기서 꿀은 벌이 꽃에서 만드는 꿀이 아니라 종려나무에서 열리는 대추야자를 말합니다.

또 종려나무는 끈질긴 생명력을 상징합니다. 종려나무는 그루터

기만 남아도 그루터기에서 싹이 나고 자랍니다. 종려나무를 헬라어로 '포이닉스'라고 하는 데 여기서 나온 영어 단어가 '불사조'라는 뜻의 피닉스(phoenix)입니다. 종려나무는 물을 많이 빨아들이기 때문에 종려나무가 있다는 것은 부근에 샘이 있다는 증거가 됩니다. 이스라엘 백성들이 홍해를 건너 광야로 향할 때 '엘림'이란 곳에 도착했는데, 거기에는 물샘 열두 개와 종려나무 70그루가 있었습니다. 종려나무는 광야에서도 강인한 생명력으로 살아남습니다.

성경은 이렇게 풍요와 생명의 상징인 종려나무를 가지고 의인의 번성을 말합니다.

"의인은 종려나무같이 번성하며 레바논의 백향목같이 성장하리로다 이는 여호와의 집에 심겼음이여 우리 하나님의 뜰 안에서 번성하리로다"(시 92 : 12-13).

이와 같은 배경에서 볼 때, 사람들이 예수님을 향해 종려나무를 흔든 것은 예수님이 이스라엘의 독립과 번성을 가져다줄 메시야임을 인정하고 고백하는 행위였습니다. 우리는 여기서 다음과 같은 메시지를 얻을 수 있습니다.

1. 참된 번성을 주시는 메시야

예수님은 참된 번성을 주시는 메시야이십니다. 이스라엘의 역사는 외세의 침략에 나라가 망하기를 거듭한 역사입니다. 예수님 당시에도 로마의 지배를 받고 있었습니다. 수백 년 동안 나라다운 나라를 가져 보지 못한 이스라엘 사람들은 하나님이 보내실 메시야를 강렬히 열망하였고, 예수님이 바로 그 메시야라고 생각했습니다.

본문 말씀 11절에서는 사람들이 예수님을 "갈릴리 나사렛에서 나온 선지자 예수"(마 21 : 11)라고 말합니다. 여기서 '선지자'는 모세가 신명기 18 : 15에서 예언한 '선지자'로 메시야를 가리킵니다. 그래서 예수님이 예루살렘에 입성하실 때 사람들이 환영한 것입니다. 제자들이 새끼 나귀 위에 겉옷을 얹어 놓은 것이나 무리들이 자기들의 겉옷을 길 위에 펼쳐 놓고 나뭇가지를 베어 길에 펴 놓았는데, 이런 행동들은 왕의 즉위식 때 하는 일들입니다(왕상 1 : 38-40, 왕하 9 : 13 참조).

하지만 예수님은 왕으로 오시되 군중들의 기대와 다른 왕으로 오셨습니다. 사람들은 놀라운 능력으로 자신들을 로마의 압제에서 해방시켜 줄 메시야를 원했지만, 예수님은 '사람의 종려나무'를 따르지 않으셨습니다. 예수님은 기적을 베풀어 사람들의 필요를 채워 주시지만, 사람들의 요구에 이끌리지 않으십니다. 예수님이 오병이어 이적을 행하자 사람들은 예수님을 왕으로 삼으려고 했습니다. 하지만 예수님은 단호히 거부하시고, 십자가의 길을 걸으셨습니다. 그리고 3일 만에 부활하셨습니다. 십자가와 부활만이 우리를 죄에서 자유하게 하시고 하나님의 생명인 영생을 얻게 하는 구원의 길이기 때문입니다.

2. 죽음을 통해 구원하시는 겸손한 왕

예수님은 힘에 의한 정복이 아니라 십자가의 죽음을 통해 구원하시는 겸손한 왕이십니다.

오늘 말씀을 보면 예수님은 나귀를 징발하여 사용하셨습니다. 제자들이 주님의 지시에 따라 나귀의 주인에게 가서 "주가 쓰시겠다."라고 하자 그가 순순히 내어 준 것입니다. 성도 여러분에게도 주님이 쓰겠다는 마음을 주시면 그것을 주님께 내어 드릴 수 있기를 바랍니다.

그런데 예수님은 훌륭하고 멋진 말이 아니라 하필이면 어린 나귀를 타셨습니다. 이는 구약의 말씀을 이루기 위해서입니다.

"이는 선지자를 통하여 하신 말씀을 이루려 하심이라 일렀으되"(마 21 : 4).

이것이 겸손입니다. 겸손은 자신이 부족하다고 말하는 게 아닙니다. 내 욕심을 버리고 하나님의 말씀에 철저히 순종하는 자세가 바로 겸손입니다. 나를 높이는 말씀, 내 소원을 이루어 주는 말씀에 순종하기는 쉽습니다. 하지만 내가 낮아져야 하는 말씀, 손해 봐야 하는 말씀에 순종하기는 어렵습니다. 그러나 마침내 순종하는 사람은 감동을 줍니다. 왕이 멋진 말을 타면 사람들로부터 '부러움'을 사지만, 왕이 겸손하여 새끼 나귀를 타면 '감동'을 주고 '존경심'을 얻습니다.

대개 사람들은 남이 부러워하는 인생을 살고 싶어 합니다. 나를 과시할 수 있기 때문입니다. 그러나 성도는 남이 부러워하는 인생이 아니라 남에게 감동을 주는 삶을 살아야 합니다.

겸손의 극치는 십자가의 수치와 고통, 죽음입니다. 사람들이 예수님께 "호산나 다윗의 자손이여!"라고 찬송하였는데, '호산나'는 '기도하오니 우리를 구원하소서'(save us, we pray)라는 뜻입니다(시 118 : 25 참조). 주의 이름으로 오신다는 말은, 메시야가 사람의 권위로 오는 게 아니라 주님의 권위로 오신다는 뜻입니다. 예수님은 이들의 환호에 도취하지 않으셨습니다. 이들의 환호는 십자가의 길이 아니라 힘에 의한 해방과 영광을 쟁취하라는 유혹이기 때문입니다. 하나님은 이스라엘의 독립을 주지 않으셨습니다. 대신 하나님의 아들이 인간의 모든 죄짐을 지게 하셨습니다. 예수님은 우리의 모든 죄짐을 지고 십자가에서 죽으셨습니다. 예수님은 사람들이 기대한 정치적 메시야가 아니라 십자가와 부활로 구원을 이루신 것입니다.

3. 마침내 찬양의 자리로

어린양 예수님을 끝까지 따르는 사람들은 마침내 종려나무 가지를 들고 찬양하게 될 것입니다.

예수님은 놀라운 힘으로 한 민족을 구원하는 영웅(슈퍼맨)이 아니라 십자가와 부활로 세상을 구원하시는 만왕의 왕이십니다. 십자가로 이루신 구원은 그를 믿는 모든 사람이 받을 수 있습니다. 하나님이 아브라함에게 약속하신 복은 그리스도 예수 안에서 유대인과 이방인 모두에게 미치는 것입니다(갈 3 : 14). 인간의 정치적 희망, 민족의 소망을 염원하는 종려나무가 아니라 온 인류를 품고 구원하시는 십자가를 붙들어야 합니다.

바울은 고린도전서 1 : 18에서 "십자가의 도가 멸망하는 자들에게는 미련한 것이요 구원을 받는 우리에게는 하나님의 능력이라"라고 했습니다. 이 십자가의 복음을 주님이 오실 때까지 전합시다. 그리고 마침내 주님이 재림하시면 모든 하나님의 백성이 '종려나무 가지를 들고' 하나님과 어린양을 이렇게 찬양할 것입니다.

"이 일 후에 내가 보니 각 나라와 족속과 백성과 방언에서 아무도 능히 셀 수 없는 큰 무리가 나와 흰옷을 입고 손에 종려 가지를 들고 보좌 앞과 어린양 앞에 서서 큰 소리로 외쳐 이르되 구원하심이 보좌에 앉으신 우리 하나님과 어린양에게 있도다 하니"(계 7 : 9-10).

요한이 본 '아무도 셀 수 없는 큰 무리'는 하나님이 아브라함과 이삭과 야곱에게 약속하신 큰 민족입니다. 이 셀 수 없는 큰 무리는 순결을 상징하는 흰옷을 입고, 손에는 종려나무 가지를 들고 있습니다. 길가에 나와 전쟁에서 승리하고 돌아와 개선 행진을 하는 군대를 환영하는 모습입니다. 이들 무리는 나라와 족속이 다르고 그 언어가 다른 사람들, 하지만 오직 어린양 예수님을 따르는 하나님의 백성들입니다. 이들은 언어가 다르지만 한목소리로 찬양합니다.

"구원하심이 보좌에 앉으신 우리 하나님과 어린양에게 있도다!"

요한계시록 7 : 14을 보면 셀 수 없는 많은 무리들은 '큰 환난에서 나오는 자들'입니다. 즉, 믿음을 지키기 위해 박해를 받고 온갖 어려움을 겪었다는 말입니다. 그러나 그들은 믿음을 지켰습니다. 마지막 날에 종려나무 가지를 들고 찬양할 사람들은 바로 믿음의 선한 싸움을 다 싸우고 승리한 사람들입니다. 저와 여러분도 그렇게 되길 믿고 소망합니다.

2025 MINISTRY RESOURCE
MANUAL BOOK

목회와
설교자료

예수님의 부활 나의 부활

4월 셋째 주 부활주일 | 김문년 목사
덕장교회

고전 15 : 35~44(참고. 눅 24 : 44-49)

예배로 부름

요 11 : 25~26

"예수께서 이르시되 나는 부활이요 생명이니 나를 믿는 자는 죽어도 살겠고 무릇 살아서 나를 믿는 자는 영원히 죽지 아니하리니 이것을 네가 믿느냐"

입례 찬양

160장 "무덤에 머물러"

결단 찬양

171장 "하나님의 독생자"

프랑스의 실존주의 철학자이면서 무신론자였던 장 폴 사르트르는 평소 '죽음으로부터의 자유'를 외쳤습니다. 그런 그가 1980년 3월에 폐부종으로 파리의 부르셀 병원에 입원하였습니다. 그는 죽을 때까지 병원에 있는 한 달간 죽음에 대한 공포 때문에 아내와 의사에게조차 자신의 병명을 묻지 못했고, 사람들에게 소리를 지르며 발악하다가 죽었습니다. 사르트르는 죽음으로부터의 자유를 외쳤지만 정작 본인은 죽음으로부터 자유하지 못했습니다.

사르트르가 죽은 후, 자유를 외친 그가 왜 자신은 죽음에서 자유하지 못했는지 프랑스 언론에서 떠들기 시작했습니다. 그때 한 기고가가 신문에 이렇게 기고했습니다. "그는 돌아갈 고향이 없었기 때문이다." 사르트르는 돌아갈 고향이 없었기에 죽음으로부터 자유하지 못했습니다.

그렇다면 우리는 돌아갈 고향이 있습니까? 많은 사람이 죽으면 그것으로 끝난다고 생각하는데, 그것으로 끝나지 않습니다. 새로운 세계가 있습니다.

1. 우리의 목표는 장수가 아니라 영생이다

우리 인간은 원래 하나님이 창조하신 에덴동산에 살았습니다. 모든 것이 전부 갖춰진 그 안에서 무병장수하고, 영생하며, 아무 걱정 근심 없이 살았습니다. 그런데 아담과 하와가 선악과를 따 먹고 죄를 지음으로 말미암아 에덴동산에서 쫓겨나고, 저주를 받았습니다. 땅은 저주를 받아 가시덤불과 엉겅퀴를 내게 되었고, 사람은 평생 수고하고 땀을 흘려야 겨우 먹고 살게 되었으며, 그렇게 살다가 흙으로 돌아가는 존재가 되었습니다(창 3 : 17-19).

그 이후 인류 최대의 꿈은 죽지 않고 영생하는 것이 되었습니다. 그래서 영생하려고 수천 년 동안 수많은 연구를 했지만 실패했습니다. 영생하고 싶은데 영생할 수 없으니, 이제는 장수하고 싶어 합니다. 그래서 장수를 위해 온갖 연구와 노력을 하지만, 건강하게 장수하는 것도 쉽지 않습니다.

그러나 우리의 꿈은 장수가 아닙니다. 우리의 목표는 예수님을 믿고 거듭나 영원한 생명을 누리는 것입니다. 우리가 추구하는 그 이상(理想), 그 세계가 예수님 안에 있습니다. 그분 안에 영생이 있고, 그분 안에 천국이 있습니다. 그래서 최고의 노후 준비, 최고의 복지는 예수님입니다. 인간의 모든 복지, 영생과 천국이 그 안에 있기 때문입니다.

2. 죄에서 구원하기 위해 이 땅에 오신 예수님

예수님이 이 땅에 오신 목적은, 첫째로 우리를 죄에서 구원하기 위함입니다. 성경에 "아들을 낳으리니 이름을 예수라 하라 이는 그가 자기 백성을 그들의 죄에서 구원할 자이심이라 하니라"(마 1 : 21)라고 기록되어 있습니다. 둘째로 자기 목숨을 버려 대속하기 위함입니다. 성경은 "인자가 온 것은 …… 자기 목숨을 많은 사람의 대속물로 주려 함이니라"(막 10 : 45)라고 했습니다.

사도 바울은 복음을 '예수님이 이 세상에 오셔서 우리를 위해 대속적 죽음을 맞이하신 것, 부활하신 것, 다시 오실 것을 믿는 것'이라고 했습니다(고전 15 : 3-4, 23, 51). 예수님 자체가 복음입니다. 예수님은 성경에 미리 약속하신 분이고, 육신으로 오셨으며, 십자가에서 대속적 죽음을 치르셨고, 부활하신 분입니다(롬 1 : 2-4). 누구든지 예수님을 믿으면 죄 사함을 받고 구원받습니다.

예수님은 죄 문제를 해결하기 위해 이 세상에 오셨습니다. 죄 문제를 해결하면 죽음의 문제가 해결되기 때문입니다. 예수님은 인간의 모든 죄 문제를 근본적으로 해결하시고, 우리를 천국으로 인도하기 위해 이 땅에 오셨습니다. 내 힘으로 죄 문제를 해결할 수 없습니다. 세상의 누구도 자신의 죄를 해결할 수 없습니다. 모든 사람이 죄인이기 때문입니다.

하나님은 죄인을 구원하기 위해 예수님을 보내셨고, 누구든지 예수님을 믿으면 죄를 용서받고 구원받을 수 있다는 약속을 주셨습니다. 하나님의 자녀로 삼아 주고 천국을 주겠다 약속하셨습니다. 예수님 안에 잃어버린 낙원 회복이 있습니다. 십자가로 잃어버린 낙원이 회복됩니다. 예수님 안에 영생이 있고, 천국이 있기 때문입니다.

3. 예수님 안에 부활이 있고 영생이 있다

본문 36절은 부활을 믿지 못하는 사람을 '어리석은 자'라고 했습니다. '어리석은 자'(아프론)는 하나님을 알지 못하고, 창조의 원리와 법칙도 모른 채 생각하고 행동하는 미련한 사람이란 뜻입니다(시 14 : 1, 눅 12 : 20).

씨앗을 뿌리면 썩는데, 그것으로 끝나지 않고 새로운 형체로 살아납니다. 들판에 있는 풀씨 하나도 땅에 떨어지면 그것으로 끝나는 것이 아니라 새로운 형체로 다시 살아나는데, 하물며 사람이 죽으면 그것으로 끝나겠느냐며 부활을 믿지 못하는 사람을 어리석은 자라고 합니다.

부활보다 더 확실한 것이 없습니다. 학자들은 잠을 자는 상태를 무의식 상태라 부릅니다. 즉, 의식이 없는 상태, 죽은 상태나 마찬가지입니다. 우리는 밤이 되면 잠을 자고, 아침이 되면 잠에서 깨어납니다. 우리는 날마다 밤이 되면 죽고, 아침이 되면 하나님이 새 생명을 주셔서 다시 살아납니다. 하나님은 우리가 잠을 자고 깨는 것을 통해 사람이 죽으면 그것으로 끝이 아니라 죽음 이후에 부활이 있음을 날마다 깨우쳐 주고 계십니다. 80년을 살았다면 날마다 자고 깨는 것을 통해 29,200회나 죽음 이후에 부활이 있음을 몸소 체험하게 하셨습니다. 90년을 살았다면 32,850회나 몸으로 체험한 것입니다.

우리는 잠을 자고 깨는 것을 통해 죽음 이후에 부활이 있다는 것을 날마다 몸으로 체험하고 있습니다. 죽음 이후에 부활이 있다는 것, 이것보다 더 확실한 것이 어디 있습니까?

또 예수님께서 부활의 첫 열매가 되심으로 부활의 확실한 증거를 보여 주셨습니다.

"그러나 이제 그리스도께서 죽은 자 가운데서 다시 살아나사 잠자는 자들의 첫 열매가 되셨도다"(고전 15 : 20).

우리가 과일나무를 하나 샀다고 합시다. 무슨 열매를 맺을지 잘 모릅니다. 만약에 사과나무라는 것은 안다 해도 정확히 어떤 품종의 열매가 맺힐지 모릅니다. 사과나무는 전 세계에 2,500개가 넘는 품종이 있고, 포도나무는 전 세계에 15만 개의 품종이 있습니다. 또 매년 신품종이 출하되고 있습니다.

그러다가 몇 년이 지나 첫 열매가 열리게 되면, 그때에야 이 나무가 어떤 열매를 맺는지 정확하게 알게 됩니다. 앞으로 이 나무는 계속 그 열매를 맺습니다. 다른 열매를 맺는다는 것은 상상도 할 수도 없습니다.

'첫 열매'가 중요합니다. 예수님이 부활이란 첫 열매를 맺으셨습니다. "나는 포도나무요 너희는 가지라"(요 15 : 5)라고 말씀하신 예수님께서 처음 부활이라는 열매를 맺으셨으니 예수님을 믿고, 예수님에게 가지로 붙어 있는 우리도 당연히 부활이란 열매를 맺을 것입니다. 그래서 예수님의 부활이 나의 부활이 되며, 이 부활은 100% 확실하여 의심의 여지가 없습니다.

성경은 죽은 자에 부활에 대해 무엇이라고 말씀합니까?

"죽은 자의 부활도 그와 같으니 썩을 것으로 심고 썩지 아니할 것으로 다시 살아나며 욕된 것으로 심고 영광스러운 것으로 다시 살아나며 약한 것으로 심고 강한 것으로 다시 살아나며 육의 몸으로 심고 신령한 몸으로 다시 살아나나니 육의 몸이 있은즉 또 영의 몸도 있느니라"(고전 15 : 42-44).

우리는 죽어 썩을 육체를 심으나 예수님이 재림하실 때 부활의 몸, 즉 새롭고 영화로운 육체로 다시 살아나게 됩니다. 욕된 것을 심지만 영광스러운 것으로 다시 살아납니다. 우리는 죄인이 된 몸으로 허물 많고 타락한 모습으로 심지만 영광스러운 모습, 부활의 모습으로 다시 살아나게 됩니다. 또 약한 것, 즉 병든 몸, 늙어서 걷지 못하고 음식도 제대로 씹지 못하는 약한 몸으로 심지만 강한 몸, 부활의 몸으로 다시 살아나게 됩니다.

예수님은 우리가 이 세상을 살아가는 데 필요했던 육의 몸으로 심지만, 우리는 부활을 통해 신령한 몸으로 다시 살아난다고 하셨습니다. 육체의 몸이 확실하게 있듯이, 부활의 몸(영의 몸)도 확실하게 있다는 것입니다.

땅에 심은 씨가 새로운 형체를 입기 위해서는 먼저 죽고, 썩어야 합니다. 우리도 죽음을 통해서 예수님이 재림하실 때 부활의 몸을 덧입게 됩니다.

"우리가 다 잠잘 것이 아니요 마지막 나팔에 순식간에 홀연히 다 변화되리니 나팔 소리가 나매 죽은 자들이 썩지 아니할 것으로 다시 살아나고 우리도 변화되리라 이 썩을 것이 반드시 썩지 아니할 것을 입겠고 이 죽을 것이 죽지 아니함을 입으리로다"(고전 15 : 50-53).

부활은 성도들의 최후 승리입니다. 사도 바울은 예수님의 재림을 통해 우리에게 최후 승리를 주시는 하나님께 감사합니다.

"이 썩을 것이 썩지 아니함을 입고 이 죽을 것이 죽지 아니함을 입을 때에는 사망을 삼키고 이기리라고 기록된 말씀이 이루어지리라 사망아 너의 승리가 어디 있느냐 사망아 네가 쏘는 것이 어디 있느냐 사망이 쏘는 것은 죄요 죄의 권능은 율법이라 우리 주 예수 그리스도로 말미암아 우리에게 승리를 주시는 하나님께 감사하노니 그러므로 내 사랑하는 형제들아 견실하며 흔들리지 말고 항상 주의 일에 더욱 힘쓰는 자들이 되라 이는 너희 수고가 주 안에서 헛되지 않은 줄 앎이라"(고전 15 : 54-58).

많은 사람이 미래를 걱정합니다. 또 은퇴 이후의 삶을 위해 각종 연금과 보험 등 많은 준비를 합니다. 그런데 죽음 이후 영생에 대해서는 별로 관심이 없습니다. 죽음 이후에 새로운 세상이 있습니다. 노후 준비보다 더 중요한 것은 죽음 이후 영생에 대한 준비입니다. 영생을 위한 준비는 간단합니다. 누구든지 예수님을 믿으면 됩니다.

이제 예수님을 믿음으로 죄와 죽음의 문제를 해결하시기 바랍니다. 예수님 안에 영생이 있고, 그분 안에 천국이 있습니다.

누가복음 24 : 46~49을 보면, 예수님은 승천하시면서 자신의 부활을 목격한 사람들에게 두 가지를 부탁하셨습니다. 첫째, 위로부터 능력을 입을 때까지 이 성에 머물라고 하셨습니다. 둘째, 증인이 되라고 하셨습니다. 예수님의 부활과 승천을 목격한 사람들은 예루살렘 성전으로 돌아가서 하나님을 찬양했고, 성령의 능력을 덧입은 후 증인이 되었습니다.

사도행전을 보면 그들이 경계를 넘어서서 복음을 전하였음을 알 수 있습니다(행 1 : 8). 예루살렘의 경계, 유대의 경계, 사마리아의 경계를 넘어서서 마침내 땅끝까지 복음을 전하였습니다. 지역적인 경계만 넘어선 것이 아니라 신분의 경계도 넘어섰습니다.

오늘날을 사는 우리도 십자가의 죄 사함과 구원, 부활에만 머무르지 말고, 제자들처럼 내 삶의 경계를 넘어서서 온 세상에 널리 죄 사함과 구원, 부활의 소식을 전하기를 바랍니다.

전도자의 일을 하라

4월 넷째 주 김영철 목사
           월드비전교회

딤후 4 : 1~8

예배로 부름
대상 16 : 8~9
"너희는 여호와께 감사하며 그의 이름을 불러 아뢰며 그가 행하신 일을 만민 중에 알릴지어다 그에게 노래하며 그를 찬양하고 그의 모든 기사를 전할지어다"

입례 찬양
34장 "참 놀랍도다 주 크신 이름"

결단 찬양
516장 "옳은 길 따르라 의의 길을"

성경은 예수님을 믿지 않는 이 세상 사람들을 가리켜 산 자가 아니라 죽은 자라고 규정합니다.

"한 사람의 범죄를 인하여 많은 사람이 죽었은즉"(롬 5 : 15).

"그런즉 한 범죄로 많은 사람이 정죄에 이른 것같이 한 의로운 행위로 말미암아 많은 사람이 의롭다 하심을 받아 생명에 이르렀느니라"(롬 5 : 18).

"한 사람이 순종하지 아니함으로 많은 사람이 죄인 된 것같이"(롬 5 : 19).

위 말씀들은 아담 한 사람이 죄를 지음으로 말미암아 전 인류가 죽음의 노예가 되었음을 증언하는 말씀입니다. 그리고 한 분 예수 그리스도로 말미암아 모든 사람이 생명에 이르게 됨도 말씀하고 있습니다. 그런데 하나님은 사람들이 이 세상에서 평균 80~90년 사는 것을 가리켜 '생명'이라고 말씀하지 않으십니다. 시공간의 제한 속에 살고 있는 우리는 80~90년을 사는 것도 대단한 것 같지만, 하나님은 그렇지 않습니다. 하나님이 말씀하시는 생명은 영원한 것입니다. 그 영원한 생명을 갖지 못한 자는 살아 있으나 죽은 자입니다. 이런 죽은 자를 살리는 길이 바로 '전도'입니다. 전도는 복음의 도를 전하는 것입니다. 복음을 전하면 죽은 사람이 살아납니다. 할렐루야!

1. 복음은 살리는 능력이다

"내가 복음을 부끄러워하지 아니하노니 이 복음은 모든 믿는 자에게 구원을 주시는 하나님의 능력이 됨이라 먼저는 유대인에게요 그리고 헬라인에게로다"(롬 1 : 16).

복음은 죽은 자를 구원하고 살리는 능력이라는 말씀입니다. 그렇습니다. 복음의 능력은 마치 다이너마이트와 같습니다. 복음은 사람을 살리고, 가정을 살리며, 민족을 살리는 능력이 있습니다. 복음이 떨어지면 개인이면 개인, 가정이면 가정의 어떤 죄악이라도 다 파괴해 버립니다. 복음에는 저주, 죽음, 환난을 다 제거할 수 있는 능력이 있습니다.

그런데 그 복음을 세상 사람들이 어떻게 알 수 있습니까? 성경은 분명히 말씀합니다.

"이 세상이 자기 지혜로 하나님을 알지 못하므로 하나님께서 전도의 미련한 것으로 믿는 자들을 구원하시기를 기뻐하셨도다"(고전 1 : 21).

전도는 세상 사람들의 눈에, 심지어 믿는 사람들의 눈에도 굉장히 미련하게 보입니다. 길거리에서 전도지를 나누어 주고 "예수님을 믿으세요. 교회 나오세요."라는 말을 하며 전도하면 진지하게 받아들이는 사람이 별로 없습니다. 아예 관심을 두지 않거나 시큰둥한 반응을 보입니다. 심하면 "재수 없다."라는 반응을 보이기까지 합니다. 세상 사람들이 보기에는 참으로 미련한 것이 전도입니다.

그러나 여러분, 그렇지 않습니다. 하나님은 전도의 미련한 방법을 통해서 세상을 구원하는 것을 기뻐하십니다. 하나님께서는 미련하게 보이는 전도를 통하여 죽었던 사람을 살리십니다. 이 일을 기뻐하십니다. 이 세상에서 전도만큼 소중한 일이 무엇입니까? 선교하는 일만큼 보람 있는 일이 무엇입니까? 어떤 희생이라도 치를 만한 가치가 있는 일이 바로 복음 전하는 일입니다.

2010년 10월에 남미 칠레에 있는 산호세광산에서 기적 같은 일이 일어났습니다. 드라마보다 더 드라마틱한, 세계를 감동시키는 대사건이었습니다. 지하 700m 갱도에 갇혀 있던 광부 서른세 명이 69일 만에 한 사람의 희생자도 없이 전원 건강하게 지상으로 올라왔습니다. 지하 갱도 천장에는 사람 하나가 들어갈 만한 구멍이 뚫려 있었는데 그곳이 지상으로 통하는 탈출구와 연결되어 있었습니다.

광부 서른세 명이 지하 공간에서 어떻게 공동생활을 했는지는 이미 여러 차례 보도되었습니다. 그 가운데 상당히 인상에 남는 것은, 몸의 크기를 좁은 탈출구에 맞추기 위해 음식 조절과 운동 등으로 철저히 자기 관리를 했다는 것입니다. 그 조그마한 구조 캡슐에 자기 몸이 들어가느냐 들어가지 않느냐 하는 것은 어쩌면 죽느냐 사느냐를 결정하는 문제였습니다. 그 안에서 철저한 역할 분담과 질서 유지 등으로 서로서로 격려하며 69일을 지냈습니다. 그들은 예배했고 시간을 정해 기도회도 꾸준히 가졌습니다. 그들 중 한 사람이 증언했습니다.

"우리는 서른세 명이 아니라 서른네 명이었습니다."

무슨 이야기입니까? 하나님께서 자신들과 함께하고 계셨다는 고백입니다. 그들은 기도를 통하여 하나님의 능력을 힘입고 있었습니다. 그들은 물리적으로는 구조 캡슐에 달린 쇠줄과 도르래의 힘으로 구조되었지만 영적으로는 기도의 동아줄에 이끌려 올려진 셈입니다.

여러분! 구조 당시 한 사람 한 사람이 밖으로 나올 때마다 칠레 국민은 말할 것도 없고 전 세계가 흥분했습니다. 어쩌면 죽었을지도 모른다고 생각하던 사람들이 한 사람씩 구조된 69일 동안 가슴을 졸이며 그들의 무사 탈출을 기다린 가족들과 세계인들이 얼마나 기뻐했습니까? 살아 있는 사람이 구조되어도 이렇게 기쁘고 온 세계가 흥분하는데 죽은 사람이 살아난다고 한번 생각해 보십시오. 정말 얼마나 기쁘고 흥분되며 감동이겠습니까? 아마 칠레에서의 구조 장면보다 몇천 배 더 감격스러운 일일 것입니다.

죽은 사람이 살아나는 길, 구원의 길이 어디에 있습니까? 바로 예수님을 믿는 데 있습니다. 구조 캡슐을 타고 700m 지상으로 올라오는 것은 조심스럽고 시간도 많이 걸리는 과정이었습니다. 그러나 우리가 예수님을 믿고 하나님 나라로 올라가는 것은 그렇지 않습니다. 엘리베이터를 타면 수많은 계단을 힘써 오르지 않아도 버튼 하나만 눌러 높이 올라갈 수 있는 것처럼 우리가 아무런 정성과 힘을 쌓지 않아도 주님만 믿으면 누구든지 죽음으로부터 구원됩니다. 어둠 속에서 광명한 햇빛으로 나아갈 수 있습니다. 그래서 성경은 "주 예수를 믿으라 그리하면 너와 네 집이 구원을 받으리라"(행 16 : 31)라고 했고, "하나님이 세상을 이처럼 사랑하사 독생자를 주셨으니 이는 그를 믿는 자마다 멸망하지 않고 영생을 얻게 하려 하심이라"(요 3 : 16)라고 했습니다.

이것이 바로 복음입니다. 우리는 '전도'를 통하여 이 복음을 온 세상에 전해야 하는 사명을 받은 사명자입니다.

2. 전도자의 자세

"하나님 앞과 살아 있는 자와 죽은 자를 심판하실 그리스도 예수 앞에서 그가 나타나실 것과 그의 나라를 두고 엄히 명하노니 너는 말씀을 전파하라 때를 얻든지 못 얻든지 항상 힘쓰라 범사에 오래 참음과 가르침으로 경책하며 경계하며 권하라"(딤후 4 : 1-2).

"그러나 너는 모든 일에 신중하여 고난을 받으며 전도자의 일을 하며 네 직무를 다하라"(딤후 4 : 5).

하나님은 엄히 명령하십니다. 때를 얻든지 못 얻든지 말씀을 전하는 일을 항상 힘쓰라고 하셨습니다. 전도자의 일을 잘 감당하라고 하셨습니다. 이것이 곧 우리에게 주어진 직무와 사명입니다. 예수님도 이 세상에 하나님의 나라를 세우기 위하여 전도하셨습니다. 복음을 전파하셨습니다.

"예수께서 모든 도시와 마을에 두루 다니사 그들의 회당에서 가르치시며 천국 복음을 전파하시며 모든 병과 모든 약한 것을 고치시니라 무리를 보시고 불쌍히 여기시니 이는 그들이 목자 없는 양과 같이 고생하며 기진함이라 이에 제자들에게 이르시되 추수할 것은 많되 일꾼이 적으니 그러므로 추수하는 주인에게 청하여 추수할 일꾼들을 보내 주소서 하라 하시니라"(마 9 : 35-38).

복음을 전파하신 전도자로서 예수님이 어떻게 하셨는지를 살펴보면, 전도자의 사명을 받은 우리가 어떤 태도를 취해야 할지 알 수 있습니다.

이사야 42장의 말씀을 중심으로 살펴보겠습니다. 이사야 42장은 '여호와의 종'으로 불린 메시야를 소개하고, 그 메시야로 인한 구원과 승리의 기쁨을 선포하고 있습니다.

"내가 붙드는 나의 종, 내 마음에 기뻐하는 자 곧 내가 택한 사람을 보라 내가 나의 영을 그에게 주었은즉 그가 이방에 정의를 베풀리라"(사 42 : 1).

이 말씀은 예수 그리스도에 관한 예언의 말씀입니다. 여기서 '나의 종'은 메시야로서 예수 그리스도입니다. 우리는 전도할 때, 어떤 태도를 취해야 합니까? 예수님 같은 마음과 자세를 가져야 합니다. 첫째, 온유해야 합니다.

"그는 외치지 아니하며 목소리를 높이지 아니하며 그 소리를 거리에 들리게 하지 아니하며"(사 42 : 2).

하나님 나라의 왕이신 예수님은 자기 백성들을 만날 때 외치지 않으셨습니다. 소리를 높이지 않으셨습니다. 악을 쓰며 소리 지르지 않으셨습니다. 심지어 예수님은 자신을 죽이고자 하는 사람들 앞에서도 마치 도수장에 끌려가는 어린 양같이 침묵하셨습니다. 이사야 53 : 2의 말씀에 "그는 주 앞에서 자라나기를 연한 순 같고 마른 땅에서 나온 뿌리 같아서 고운 모양도 없고 풍채도 없은즉 우리가 보기에 흠모할 만한 아름다운 것이 없도다"라고 합니다. 예수님은 매우 부드럽게, 매우 자연스럽게 우리들 가운데 오셔서 우리를 만나 주셨습니다.

또 말씀하셨습니다. 주의 부드러운 말씀은 날카로운 화살 같아서 사람들 마음속에 깊이 새겨졌습니다. 하나님께서는 우리에게 학자의 혀(사 50 : 4)를 주셔서 말씀에 힘이 있게 하시고, 우둔한 자를 지혜롭게 하셨습니다. 그래서 주님의 말씀을 듣는 사람마다 회개의 역사가 일어나고, 마음에 변화가 일어나며, 소망을 품게 되었습니다. 그분의 입에서 나오는 모든 말씀은 살았고 운동력이 있어서 참으로 능력이 그대로 나타났습니다. 예수님이 귀신을 향하여 "떠나가라." 하고 명령하시면 즉시로 귀신이 묶임을 받고 쫓겨났습니다. 나면서부터 걷지 못하던 사람을 향하여 베드로와 요한이 "주 예수 그리스도의 이름으로 말하노니 일어나라."라고 할 때 병자의 발목이 힘을 얻고 벌떡 일어나서 춤을 추며 기뻐했습니다.

우리도 전도할 때 주님처럼 온유하게 하기를 바랍니다. 주님은 온유하셨습니다. 부드럽게 말해도 성령은 역사합니다. 능력이 나타납니다. 하나님 나라는 강한 말로 세워 가는 것이 아닙니다. 설득해서 예수님을 믿게 할 수 없고, 설득한다고 믿을 사람도 없습니다. 이어령 교수님이 예수님을 믿게 된 것이 이성적으로 설득되어서겠습니까? 그렇지 않습니다. 온유한 자가 승리합니다. 그러므로 불신자, 전도 대상자를 만나고 전도할 때 온유한 방법과 온유한 말로 전도하기 바랍니다.

둘째, 전도 대상자를 불쌍히 여겨야 합니다.

"상한 갈대를 꺾지 아니하며 꺼져 가는 등불을 끄지 아니하고 진실로 정의를 시행할 것이며"(사 42 : 3).

이사야 선지자는 주님이 얼마나 긍휼이 많은 분인지를 '상한 갈대'와 '꺼져 가는 등불'을 비유로 묘사하고 있습니다. 이사야 선지자는 주님이 이 세상에 상한 갈대와 같은 사람, 꺼져 가는 등불과 같은 사람을 얼마나 불쌍히 여기시는가를 강조합니다. 우리 주변에는 건드리면 툭 부러질 것같이 약하고 아무런 힘도 권세도 없는 사람이 참으로 많습니다. 또 가물거리던 호롱불이 꺼지면 사방이 일순간에 캄캄하여지듯이 소망을 잃고 어둠 속에서 헤매는 사람들도 우리 주변에 참 많습니다. 주님은 이런 사람들을 불쌍히 여기셨습니다. 그들이 복음을 받아들이기만 하면 그들에게 얼마든지 사는 길, 회복의 길, 구원의 길, 생명의 길이 열릴 수 있다고 생각하셨습니다. 많은 죄인이 주님 앞에 나와서 변하여 새사람이 되었습니다. 주님의 능력으로 고침 받고 회복되는 역사가 일어났습니다.

마태복음 9 : 36에서도 주님은 "무리를 보시고 불쌍히 여기셨다."라고 했습니다. 여러분도 전도할 때 모든 전도 대상자를 영적으로 궁휼히 여기는 마음으로 다가가시기 바랍니다. 지금은 상한 갈대와 같고 꺼져 가는 등불과 같을지라도 저들도 예수님만 만나면 소망이 있다는 마음으로 그들에게 가까이 나아갈 수 있기를 바랍니다. 연약한 사람을 불쌍히 여기는 마음은 예수님의 마음입니다. 예수님의 마음으로 잃은 자를 찾고, 만나며, 사랑하여 그들에게 복음을 전하기를 바랍니다.

셋째, 끝까지 포기하지 말아야 합니다.

"그는 쇠하지 아니하며 낙담하지 아니하고 세상에 정의를 세우기에 이르리니 섬들이 그 교훈을 앙망하리라"(사 42 : 4).

예수님께서는 전도하다가 낙심하지 않으십니다. 복음을 전하나 상대방이 듣지 않을지라도 포기하지 않으십니다. 예수님은 하나님께서 선택한 백성이라면 언젠가는 반드시 회개하고 하나님께로 돌아올 것이라는 믿음과 소망을 가지고 전도 대상자를 보셨습니다.

우리가 전도할 때도 한 번 복음을 전하고 상대가 받아들이지 않는다고 해서 낙심하거나 포기해서는 안 됩니다. 우리에게 필요한 것은 인내와 기다림입니다. 우리 예수님도 절대로 포기하거나 낙심하지 않으셨습니다. 언제까지든지 기다려 주십니다.

사랑하는 성도 여러분! 전도하면서 한두 번 해 보고 포기하지 않기를 바랍니다. 내가 낳은 내 자식도 내 마음대로 안 되지 않습니까? "늦게 다니지 마라.", "공부해라." 하지만 부모님의 말을 잘 듣지 않습니다. 그런데 하물며 남이 "교회 가자." 한다고 쉽게 따라나서고, "예수님을 믿자." 한다고 금방 믿음이 생기겠습니까?

　사람이 변하여 제자가 되게 하고, 특히 회심해서 예수님을 믿게 하는 것은 얼마나 어려운 일인지 모릅니다. 전도자의 인내가 필요합니다. 전도자의 기도가 필요합니다. 전도자의 사랑이 필요합니다. 전도자의 헌신이 필요합니다. 전도자의 준비가 필요합니다.

　죽음의 덫에 걸려 있는 사람들, 사탄의 세력에 잡혀 있는 영혼들을 예수 그리스도의 이름의 권능으로 건져 내는 거룩한 일에 기쁨으로 동참하는 성도가 되기를 바랍니다.

교회의 사명

5월 첫째 주   이규호 목사
큰은혜교회

요 14 : 6

예배로 부름
출 15 : 2
"여호와는 나의 힘이요 노래시며 나의 구원이시로다 그는 나의 하나님이시니 내가 그를 찬송할 것이요 내 아버지의 하나님이시니 내가 그를 높이리로다"

입례 찬양
208장 "내 주의 나라와"

결단 찬양
454장 "주와 같이 되기를"

우리는 유일한 길이고 진리이며 생명이신 예수 그리스도를 구주로 고백함으로 하나님의 자녀가 되었고, 죄와 죽음으로부터 해방되고 영원한 천국을 소유하게 되었습니다. 누군가는 묻습니다. "2천 년 전 죄인들을 위해 이 땅에 오신 예수님께서 십자가에 달려 죽으시고 부활하신 사건이 21세기를 사는 우리와 무슨 상관이 있느냐?" 때로는 우리 마음에도 의구심이 듭니다. 2천 년 전 유대 땅에서 있었던 사건이 어떻게 오늘 나의 죄를 사하고 나를 살릴 수 있다는 말입니까?

태양은 수억만 년 전 하나님의 말씀으로 창조되었습니다. 그러나 태양의 존재는 그 순간으로 끝난 것이 아니라 수억만 년이 지난 오늘까지 모든 생명체의 근원이 되고 있습니다. 즉, 태양을 하나의 '물체'가 아닌 하나의 '사건'으로 이해해야 진정한 태양의 가치를 깨달을 수 있습니다.

마찬가지로 2천 년 전 예수님이 오신 것은 단순히 한 인간이 이 세상에 왔다 간 것이 아닙니다. 그것은 우리를 향한 하나님의 사랑 '예수 그리스도의 구원 사건'입니다. 아무리 좋은 씨앗이라도 햇빛을 쬐어야 싹을 틔울 수 있는 것처럼, 예수님을 나의 구주로 고백할 때만이 비로소 우리는 구원받은 하나님의 자녀가 될 수 있습니다. 하나님의 구원 사건의 영향력은, 예수님이 다시 오셔서 새 하늘과 새 땅이 시작되는 그 날까지 계속될 것입니다.

"예수께서 이르시되 내가 곧 길이요 진리요 생명이니 나로 말미암지 않고는 아버지께로 올 자가 없느니라"(요 14 : 6).

우리는 어떻게 '예수님만이 길이며 진리이고 생명'이라는 말씀을 가슴에 품고 세상을 향해 외치는 사명을 잘 감당할 수 있습니까?

1. 열정

하나님의 사명을 감당하기 위한 첫 번째 덕목은 '열정'입니다. 우리에겐 뜨거운 열정이 필요합니다.

뉴욕 맨해튼에서 조그맣게 시작했지만 지금은 우아함과 여성스러움의 상징이 된 에스티 로더(ESTEE LAUDER)는 수없이 많은 판매 기록을 세우며 미국의 세계적인 화장품 브랜드로 성장했습니다. 자그마한 화장품 회사가 어떻게 세계적인 브랜드가 될 수 있었습니까?

1946년 화장품 회사를 만든 에스티 로더는 자신의 화장품을 알리기 위해 고군분투했습니다. 좋은 제품 개발에 힘쓰던 중 백화점이 들어선다는 소식을 듣고 '내 화장품이 사람들에게 인정받고 유명해지려면 백화점에 입점해야겠다.'라고 생각했습니다. 이에 삭스백화점(Saks Fifth Avenue) 책임자를 찾아가 자신의 화장품을 입점시켜 달라고 요청했습니다. 그러나 인지도가 없는 브랜드, 증명되지 않은 제품은 백화점과 수준이 맞지 않다는 이유로 매몰차게 거절당했습니다. 그럼에도 에스티 로더는 포기하지 않고 백화점 책임자를 다시 찾아갔고, 거절 당하면 또다시 찾아갔습니다. 그렇게 무려 50번을 찾아간 끝에 드디어 입점 승인을 받아 냈습니다. 그녀에게는 백화점에 꼭 입점해야겠다는 열정이 있었던 것입니다.

여러분의 마음에 새긴 전도 대상자가 있습니까? 그 사람에게 몇 번이나 찾아갈 수 있습니까? 영혼 구원에 대한 열정을 가지고 50번이라도 찾아가겠다는 의지만 있다면, 하나님께서 그 영혼을 우리에게 보내 주실 것입니다.

백화점에 입점한 에스티 로더는 고객의 성향을 분석하기 시작했습니다. 그리고 모든 여성 고객의 90%가 백화점에 들어서면 오른쪽 방향으로 쇼핑한다는 것을 발견했습니다. 그녀는 백화점 책임자에게 요청해 백화점 입구 오른편에 매장을 내고, 대부분의 고객이 들르는 장소인 화장실 앞에 서서 지나가는 여성 고객들에게 무료로 향수를 뿌려 주었습니다. 마침내 조금씩 입소문이 나기 시작하더니 점점 유명세를 탔습니다. 창립 50년 후인 1998년에는 2만 명의 직원을 가진, 세계 120여 개국으로 수출하는 세계적인 화장품 회사가 되었습니다. 또한 미국 시사주간지 「타임」(TIME)에서 선정한 '20세기 가장 영향력 있는 천재 경영인 20명'에 포함되었습니다.

사람들은 기존의 것, 자신에게 주어진 것을 너무 크게 생각합니다. 처음부터 '큰 화장품 회사가 있으니 안 된다, 좋은 대학을 못 나왔으니 안 된다, 백이 없으니 안 된다.' 우리는 이런저런 이유로 나에게 주어진 상황에서 너무 쉽게 포기해 버립니다. 그러나 예수님은 그러지 않으셨습니다. 사명을 귀하게 생각하셨습니다. 성전에서 말씀을 전하실 뿐만 아니라 산에서도, 들을 지나가시다가도, 우물가에서도 말씀을 전하셨습니다. 예수님은 어떤 상황에서도 사명에 집중하셨습니다. 우리도 이젠 달라져야 합니다. 어떤 악조건과 힘든 환경 속에서도 끝까지 포기하지 않고 영혼 구원에 대한 열정을 가지고 말씀을 전하는 사명을 실천해 나가야 합니다.

그렇다면 열정은 언제부터 싹을 틔워 냅니까? 현재 내 삶의 자리에서 나에게 주어진 작은 일에 최선을 다할 때 비로소 열매를 맺게 됩니다.

여러 해 존경받는 기업으로 선정된 홈플러스의 최고 경영자는 삼성그룹 출신의 이승환 前 회장입니다. 우수한 성적으로 대학을 졸업하고 삼성에 입사했을 때 그에게 처음 맡겨진 임무는 복사하는 일이었습니다. 얼마나 자존심이 상했겠습니까? 그러나 그는 "이왕에 나에게 맡겨진 일이라면 복사만큼은 누구보다 최고로 잘하는 사람이 되자. '복사' 하면 이승환이라는 이름이 떠오를 정도로 최선을 다하자."라고 다짐했습니다. 그때는 기계가 좋지 않아 복사기에서 나온 종이가 돌돌 말려 있거나 습기로 축축했는데, 그런 종이를 쫙 펴고 잘 말렸더니 6개월이 지나자 "복사를 맡기려면 이승환한테 맡겨라. 복사는 이승환이 최고다."라는 소문이 나기 시작했습니다. 거기서부터 그는 승승장구하며 삼성그룹 계열사 사장에서 홈플러스 회장까지 역임하며 존경받는 기업의 최고 경영인이 되었습니다.

여러분은 지금 어떤 일을 감당하고 있습니까? 가정에서, 직장에서 하나님이 여러분에게 주신 사명은 무엇입니까? 열정을 가지고 그 일에 최선을 다하십시오. 하나님이 여러분 한 분 한 분을 귀하게 쓰고 높여주실 것입니다.

"네가 차든지 뜨겁든지 하기를 원하노라 네가 이같이 미지근하여 뜨겁지도 아니하고 차지도 아니하니 내 입에서 너를 토하여 버리리라"(계 3 : 15-16).

우리의 인생이 열정으로 뜨거워 하나님과 사람 앞에 칭찬받고 존귀함도 얻으시길 바랍니다.

2. 겸손

하나님의 사명을 감당하기 위한 두 번째 덕목은 '겸손' 곧 듣는 귀입니다.

모세는 애굽의 노예였던 이스라엘 백성 200만 명을 이끌고 수많은 전쟁에서 승리하며 그들을 젖과 꿀이 흐르는 땅, 가나안 입구까지 인도한 불세출의 지도자입니다. 그런 모세도 인간이었기에 한계와 약점을 가지고 있었습니다. 모세는 작은 일부터 큰일까지 누구의 도움도 받지 않았습니다. 아침부터 밤까지 기력이 쇠할 때까지 모든 일을 혼자서 다 감당했습니다. 그런 모세에게 장인 이드로가 천부장, 백부장, 오십부장, 십부장을 두어 작은 일은 그들에게 맡기고 모세에겐 큰일만 처리하라고 충고합니다(출 18 : 13-26). 모세의 위대한 점은 듣는 귀, 바로 열린 마음이었습니다. 만약 모세가 교만하여 장인 이드로의 충고를 무시했다면 그는 하나님의 사명을 잘 감당하지 못했을 것입니다. 하나님의 일을 할 때는 독단보다는 각자 삶의 자리에서 겸손하게 상대방의 말에 귀를 기울이는 자세가 필요합니다.

3. 공동체 의식

하나님의 사명을 감당하기 위한 세 번째 덕목은 '우리'라는 공동체입니다. 사명은 함께할 때 더욱 강해지고 빛을 발합니다.

미국 서부 해안에 있는 레드우드 국립공원에는 메타세쿼이아(Meta sequoia) 수만 그루가 심겨 있습니다. 80~100m 높이의 거목의 군락을 본 식물학자들은 경탄했습니다. 높이가 100m라면 뿌리는 최소한 100~160m 이상 뻗어 있을 것이라 생각하고 연구에 착수했는데, 예상과는 달리 거대한 나무들의 뿌리는 1~2m밖에 되지 않았습니다. 어떻게 이 정도의 뿌리로 강한 태풍과 바닷바람을 견딜 수 있었겠습니까? 그 비밀은 뿌리와 뿌리 사이에 있었습니다. 나무가 뿌리를 단독으로 뻗지 않고 나무 전체가 뿌리를 서로 얽어매고 있었습니다. 수만 그루의 뿌리가 서로를 지탱해 주고 있었던 것입니다. 무리에서 벗어나 혼자 뿌리를 내린 나무는 바람에 쓰러졌지만, 무리와 함께 뿌리를 얽어맨 나무들은 100m가 넘는 장대한 나무로 성장할 수 있었습니다.

교회만큼 최고의 인력들이 모인 곳도 없습니다. 대학은 어마어마한 집단 같아도 아직은 전문가가 되고자 하는 사람들만 모여 있는 곳입니다. 그러나 교회는 여러 분야의 최고 전문가들이 모인 곳입니다. 교회는 이들의 다양한 능력과 뛰어난 재능을 기반으로 복음을 전하며 지경을 넓혀 나가야 합니다. 모두가 하나 되어 이웃과 사회와 민족을 위하여 수고하고 나눌 때 복의 통로가 되는 100m 거목의 교회로 성장할 것입니다. 이것이 하나님의 복의 길입니다.

하나님은 이 순간도 우리와 함께 계십니다. 우리는 예수님만이 길이고, 진리이며, 생명이라는 말씀을 가슴에 품고 세상을 향해 외치는 사명을 잘 감당해야 합니다. 뜨거운 열정을 가지고, 열린 마음으로 함께 힘을 합쳐 하나님께서 우리에게 주신 사명을 지혜롭게 감당해 나갈 때 교회를 통하여 가족이 치유되고, 사회가 변화되며, 나라가 복을 받는 역사가 일어날 것입니다.

"그러므로 너희는 가서 모든 민족을 제자로 삼아 아버지와 아들과 성령의 이름으로 세례를 베풀고 내가 너희에게 분부한 모든 것을 가르쳐 지키게 하라 볼지어다 내가 세상 끝날까지 너희와 항상 함께 있으리라 하시니라" (마 28 : 19-20).

우리는 무엇을 위하여 살아야 합니까? 우리에게 주신 이 한량없는 은혜를 우리가 무엇으로 갚을 수 있습니까? 모든 그리스도인의 사명은 단 하나 영혼 구원입니다. 한 영혼이라도 더 하나님께 인도하는 것, 그것이 우리에게 하나님께서 명령하신 사명입니다. 우리를 향하신 하나님의 큰 사랑, 한 영혼에 대한 사랑 그리고 구원에 대한 열정, 이것이 오늘 모두의 간절한 소원이 되기를 소망합니다.

2025 MINISTRY RESOURCE
MANUAL BOOK

목회와
설교자료

예수님이 필요한 사람

5월 둘째 주　　박석진 목사
　　　　　　　포항장성교회

요 5 : 1~9

예배로 부름
마 11 : 28~30
"수고하고 무거운 짐 진 자들아 다 내게로 오라 내가 너희를 쉬게 하리라 나는 마음이 온유하고 겸손하니 나의 멍에를 메고 내게 배우라 그리하면 너희 마음이 쉼을 얻으리니 이는 내 멍에는 쉽고 내 짐은 가벼움이라 하시니라"

입례 찬양
38장 "예수 우리 왕이여"

결단 찬양
93장 "예수는 나의 힘이요"

발명가 토머스 에디슨(Thomas Alva Edison)이 남긴 명언 가운데 "필요는 발명의 어머니이다."(Necessity is the mother of invention)라는 말이 있습니다. 인간의 새로운 기술과 능력, 성취 등은 필요가 가져온 하나의 결과라는 것입니다.

본문 다음 장인 요한복음 6 : 1~2을 보면 "그 후에 예수께서 디베랴의 갈릴리바다 건너편으로 가시매 큰 무리가 따르니 이는 병자들에게 행하시는 표적을 보았음이러라"라고 밝히고 있습니다. 무리가 예수님을 따라다닌 것은 그들에게 예수님이 필요했기 때문이었습니다.

사람을 헬라어로 '안드로포스'(ἄνθρωπος)라고 합니다. 이 말은 '위를 바라보는 자'라는 뜻입니다. 하나님께서 인간을 만드실 때, 인간이 위에 계신 하나님 곧 창조주 하나님을 바라보아야 평안하고 행복할 수 있도록 설계하셨다는 것입니다. 그러함에도 오늘날 모든 사람이 다 위에 계신 하나님을 바라보고 믿지는 않습니다. 하나님의 필요성을 느낀 사람만 눈을 들어 위를 바라보며 하나님을 믿습니다. 이런 관점에서 볼 때, 한 사람이라도 더 하나님을 인정하고 위를 바라보도록 하는 것이 먼저 예수님을 영접한 우리 그리스도인들의 책임이요, 의무입니다.

본문 말씀에는 서른여덟 해 동안 병고에 신음하던 사람이 등장합니다. 이 사람을 통해 어떤 사람이 예수님을 필요로 하는지 하나님의 말씀을 경청하고자 합니다.

1. 병든 사람들

육신의 병이 오래되면 그 마음이 약해지고, 지푸라기라도 잡고자 하는 심정으로 누군가에게 의존하려는 마음이 커지기 마련입니다. 그런데 영적인 차원에서는 이때가 예수님을 만날 절호의 기회입니다. 건강할 때는 자기 힘으로 뭐든 다 해낼 수 있다고 생각하여서 누군가의 도움을 필요로 하지 않습니다. 오히려 신앙생활은 심약한 자들이나 하는 것이라며 코웃음 치며 살았을지도 모릅니다. 그러다 막상 병들어 행동에 많은 제약을 받으면 자신을 대단하게 여기던 자신감도, 자존감도 허물어질 수밖에 없습니다. 내 몸이라고 해서 내가 지켜 낼 수 있는 것도 아니고, 내 인생이라고 해서 내가 임의로 꾸려 갈 수 있는 것도 아님을 비로소 깨닫습니다.

대한민국 최고의 지성이라고 자타가 인정하는 이어령 박사를 잘 아실 것입니다. 그는 젊은 시절 무신론자였습니다. 심지어 기독교를 심하게 욕하던 인사였습니다. 그런데 암에 걸려 투병 중인 딸의 전도로 그리스도인이 되었습니다. 그가 세례받으면서 한없이 울었던 사실을 전하면서 이런 말을 했습니다.

"지성은 울지 않습니다. 분석하고 심판하며 의를 따지기 때문에, 지성은 차고 명증하고 투명한 것입니다. 그래서 지성의 눈은 눈물을 흘리지 않습니다. 눈이 흐려지면 제대로 볼 수가 없기 때문입니다. 아무리 슬프고 고통스러워도 지성의 눈은 아주 맑고 명료한 호수처럼 되어야 합니다. 결국 제가 흘린 눈물은 지성이 아니라는 것입니다. 바로 감성, 감정 그리고 사랑입니다. 이것은 지성의 무력을 의미하는 것입니다."

이어령 박사가 지성의 무력함을 느꼈을 때 영성의 세계로 나아갈 수 있었듯이, 자신감으로 온통 방어벽을 치고 있던 자신이 무너질 때 비로소 예수님을 바라볼 수 있는 눈이 열립니다. 이런 차원에서는 병드는 것이 은혜일 수도 있습니다. 혹 주변에 이런저런 일로 병에 노출된 분들이 있습니까? 꼭 육신의 병이 아니더라도 물질로, 자녀 문제로, 부부간의 갈등으로 인해 그 마음이 무너져 버린 분들이 있다면 그것조차도 합하여 선을 이루시는 우리 주님을 소개해야 할 것입니다.

2. 실패를 경험한 사람들

본문 7절을 보면 서른여덟 해 동안 병을 앓아온 사람의 쓰라린 고백이 있습니다.

"주여 물이 움직일 때에 나를 못에 넣어 주는 사람이 없어 내가 가는 동안에 다른 사람이 먼저 내려가나이다"(요 5 : 7).

자신은 삶의 경쟁에서 이미 뒤처져 버린 낙오자요, 실패자라는 것입니다.

세상에는 이 병자처럼 스스로 낙오자, 실패자라 생각하며 삶의 의욕을 잃어버린 사람들이 의외로 많습니다. 그러나 그렇지 않습니다. 내가 살아 있는 이상, 내 인생은 아직 끝난 게 아닙니다. '나의 실망은 하나님의 계획'이라는 말이 있습니다. 내가 실패하여 좌절할 때, 하나님께서는 그 실패를 성공으로 바꾸셔서 나를 춤추게 하십니다.

성경에 나오는 수많은 인물이 이 사실의 증인입니다. 요셉을 보십시오. 이복형들의 미움을 받아 애굽에 노예로 팔려 간 것도 모자라 주인의 아내를 강간하려 했다는 누명을 쓰고 감옥에 갇혔습니다. 그런 그를 하나님께서는 이집트의 총리로 이끌어 가십니다. 나오미와 룻은 또 어떠합니까? 고부가 다 남편을 잃고 과부가 되어 처량한 신세가 되었지만, 하나님께서는 보아스라는 친족을 통해 집안을 다시 일으키게 하셨을 뿐만 아니라 예수 그리스도의 조상이 되게 하셨습니다.

이처럼 우리 인생에 대반전을 일으키시는 주님을 소개하고, 당신도 그 주인공이 될 수 있으며 얼마든지 하나님의 은혜를 누릴 수 있다고 일깨워 주는 사람이 바로 전도자입니다.

3. 소외된 사람들

7절에서 서른여덟 해 된 병자는 "물이 움직일 때 나를 못에 넣어 주는 사람이 없다."라고 토로합니다. 그가 나면서부터 병을 앓아 부모의 버림을 받았는지, 아니면 성인이 된 후에 병을 앓기 시작하면서 아내도, 자녀도, 가족도 다 떠나간 것인지 확인할 길이 없습니다. 아무튼 그는 지금 외톨이입니다. 도움을 주는 사람도, 도움을 청할 사람도 주변에 전혀 없습니다.

현대 사회는 경쟁을 부추기고 있는 것이 사실입니다. 그러다 보니 어쩔 수 없이 낙오자가 생기고, 경쟁에서 도태되는 사람들이 생겨납니다. 본문에 등장하는 서른여덟 해 된 병자도 노력하지 않은 것이 아닙니다. 제대로 움직이기 힘든 몸이지만, 비지땀을 흘리며 연못에 들어가고자 애를 썼습니다. 그러나 다른 사람들이 그를 추월해 버렸습니다. 사람들은 제일 먼저 물에 들어간 사람을 부러워하며 그에게만 축하의 박수를 보냅니다. 사력을 다하고 용을 썼지만 물 근처에도 못 간, 서른여덟 해나 병치레를 해 온 그에게는 그 누구도 관심과 눈길을 주지 않습니다. 오히려 애쓰는 모습을 구경거리라도 되는 듯 비웃습니다. 왜 되지도 않는 경쟁을 하려고 저러는지 모르겠다면서 비아냥거리기도 합니다. 그래서 더 슬프고 더 아픕니다.

그러나 여러분, 예수님의 눈길은 이렇게 병들고 낙오와 실패 속에서 아파하는 자, 사람들의 관심에서 제외된 자, 조롱과 천대의 대상이 되어 버린 자를 향하십니다. 그리고 그에게로 다가와 물으십니다. "네가 낫고자 하느냐?" 전도자는 바로 이 질문을 주님을 대신해서 해 주는 사람입니다.

"하나님 아버지의 마음"이라는 찬양이 있습니다.

아버지 당신의 마음이 있는 곳에 나의 마음이 있기를 원해요
아버지 당신의 눈물이 고인 곳에 나의 눈물이 고이길 원해요
아버지 당신이 바라보는 영혼에게 나의 두 눈이 향하길 원해요
아버지 당신이 울고 있는 어두운 땅에 나의 두 발이 향하길 원해요

이 가사가 주님을 향한 우리의 고백이 되어야 할 것입니다. 우리는 이런 마음으로 삶에 지친 자들, 상처 입은 자들, 정말 예수님이 필요한 자들을 찾아가야 합니다.

이 세상에는 예수님을 필요로 하는 사람들이 많습니다. 우리는 그들을 찾아가야 합니다. 그런 사람들이 나에게 호의적이라서, 구원받고 교회의 일원이 되어야 할 당위성이 있어서 가는 것이 아닙니다. 우리가 그들에게 예수님을 전해야 할 이유는 오직 하나, 그들에게 예수님이 필요하기 때문입니다.

진짜 하나님의 일

5월 셋째 주   김대동 목사
              구미교회

요 6 : 26~29

예배로 부름

히 11 : 6

"믿음이 없이는 하나님을 기쁘시게 하지 못하나니 하나님께 나아가는 자는 반드시 그가 계신 것과 또한 그가 자기를 찾는 자들에게 상 주시는 이심을 믿어야 할지니라"

입례 찬양

34장 "참 놀랍도다 주 크신 이름"

결단 찬양

545장 "이 눈에 아무 증거 아니 뵈어도"

'천국이 있는지 없는지는 잘 몰라요. 확신이 안 섭니다. 그래도 믿어두면 손해 볼 것은 없다고 생각해서 매주일 교회에 나가서 예배는 드려요.'

'일상에서도 뭐 그렇게 절실하게 믿음으로 살아가는 것은 없어요. 먹고 사는 문제에 얽매이다 보니 사실 일상에서 특별히 믿음까지 생각하며 살아가지 못해요.'

'깊이 생각해 보지는 않았지만, 죽은 다음은 아주 나중의 문제니까 지금 살아가는 동안에는 그저 재미있게, 즐겁게, 나만의 작은 행복을 느끼면서 살아가고 싶어요.'

이런 생각으로 신앙생활을 하는 사람들이 의외로 참 많습니다. 신앙생활을 열심히 하지만 인격은 전혀 변화되지 않은 사람도 참 많습니다. 교회에 충성하며 봉사하지만 여전히 자기중심적인 사람, 신앙생활을 한다고 하면서도 여전히 거짓말하는 사람, 쾌락에 몸을 담고 사는 사람, 겉과 속이 너무 다른 사람, 매우 교만한 사람, 말을 함부로 하고 남에게 상처를 주는 사람, 다른 사람을 무너뜨리는 사람, 자기 고집과 독선에 사로잡혀 있는 사람, 함부로 사람을 판단하고 정죄하는 사람들도 참 많습니다.

이렇게 이율배반적이고, 형식적이며, 겉과 속이 다른 신앙생활을 하는 이들은 지금뿐만 아니라 옛날에도 참 많았습니다. 예언자들은 이런 모습을 신랄하게 책망하기도 하였는데, 특별히 이사야 예언자는 이사야 1 : 12~15에서 이렇게 선포하고 있습니다.

"너희가 내 앞에 보이러 오니 이것을 누가 너희에게 요구하였느냐 내 마당만 밟을 뿐이니라 헛된 제물을 다시 가져오지 말라 분향은 내가 가증히 여기는 바요 월삭과 안식일과 대회로 모이는 것도 그러하니 성회와 아울러 악을 행하는 것을 내가 견디지 못하겠노라 내 마음이 너희의 월삭과 정한 절기를 싫어하나니 그것이 내게 무거운 짐이라 내가 지기에 곤비하였느니라 너희가 손을 펼 때에 내가 내 눈을 너희에게서 가리고 너희가 많이 기도할지라도 내가 듣지 아니하리니 이는 너희의 손에 피가 가득함이라"(사 1 : 12-15).

정말 뼈아픈 말씀이요, 안타깝기 그지없는 말씀입니다. 더욱 안타까운 것은 우리도 역시 이 말씀에 벗어나지 못한다는 사실입니다. 물론 우리가 완전할 수는 없습니다. 하나님께서 보시기에는 오십보백보일 것이고, 우리는 모두 부족하고 연약한 존재인 것이 아주 분명한 사실입니다. 그런데 그런 것을 감안한다 할지라도 우리의 신앙생활이 예수님을 믿지 않는 사람들과 전혀 다를 바가 없다고 한다면, 이것은 우리가 깊이 생각해 보아야 할 문제가 아닐 수 없습니다.

신앙생활에는 먼저 자각이 필요합니다. 말씀을 통해, 설교를 통해, 사건을 통해 말씀하시는 하나님의 음성을 듣고 '아 그렇구나.'를 깨달아야 합니다. 그러고는 깨달음대로 살려고 애쓰는 것입니다. 완벽하게 살아갈 수 없다 할지라도 자각한 것을 생활 속에서 실천하려는 몸부림이 있어야 합니다. 그런데 아무런 자각도 없고, 몸부림치는 것도 없고, 그냥 물 흘러가듯이 술렁술렁, 아무런 고민도 없이, 이렇게 살아도 좋은 것인가 생각해 보지도 않고 그냥 그렇게 살아가는 것은, 아무리 생각해 봐도 신앙의 삶은 아닙니다.

본문 말씀은 '내가 이렇게 신앙생활 해도 좋은가?'를 고민하는 우리에게 금과 같은 말씀을 들려줍니다. 요한복음 6장에는, 앞부분에 예수님께서 보리떡 다섯 개와 물고기 두 마리를 가지고 5천 명을 먹이신 사건이 기록되어 있습니다. 이어서 예수님이 물 위를 걸으신 사건이 짤

막하게 기록된 후에, 22절부터 무려 71절까지 예수님 자신이 생명의 떡임을 밝히시는 내용이 아주 길게 기록되어 있습니다. 그래서 요한복음 6장은, 오병이어 사건과 생명의 떡에 대한 말씀이 아주 날카로운 대조를 이루면서 예수님이 어떤 분인지를 우리에게 자세히 알려 주는 말씀입니다.

1. 육신이 먹고사는 문제

먼저 예수님께서 오병이어로 5천 명을 먹이시는 기적을 베풀었을 때 사람들은 떡의 문제, 자신들이 먹고사는 문제를 해결해 주신 예수님께 깊이 매료되었습니다. 그래서 오병이어 사건을 설명하는 마지막 구절, 요한복음 6 : 15은 "무리들이 와서 예수님을 억지로 붙들어 임금으로 삼으려고 하였다."라고 말씀합니다. 이때 예수님은 자신을 오해하고 열광하는 무리에게 휩쓸리지 않기 위해서 제자들을 재촉하여 먼저 보내고, 혼자 산으로 떠나가셨습니다. 예수님처럼 우리도 산으로 가야 합니다. 놀러 가는 것 말고, '영적 산행'을 감당해야 합니다.

이튿날 벳새다에서 예수님의 행방이 묘연해지자 사람들은 의아해하였습니다. 그들은 어제 저녁에는 해변에 배가 한 척밖에 없었고, 제자들이 바로 그 배를 타고 건너편 가버나움으로 갔으며, 예수님이 제자들과 함께 배에 오르지 않은 것을 알고 있었습니다. 이에 벳새다에서 오병이어 사건을 체험한 무리들은 디베랴 사람들이 타고 온 배를 이용해서 예수님과 제자들을 찾기 위하여 바다 건너편 가버나움으로 갔습니다.

사실 지난밤에 예수님은 바다 위를 걸어서 제자들에게 가셨습니다. 그리고 제자들과 함께 가버나움으로 가셨습니다. 그러나 무리들은 이것을 몰랐기에 가버나움에서 자기들이 임금으로 삼으려 했던 예수님을 발견하고 깜짝 놀랐습니다. 그리고는 크게 반가워하면서 인사를 건네었습니다. "랍비여 언제 여기 오셨나이까?" 25절에 인사가 등장하고, 이 인사에 대하여 예수님께서 대답하시는 내용이 26절부터 이어집니다. 이 말씀이 우리에게 참으로 중요합니다.

"예수께서 대답하여 이르시되 내가 진실로 진실로 너희에게 이르노니 너희가 나를 찾는 것은 표적을 본 까닭이 아니요 떡을 먹고 배부른 까닭이로다"(요 6 : 26).

이 말씀은 우회적인 대답이라고 할 수 있는데, 그들이 표적의 진정한 의미인 예수님이 하나님의 아들 되심을 알지 못한 채 그저 배불렀던 일 때문에 예수님을 맹목적으로만 추종하고 있음을 지적하신 것입니다. 이어서 예수님은 27절에서도 비슷한 내용으로 그들의 어리석음을 책망하십니다.

"썩을 양식을 위하여 일하지 말고 영생하도록 있는 양식을 위하여 하라 이 양식은 인자가 너희에게 주리니 인자는 아버지 하나님께서 인치신 자니라"(요 6 : 27).

여기서 '썩을 양식'은 우리의 몸을 위한 양식이고, '영생하도록 있는 양식'은 영원히 살게 하며 없어지지 않는 양식입니다. 영생하도록 있는 양식을 예수님이 주시며, 그 양식을 주시는 예수님은 하나님께서 인정해 주신 우리의 진정한 구원자가 되신다는 사실의 선포입니다. 그래서 27절은 한마디로, 예수님이 영생을 주시는 메시야이시고, 그분의 대속으로 말미암아 누구든지 예수님을 믿기만 하면 영생을 얻게 된다는 메시지입니다.

2. 진짜 하나님의 일

그런데 예수님의 말씀을 듣고도 그 의미를 깨닫지 못한 무리는 28절에서 "우리가 어떻게 하여야 하나님의 일을 하오리이까"라고 다시 질문합니다. 예수님은 우리의 믿음 생활에 있어서 정말 중요한 대답을 29절에서 주십니다.

"예수께서 대답하여 이르시되 하나님께서 보내신 이를 믿는 것이 하나님의 일이니라 하시니"(요 6 : 29).

오병이어 사건을 통해 예수님을 자신들의 떡 문제를 해결하고 로마의 압제에서 구해 주실 정치적 해결자로만 생각하는 유대인들에게, 지금 예수님께서는 자신이 누구시며 어떻게 해야 구원받는지를 분명히 알려 주고 계십니다. 사실 오병이어 사건은 예수님이 누구신지를 알려 주는 표적인데, 사람들은 이것을 곡해해서 예수님을 자신들의 현세적·육체적 욕구를 채워 주실 분으로 오해하였습니다. 그래서 예수님이 이들에게 믿음의 본질을 알려 주신 것입니다.

이런 의미에서 예수님께서 알려 주신 '진짜 하나님의 일'은, 예수님을 하나님의 아들로 분명히 믿고, 예수님만이 우리에게 구원을 주시는 분으로 믿는 것을 말합니다. 이것이 가장 중요한 하나님의 일임을 예수님께서 깨우쳐 주신 것입니다. 예수님을 믿는 것이 진짜 하나님의 일임을 알려 주신 예수님은 요한복음 6 : 29~71까지, 무려 42절을 사용하여 예수님 자신이 생명의 떡임을 선포하셨습니다.

　예수님을 믿는 것이 하나님의 일이라고 알려 주시는 이 가르침은 오늘날 우리 믿음의 삶을 교정해 주시는, 참으로 본질적인 말씀이 아닐 수 없습니다. 우리는 예수님을 위해 이 일도 하고 저 일도 하면서 열심히 사업하는 것을 하나님의 일이라고 생각하기 쉽습니다. 교회를 위해서 이런 봉사도 하고 저런 봉사도 하면서 충성하는 것을 하나님의 일이라고 생각하기 쉽습니다. 이런 것도 하나님의 일인 것이 분명합니다. 우리가 이렇게 저렇게 하나님의 일을 해야 교회가 부흥하고, 하나님의 영광을 드러낼 수도 있습니다.

　그런데 그보다 더욱 본질적인 것이 있습니다. 그런 사업, 그런 사역, 그런 봉사, 그런 수고 이전에 먼저 주님과 교제하는 것 그리고 주님이 내 안에, 내가 주님 안에 거하는 것입니다. 우리는 예수님을 확실히 믿는 것이 하나님의 일이라는 사실을 절대 잊어서는 안 됩니다. 그렇습니다. 진실로 예수님을 잘 믿는 것이 하나님의 일입니다. 예수님이 누구신지 분명히 깨닫고, 예수님만이 우리에게 영생을 주시는 분임을 확실히 믿는 것이 가장 중요한 하나님의 일입니다. 이렇게 예수님을 잘 믿는 것이 하나님의 일인 것을 깨달아야 우리는 참된 믿음의 삶을 살아갈 수 있습니다. 그야말로 본질적인 믿음을 가질 수 있습니다.

　그러므로 우리는 예수님을 단지 나의 필요를 채워 주시는 분으로 오해하지 말아야 합니다. 예수님을 단지 내가 배부를 육신의 떡을 채워 주시는 분으로 생각하지 말아야 합니다. 예수님을 단지 나의 야망을 실현해 주시는 분으로 이용하지 말아야 합니다. 예수님을 단지 나의 문제를 해결해 주시는 분으로 곡해하지 말아야 합니다. 진실로 우리는 예수님을 생명과 구원, 영생을 주시는 나의 구주로 믿어야 합니다. 오늘날 참으로 믿음이 혼탁한 시대에 예수님을 영생의 주님으로 잘 믿고, 그래서 진짜 하나님의 일에 최선을 다하는 성도들이 꼭 되기를 바랍니다.

돌아가신 한경직 목사님은 지금도 많은 그리스도인들의 존경을 받는 분입니다. 한경직 목사님이 영락교회를 은퇴하고 남한산성에 거처를 마련하여 계실 때, 어느 날 교계 중진 목사님들이 한경직 목사님의 병문안을 갔습니다. 서로 대화를 나누던 중에 한 분이 한경직 목사님께 "목사님, 모처럼 교계의 중진들이 함께 자리했는데, 오래 새길 만한 덕담 한 말씀만 해 주십시오."라고 요청하였습니다. 이 질문을 받고 한참을 생각하던 한경직 목사님께서 입을 열어 말씀하셨습니다.

"목사님들, 예수님을 잘 믿으세요."

이 말씀을 듣고 교계 중진 목사님들은 잠시 당황하였지만, 이 말씀보다 더 중요한 말씀이 없다고 생각하면서 마음에 큰 울림을 받았다고 합니다. 예수님을 잘 믿는 것이 하나님의 일입니다. 이런저런 사업으로 하나님의 일을 하는 것도 참 좋습니다만, 진짜 하나님의 일은 예수님을 잘 믿는 것입니다. 예수님을 오해하여서 내 필요를 채워 주시는 분으로 이용만 할 것이 아니라, 예수님을 잘 믿는 것이 하나님의 일이라는 사실을 오늘 우리는 진실로 잘 기억하시면 좋겠습니다.

요한복음 6 : 60 이하를 보면, 예수님이 자신을 생명의 떡으로 가르쳐 주실 때 이런 영적인 가르침을 도무지 이해하지 못하고 많은 사람이 예수님을 떠나갔습니다. 자기들의 기대와 달랐기 때문입니다. 그때 예수님께서 열두 제자에게 물으셨습니다. "너희도 가려느냐?" 이때 베드로가 성큼 나서서 이렇게 대답하였습니다.

"주여 영생의 말씀이 주께 있사오니 우리가 누구에게로 가오리이까 우리가 주는 하나님의 거룩하신 자이신 줄 믿고 알았사옵나이다"(요 6 : 68-69).

여러분, 이것이 진정한 대답입니다. 오늘날도 예수님을 믿다가 예수님이 자신들의 생각과 다르다고, 다른 목적으로 예수님을 믿다가 자신의 목적을 이루어 주지 않아 실망했다고 믿음을 떠나는 사람들이 점점 많아지고 있습니다. 하지만 여러분 모두 진짜 하나님의 일은 예수님을 잘 믿는 것임을 깊이 깨우쳐 "영생의 말씀이 주께 있사오니 우리가 누구에게로 가오리이까"라고 고백하면서, 정말 예수님을 잘 믿는 성도들이 되기를 기도합니다.

2025 MINISTRY RESOURCE
MANUAL BOOK

목회와 설교자료

너희에게 평강이 있을지어다

5월 넷째 주　　림형천 목사
　　　　　　　　잠실교회

요 20 : 21~23

예배로 부름

시 147 : 1

"할렐루야 우리 하나님을 찬양하는 일이 선함이여 찬송하는 일이 아름답고 마땅하도다"

입례 찬양

21장 "다 찬양하여라"

결단 찬양

182장 "강물같이 흐르는 기쁨"

"너희에게 평강이 있을지어다."

부활하신 주님께서 두려움 때문에 문을 닫고 떨고 있는 제자들을 찾아와서 세 가지를 주셨습니다. 지금도 살아 계신 주님께서는 때로는 두려움에 사로잡히고 무력한 삶을 살아가고 있는 우리들을 찾아와 세 가지를 약속해 주십니다.

1. 평강

제자들을 찾아오신 주님께서 세 번이나 반복해서 말씀하십니다. "너희에게 평강이 있을지어다!" 주님은 평강의 복을 베풀어 주셨습니다. 주님이 주시는 평강은 과거와 현재와 미래 그리고 영원까지 주어지는 확실한 약속입니다.

첫째, 예수님은 우리에게 과거적 평강을 주셨습니다. 인간은 그 누구도 과거로부터 자유로울 수 없습니다. 지난날의 죄 문제를 해결할 수 없을 뿐 아니라 자신들이 범한 죄악을 단 하나라도 지울 수 없습니다. 그러므로 우리들은 죄악과 죄책감의 두려움, 그리고 심판의 두려움을 가지고 살아갑니다.

죄악으로 말미암아 부자유한 인간들의 문제를 아시는 주님께서 십자가에 대신 달려 죽으심으로 우리가 받아야 할 형벌을 대신 받으시고 우리의 모든 죄악을 사하여 주셨습니다. 주님께서는 분명히 선언하십니다.

"내가 진실로 진실로 너희에게 이르노니 내 말을 듣고 또 나 보내신 이를 믿는 자는 영생을 얻었고 심판에 이르지 아니하나니 사망에서 생명으로 옮겼느니라"(요 5 : 24).

부활하신 주님에게 특이한 요소 한 가지가 있었습니다. 제자들을 찾아오신 주님은 제자들에게 손의 못 자국과 옆구리의 창 자국을 보여 주셨습니다.

성도 여러분, 부활의 몸은 완전한 몸 아닙니까? 아무런 자국이 없는 완전한 것이 더욱 자연스럽고 합당해 보입니다. 만약 이 땅에서 장애가 있었다면 천국에서의 신령한 몸에는 당연히 장애가 없는 것이 옳지 않겠습니까?

그런데 왜 주님께서는 부활의 몸에 못 자국과 창 자국, 그 상처를 그대로 남겨 두셨습니까? 주님께서 우리의 죄악을 온전하게 사하기 위하여 대신 고난받으신 것을 분명하게 보여 주시기 위함이었습니다. 죄 사함의 확신을 주기 원하셔서 부활의 몸에 고난의 상처를 그대로 가지고 계셨습니다.

부활의 몸에도 여전히 상처를 가지고 계시다는 것은 정말 놀라운 사실 아닙니까? 그가 채찍에 맞음으로 우리가 나음을 입었고, 그가 징계를 받음으로 우리가 평화를 누리게 되었습니다. 주님께서는 이사야 53장의 메시야 예언을 친히 완성하셨습니다.

"우리는 다 양 같아서 그릇 행하여 각기 제 길로 갔거늘 여호와께서는 우리 모두의 죄악을 그에게 담당시키셨도다"(사 53 : 6).

주님의 제자들 가운데에는 직접 보지 않고는 믿지 않겠다는 제자가 있었습니다. 도마입니다. 그는 주님의 못 자국과 창 자국을 만져 보고 나서야 비로소 고백합니다.

"나의 주님이시요 나의 하나님이시니이다"(요 20 : 28).

우리의 지난날, 즉 과거에는 수없이 많은 과오와 죄악과 실패가 있습니다. 그러나 십자가에 달리시고 부활하신 주님께서는 지난날의 모든 문제를 해결해 주심으로 우리가 과거의 종노릇하지 않도록, 죄악의 사슬에 묶여 종노릇하지 않도록 우리들을 자유하게 하십니다.

둘째, 주님은 우리에게 현재적 평강을 주십니다. 현재적 평강은 주님께서 죽은 자 가운데서 살아나셨다는 데 있습니다. 우리가 섬기는 주님은 과거에 속하거나 무덤에 갇혀 계신 분이 아니라 살아나셔서 우리들과 늘 동행하는 임마누엘의 하나님이십니다.

예수님이 십자가에 달리신 후 제자들은 두려워하며 어찌할 바를 모르고 있었습니다. 유대인들을 두려워하고, 현재 상황을 두려워하고 있었습니다. 하지만 제자들이 두려워하는 근본적인 이유는 주님께서 십자가에 달려 죽으셨기 때문입니다. 만약 주님만 계신다면, 주님께서 함께하고 계신다면 그렇게 두려워하지 않았을 것입니다. 그런데 예수님이 다시 살아나셔서 그들 가운데 임재하셨습니다. 제자들이 기뻐하고 기뻐하는 것은 당연한 일입니다. 주님께서 우리와 함께하신다면 우리도 세상의 두려움들을 넉넉히 이길 수 있습니다. 임마누엘의 주님은 늘 우리에게 현재적 평강을 주십니다.

셋째, 예수님은 우리에게 미래적 평강도 주십니다. 주님께서 주시는 평강은 과거나 현재에만 속한 것이 아니라 미래와 영원에까지 주어지는 것입니다.

산골에서 오랫동안 농사를 짓고 살아가던 한 할아버지에게 복음이 전해졌습니다. 할아버지는 예수님을 영접하게 되었고 일생 느끼지 못했던 평안과 위로를 얻었습니다. '진작 주님을 알았더라면' 하는 생각에 너무 아쉬웠습니다. 할아버지는 이런 마음으로 30리나 떨어진 교회에 한 번도 빠지지 않고 기쁨으로 나오셨습니다. 어느 날에는 비가 몹시 많이 내렸습니다. 할아버지가 험한 길을 헤치고 교회에 도착해 보니 축도 시간이었습니다. 온통 비에 젖어 교회에 왔지만 예배가 다 끝나 버렸으니, 교인들은 할아버지를 위로했습니다. "할아버지, 오늘은 참 안되셨어요. 이렇게 힘들게 오셨는데 예배를 못 드려서요." 그러자 할아버지가 답했습니다. "아닙니다. 목사님의 축도 중에 '지금부터 영원까지 함께하실지어다.'라는 한마디는 30리를 걸어온 수고와 비교할 수 없는 가치가 있습니다." 참으로 귀한 고백입니다.

'지금부터 영원까지'(now and forever) 복을 약속할 수 있는 인간은 아무도 없습니다. 오직 주님께서만 주실 수 있는 평강의 약속입니다. 여러분, 부활하고 살아 계셔서 우리를 찾아와 주신 주님께서는 영원부터 영원까지 우리와 함께하시고 영원한 평강을 주심을 믿으시기 바랍니다.

2. 사명

예수님은 우리에게 사명을 주셨습니다.

"예수께서 또 이르시되 너희에게 평강이 있을지어다 아버지께서 나를 보내신 것같이 나도 너희를 보내노라"(요 20 : 21).

이 말씀은 세상이 두려워서 문을 꼭 닫고 있는 제자들에게 큰 충격을 주었을 것입니다. 우리들이 어떠한 상황에 있든지 깨달아야 할 것은, 교회는 그리스도인들이 세상으로부터 피신하려고 존재하는 도피처가 아니라는 것입니다. 오히려 세상을 변화시키고 교회 밖을 위해서 존재하는 곳이 되어야 합니다.

복음의 핵심을 담고 있는 요한복음 3 : 16에 하나님의 뜻이 분명하게 나타나고 있습니다. 하나님이 세상을 이처럼 사랑하사 독생자를 주신 것처럼 하나님이 세상을 이처럼 사랑하사 이 땅에 교회를 세우셨습니다. 교회가 바로 세상을 구원하는 구원의 공동체이기 때문이요, 세상을 변화시키는 세상의 빛과 소금이기 때문입니다.

그리스도인은 그리스도의 향기(고후 2 : 15)이며 그리스도의 편지(고후 3 : 3)입니다. 믿는 이들끼리만 모여 있다면 세상에서 어떻게 이런 역할을 감당할 수 있겠습니까? 세상을 구원하시려는 주님의 뜻을 이루기 위하여 주님께서는 이 땅에 교회를 세우고 사용하십니다.

교회가 한편으로는 담을 쌓으면서 또 한편으로는 세상을 부러워하고 본받고 있다면 교회로서의 역할을 전혀 감당할 수 없습니다. 오직 주님의 마음으로 세상을 사랑하며 세상 속에서 선한 영향력을 드러내야 하는 것입니다. 밴스 하브너(Vance Havner) 목사님은 "오늘날 많은 교회가 극장화되어 가며, 구명선이 아니라 유람선이 되어 간다. 진정한 능력은 없이 경건의 모양만 가지고 살아 있는 삶의 경험 대신에 공연을 한다. …… 복음이란 우리들이 교회에 와서 듣는 것이 아니라, 우리들이 교회로부터 가서 말해야 하는 것이다."라고 말합니다. 부활하시고 우리와 함께하시는 주님께서 이렇게 말씀하십니다. "아버지께서 나를 보내신 것같이 나도 너희를 보내노라."

3. 성령

"이 말씀을 하시고 그들을 향하사 숨을 내쉬며 이르시되 성령을 받으라"(요 20 : 22).

십자가에서의 죽음과 승천을 앞두신 주님께서 제자들에게 "너희를 결코 고아와 같이 버려두지 않겠다."라고 약속하시면서 보혜사를 보내신다고 말씀하셨습니다.

"내가 아버지께 구하겠으니 그가 또 다른 보혜사를 너희에게 주사 영원토록 너희와 함께 있게 하리니"(요 14 : 16).

"보혜사 곧 아버지께서 내 이름으로 보내실 성령 그가 너희에게 모든 것을 가르치고 내가 너희에게 말한 모든 것을 생각나게 하리라"(요 14 : 26).

시간과 공간을 초월해서 언제 어디서나 우리와 함께하시는 하나님이 바로 보혜사 성령이십니다. '보혜사'로 번역된 헬라어 원어는 '파라클레토스'(παράκλητος)로, 주로 법정에서 피고인을 변호하는 사람을 말합니다.

보혜사, 성령은 그 역할에 따라서 다양한 이름으로 불립니다. 변호자(advocate), 중보자(mediator), 조력자(helper), 위로자(comforter), 상담자(counselor) 등으로 번역됩니다.

성령 강림으로 교회가 세워졌습니다. 성령으로 교회가 자라 가고 교회의 사명을 감당해 나가게 됩니다. 주님께서 맡겨 주신 지상명령도 성령께서 함께하실 때 가능해집니다.

"그러므로 너희는 가서 모든 민족을 제자로 삼아 아버지와 아들과 성령의 이름으로 세례를 베풀고 내가 너희에게 분부한 모든 것을 가르쳐 지키게 하라 볼지어다 내가 세상 끝날까지 너희와 항상 함께 있으리라 하시니라"(마 28 : 19-20).

그리스도인들을 향한 도전이 많은 시대 속에서 세상을 바라보면서 두려워하지 말고, 부활하셔서 오늘도 우리들과 함께하시는 부활의 주님을 바라보며 성령님의 도우심으로 넉넉히 사명을 감당하는 우리 모두가 되기를 바랍니다.

이것을 기록함은 생명을 얻게

6월 첫째 주   이태종 목사
              수지교회

요 20 : 31

예배로 부름
히 11 : 6
"믿음이 없이는 하나님을 기쁘시게 하지 못하나니 하나님께 나아가는 자는 반드시 그가 계신 것과 또한 그가 자기를 찾는 자들에게 상 주시는 이심을 믿어야 할지니라"

입례 찬양
80장 "천지에 있는 이름 중"

결단 찬양
533장 "우리 주 십자가"

영화 "벤허"의 원작 소설을 쓴 루 월리스는, 소설을 쓰기 시작할 무렵에는 예수 그리스도에 대해 아무것도 모르는 사람이었습니다. 그가 알고 있는 것이라고는 그의 친구가 들려준 한마디 비관적인 예언뿐이었습니다. "기독교는 얼마 후에 이 세상에서 존재를 감추고 우리의 기억 속에만 남을 것이다." 그러나 그는 소설을 쓰기 위해 배경이 되는 시대를 알아야 했기에 성경을 읽기 시작했습니다. 그런데 성경을 읽는 중에 그에게 놀라운 일이 일어났습니다. 살아 계신 주님을 만난 것입니다.

그는 자기에게 일어난 변화를 벤허라는 주인공에게 고스란히 투영시켰습니다. 벤허는 원래 칼과 창으로 민족을 해방하려던 사람이었습니다. 그러나 십자가에서 죽으시고 사흘 만에 부활하신 예수 그리스도가 그의 손에서 칼을 빼앗아 가셨습니다. 예수님을 만난 벤허는 완전히 다른 사람이 되었습니다. 바로 이것이 그 영화의 행복한 대미를 장식하고 있습니다. 이 세상에서 부활하신 주님을 만난 사람 중에 변하지 않은 사람은 단 한 사람도 없습니다.

요한복음 20장에는 부활하신 예수님을 만나고 나서 완전히 변화된 세 그룹의 사람들이 등장합니다. 먼저는 막달라 마리아와 이름을 밝히지 않은 몇몇 여인들입니다. 두 번째는 제자들 열 명입니다. 열 명의 제자 외에 무명의 제자도 여러 명 그 자리에 있었습니다. 그리고 마지막으로 도마라는 제자입니다. 이들은 한결같이 부활하신 예수님을 극적으로 만났습니다. 그 후 그들은 완전히 다른 사람이 되었습니다.

1. 부활의 소망이 슬픔을 이기게 합니다

부활의 주님을 의지하는 자는 부활의 소망을 가지고 살게 됩니다.

이 세상은 슬픔의 골짜기입니다. 우리는 이 슬픔을 피할 수 없습니다. 슬픔에 젖은 사람들이 많습니다. 그러나 죽음을 이기고 부활하신 주님을 날마다 만나면 슬픔 가운데서도 기쁨을 찾게 됩니다.

2. 공포는 부활의 주님을 만나면 사라집니다

어떻게 보면 산다는 것 자체가 두려움입니다. 세상은 무시무시합니다. 너 나 할 것 없이 누구나 마음속에 크고 작은 공포를 가지고 있습니다.

스승인 예수님이 십자가에서 비참하게 죽으신 후, 예수님의 제자들은 말할 수 없는 공포와 두려움 속에 있었습니다. 그때 부활하신 주님이 찾아와 "너희에게 평강이 있을지어다."라고 말씀하십니다. 아마 가슴을 짓누르던 공포가 온데간데없이 사라지고 평안이 찾아왔을 것입니다. 세상 무엇도 두렵지 않은 용기가 샘솟았을 것입니다. 이것은 굉장한 변화가 아닐 수 없습니다.

오늘날 우리도 많은 두려움에 얽매여 있습니다. 나라의 경제가 회복되지 않아 많은 사람이 위기의식을 느낍니다. 수많은 사건 사고, 천재지변 등이 주위에 일어날 때 우리의 마음에 두려움이 찾아옵니다. 어떻게 보면 우리가 세상을 사는 것 자체가 두려움의 연속입니다. 그러나 부활하심으로 오늘도 살아 계셔서 나와 동행하시는 주님을 날마다 만나면 그 모든 공포를 쫓아낼 수 있습니다. 마음에 평안을 유지할 수 있습니다. 불안이나 공포를 극복하고 담대하게 현실과 직면하는 용기 있는 사람이 될 수 있습니다.

부활의 주님은 질병의 공포에서 우리를 자유하게 해 주십니다. 죽음의 공포에서 우리를 완전히 해방시켜 주십니다. 부활하신 주님은 우리에게 평안과 용기를 주십니다.

3. 의심은 부활의 주님을 만나면 사라집니다

요한복음의 목적이 무엇입니까? 예수님이 하나님의 아들이심을 증거하는 것입니다. 눈으로 보게 하여 증거하는 것이 아니라 말로 증거합니다. 그러나 이 말만 믿어도 그는 영원한 생명을 얻습니다.

주님은 도마를 책망하셨습니다. "왜 너는 다른 제자들이 하는 말을 듣고도 믿지 못했느냐?" 도마는 부활하신 주님이 제자들 앞에 나타나셨을 때 그 자리에 없었습니다. 제자들이 주님의 부활을 증언했으나 믿지 못하고, 자기 손으로 만지고 눈으로 보아야 믿을 수 있다고 했습니다. 제자들의 증언과 주님이 직접 그 앞에 나타나 상처를 보여 주시고 만지게 한 것에는 어떤 차이가 있었습니까? 주님은 도마가 다른 제자들의 증언만 듣고서도 예수님이 살아나셨다는 사실을 믿기를 바라셨습니다. 그랬더라면 그 말씀이 동일하게 도마에게 역사하여 도마의 영혼을 치료하며 그를 살리는 능력의 말씀이 되었을 것입니다.

사도 요한이 왜 요한복음을 기록해 놓고 일일이 설명합니까? 본 그대로 기록한 이유가 무엇입니까? 우리로 하여금 예수님의 부활을 본 사람들의 증거를 듣고 믿어 영생을 얻게 하려는 것입니다.

"오직 이것을 기록함은 너희로 예수께서 하나님의 아들 그리스도이심을 믿게 하려 함이요 또 너희로 믿고 그 이름을 힘입어 생명을 얻게 하려 함이니라"(요 20 : 31).

첫째는 지금 살아 계신 예수님께서 하나님의 아들 그리스도, 즉 만인의 구원자 되심을 소개하여 믿게 하려 함이요, 둘째는 지금 살아 계신 주님을 뵙고 그분을 힘입어 참 생명의 삶을 살게 하기 위함입니다. 어떻게 이런 일이 가능합니까? 예수 그리스도는 이미 지나가 버린 과거 속의 위인이 아니라, 지금도 살아 계셔서 우리와 함께하시기 때문입니다.

여기서 우리가 왜 성경 말씀을 읽어야 하는지 그 까닭을 분명히 알게 됩니다. 예수님께서 부활하신 몸으로 개인마다 일일이 찾아다니며 보여 주시지 않은 이유가 바로 여기에 있습니다. 주님의 부활을 목격한 사람들의 말을 듣고 믿으라는 것입니다. 그럼에도 자기 나름의 합리적인 잣대를 고집하여 믿기를 거부한다면 그는 구원받기 어렵습니다.

4. 참된 생명을 믿는 자에게 주어집니다

성경이 이야기하는 바가 무엇입니까? 우리가 듣고 있는 이 말씀을 통해 주님은 우리에게 영원한 생명을 주신다는 것입니다. 우리는 그저 듣고만 있습니다. 우리는 주님을 볼 수도 없고 만질 수도 없습니다. 그러나 이 말씀이 우리를 살립니다. 이 말씀이 우리에게 그리스도가 하나님의 아들이심을 증거하고, 우리 안에 있는 죄를 없애며, 우리 안에 계속적인 생명을 줍니다.

이것이 바로 주님의 뜻입니다. 우리에게 말씀을 전하는 자는 주님이 보내신 것이고, 우리가 그들의 말을 들을 때 주님이 약속하신 새로운 삶이 시작됩니다. 여러분에게 복음을 전해 주는 자가 누구든 상관없습니다. 그가 전한 것이 복음이라면, 그 말씀을 믿을 때 성령이 우리에게 임하시고 우리는 새로운 생명을 얻습니다. 그러나 그 증거를 무시하고 다른 것을 찾는다면 우리는 생명을 얻지 못할 것입니다.

5. 말씀으로 믿는 자가 더 복됩니다

그뿐만이 아닙니다. 주님은 보고 믿는 것보다 보지 않고 믿어야 더 복이 있다고 말씀하셨습니다. 이 말씀이 잘 이해되지 않을 수도 있습니다. 아무리 그래도 주님을 본 자가 더 복이 있지, 어떻게 보지 않은 자가 더 복이 있겠습니까? 그러나 주님은 분명하게 그렇게 말씀하셨습니다. 왜 그렇습니까?

주님을 보지 않고 믿는 자는 말씀으로 믿는 것이며, 성령께서 그의 마음 안에서 깨닫게 해 주셔서 믿는 것이기 때문입니다. 물론 말씀을 통하여 믿는 것이 불분명하게 생각될지 모릅니다. 설교를 수십 번 듣는 것보다 주님을 실제로 한 번 보는 것이 더 분명한 신앙을 가지게 될 것 같기도 합니다.

그러나 말씀을 귀로 듣고 믿는 자에게는 성령께서 눈으로 보는 것보다 더 분명한 확신을 주십니다. 놀라운 영광과 기쁨도 함께 일어납니다. 그리고 말씀으로 믿는다는 것은 깨달음으로 얻어지는 믿음이기 때문에 그 깨달음으로 이 세상을 이깁니다.

주님이 우리에게 주고자 하시는 것은 한 번의 영광스러운 체험뿐만이 아닙니다. 우리가 말씀을 통하여 바로 깨닫는 것입니다. 이것이 요한복음에서 그렇게 누누이 증거하고 있는 빛입니다. 빛이 있으면 어둠이 우리를 속이지 못합니다.

왜 우리는 지금까지 깨닫지 못하고 죄와 방황의 어두운 시절을 살아왔습니까? 우리 마음에 빛이 없었기 때문입니다. 바른 깨달음이 없었기 때문에 친구의 거짓말에 속고, 인정에 속고, 미신과 운명론에 속으면서 살아왔습니다. 그러나 예수님이 살아 계신다는 것을 깨닫는 순간, 이 모든 어둠을 뚫고 바른 것을 보게 됩니다. 이제는 운명론이나 거짓된 사랑이나 다른 사람의 말에 내 인생이 좌우될 필요가 없습니다. 왜냐하면 우리가 바른 것을 보기 시작했기 때문입니다. 한 번 체험하는 것으로는 이런 지각이 생기지 않습니다. 우리가 말씀을 가지고 고

6월

민할 때, 처음에는 여전히 어두운 것 같지만 어느 한순간에 찬란한 아침이 오기 시작합니다.

6. 믿음을 선택해야 합니다

믿음은 선택입니다. 믿을 것이냐, 믿지 않을 것이냐를 스스로 선택하는 것입니다. 하나님은 사람들에게 믿으라고 강요하시지 않습니다. 사람은 하나님을 믿을 수도 있고, 믿지 않을 수도 있습니다. 그러나 하나님은 모든 사람이 믿기를 바라십니다.

믿음 앞에 선 사람에게는 의심스러운 것도 있고, 이해하지 못하는 것도 있으며, 모르는 것도 있습니다. 그럼에도 사람이 무엇을 선택하느냐는 중요한 문제입니다. 믿음을 선택하는 길이 좁고 외로우며 고통스러울지라도, 그 길이 옳다면 과감하게 선택해야 합니다.

선택의 갈림길에서 부정적인 것을 택하지 말고 긍정적인 것을 택해야 합니다. 안 되는 것을 택하지 말고 되는 것을 택해야 합니다. 눈에 보이는 현상에 집착하지 말고 믿음을 좇아야 합니다. 이는 개인의 의지에 따라 선택하는 것입니다. 가정이 어렵고 직장이 힘들어도 그곳을 천국으로 만들겠다는 믿음을 갖고 기도한다면 가정과 직장에 변화가 올 것입니다. 남편과 아내가 변화하고, 자녀도 변화하며, 직장 동료들도 변화할 것입니다. 우리는 믿음을 적극 활용해야 합니다.

그리스도인들은 이 세상을 무엇으로 이깁니까? 돈이나 지위로 이기지 않습니다. 우리는 주님이 주신 말씀으로 이깁니다. 우리가 말씀을 통해 예수님을 하나님의 아들로 믿으면 그 깨달음은 다른 어둠의 세력을 물리치며, 나에게 참된 생명의 길을 줄 것입니다. 그래서 보지 않고 믿는 자가 더 복이 있습니다.

참된 생명은 더불어 사는 힘이고, 영원한 생명은 함께 사는 능력입니다. 생명이신 주님께서 인간의 모습으로 이 땅에 오시어 이것을 우리에게 직접 보여 주셨습니다.

이제 우리에게 참된 생명의 길을 보여 주신 부활의 예수님을 증언하며 많은 사람들이 예수님을 믿고 영생을 얻게 하는 일에 힘쓰는 성도 여러분이 되길 간절히 소망합니다.

성령 충만함

6월 성령강림주일   오경환 목사
      둘째 주   신성교회

행 4 : 11~23

예배로 부름
행 2 : 17~18
"하나님이 말씀하시기를 말세에 내가 내 영을 모든 육체에 부어 주리니 너희의 자녀들은 예언할 것이요 너희의 젊은이들은 환상을 보고 너희의 늙은이들은 꿈을 꾸리라 그때에 내가 내 영을 내 남종과 여종들에게 부어 주리니 그들이 예언할 것이요"

입례 찬양
20장 "큰 영광 중에 계신 주"

결단 찬양
366장 "어두운 내 눈 밝히사"

신실한 여자 집사님이 계셨는데 그분의 남편은 교회를 다니지 않았습니다. 집사님은 늘 남편을 위해서 기도하며, 남편에게 꾸준히 권면하고 교회에 함께 나가기를 독려했지만 쉽지 않았습니다. 그런데 어느 주일날 아침에 남편이 느닷없이 교회에 가겠다고 했답니다. 집사님은 깜짝 놀라며 '하나님께서 드디어 내 기도를 들어주시나 보다.' 하고 남편과 함께 교회에 갔습니다.

집사님은 '남편이 처음으로 교회에 가는데, 오늘 목사님께서 무슨 설교를 하실까? 바로 은혜를 받아야 하는데.' 하고 걱정하며 발걸음을 재촉했습니다. 교회에 도착해서 주보를 보니, 설교 본문이 족보로 사람의 이름만 가득한 창세기 5장이었습니다. 집사님은 걱정되고, 낙심되었지만, 여호수아 1 : 6의 말씀이 기억났습니다. '마음을 강하게 하라. 담대히 하라.' 이 말씀으로 스스로 위로하면서 기도하는 마음으로 예배했습니다.

예배 후 남편이 "여보, 교회에 등록할게."라고 했습니다. 집사님은 기쁜 마음으로 집에 돌아와 음식을 잘 차려서 남편에게 대접하며, 어떤 말씀을 들었기에 이렇게 교회 등록을 결심했냐고 물었습니다. 남편이 대답했습니다. "오늘 성경에 보니까 대체로 많이 살기는 했지만 '아무개도 죽었더라, 아무개도 죽었더라.' 하는 이 말씀을 듣는 순간 '너도 죽어.' 하는 음성이 들리더라고. 나는 아직 죽을 준비가 되어 있지 않은데 말야. 그래서 이제 내게도 구세주가 필요하다는 것을 깨달아서 믿기로 작정하고 등록했어."

1. 그리스도인이란?

그리스도인의 정체성이 무엇입니까? 예수님께로부터 십자가 구원의 진리를 배워 인생의 가치관을 세우고, 복음 전도의 세계관을 바르게 깨우쳐 의미 있고 복되게 살겠다는 사람들입니다. 무엇보다 예수님을 따라 살겠다는 사람입니다.

진정 예수님을 믿는 사람은 성령으로 말미암아 새롭게 된 사람입니다. 이 사람의 특징은 '믿음'으로 살아간다는 것입니다. 하나님께서 허락하신 믿음을 가지고 성령이 늘 함께하신다는 약속이 하나님의 말씀으로 믿으면, 세밀한 중에 말씀하시는 하나님의 음성도 들을 수 있게 됩니다. 설교 말씀을 들을 때 내게 주시는 하나님의 말씀을 듣게 됩니다. 성령으로 새롭게 되어 순간순간 주님의 음성을 들으며 그 말씀을 따라 살아가는 사람을 그리스도인, 예수님을 믿는 사람이라고 합니다.

그리고 이런 사람이 성령 충만한 사람입니다. 성령 충만한 사람이 될 때 예수님을 그리스도, 주로 고백할 뿐 아니라 더 나아가 그리스도의 영에 이끌리어 살아가게 됩니다.

톨스토이는 이렇게 말했습니다. "인생 존재의 참 비결은 살아 있다는 사실이 아니라 무엇을 위해 살아야 할지를 아는 데 있다." 성령님께서 나와 함께 있을 때, 이제 내가 그리스도 안에 있음을 알게 됩니다. 이런 사람이 바로 그리스도인입니다.

2. 성령 충만한 그리스도인

본문에는 예수님의 제자이자 대표적인 그리스도인인 베드로와 요한이 나옵니다. 그들은 유대인들의 종교와 정치를 관장하는 최고 의결기관인 산헤드린 공의회 앞에 섰습니다. 산헤드린 공의회는 사람의 생살여탈권을 가지고 있다고 해도 과언이 아닙니다. 그들은 사형 집행권이 없음에도 불구하고 빌라도의 손을 의지해서 예수님이 사형선고를 받게 했습니다. 산헤드린 공의회 앞에서 예수님이 재판받으실 때는 뒷전에서 벌벌 떨다가 예수님을 세 번이나 모른다고 했던 베드로가 그 현장에 요한과 함께 서 있는 것입니다.

그러나 오늘 그들의 모습은 이전과는 확실히 다르게 담대하고 용기가 있습니다. 본문 8절 말씀은 그들의 용기의 근원을 성령 충만이라고 표현하고 있습니다. 또한 그들은 자신들을 다그치던, 특별히 "예수의 이름으로 말하지도 말고 가르치지도 말라."라는 산헤드린 공의회의 경고와 협박에도 담대하게 믿음을 선포합니다.

"베드로와 요한이 대답하여 이르되 하나님 앞에서 너희의 말을 듣는 것이 하나님의 말씀을 듣는 것보다 옳은가 판단하라"(행 4 : 19).

성령 충만한 자는 언제나 하나님 앞에 서 있다는 정체성을 가지고 삽니다.

베드로와 요한의 눈앞에는 얼마 전까지 예수님을 십자가에 못 박아 죽이는 것이 마땅하다고 선고했던 이들, 산헤드린 공의회 회원들이 화려한 복식을 하고 서 있습니다. 이들이 무서운 눈초리로 베드로를 내려다보며 다그칩니다. 이제는 베드로와 요한까지 죽이고 교회와 그리스도인들을 말살해 버리려고 합니다. 그런 자리였음에도 베드로와 요한은 분명하게 선포합니다.

"하나님 앞에서 너희의 말을 듣는 것이 하나님의 말씀을 듣는 것보다 옳은가 판단하라"(행 4 : 19).

그들은 사람 앞에 있는 게 아니라 하나님 앞에 있다는 존재 의식을 가지고 있었습니다. 어떤 말, 어떤 일을 하더라도 늘 하나님 앞에서 하고 있다는 분명한 의식이 그들에게 있었습니다. 즉, 성령 충만한 사람의 모습을 드러낸 것입니다.

종교개혁을 일으킨 마틴 루터는 보름스 의회 앞에서 재판받을 때, 담대히 말했습니다.

"성서의 증거와 명백한 이성에 비추어 나의 유죄가 증명되지 않는 이상 나는 교황과 공의회의 권위를 인정하지 않겠습니다. 사실 이 둘은 오류를 범하여 왔고 또 서로 엇갈린 주장을 펴왔습니다. 내 양심은 하나님의 말씀에 사로잡혀 있습니다. 나는 아무것도 철회할 수 없고 또 그럴 생각도 없습니다. 왜냐하면 양심에 반해서 행동하는 것은 안전하지도 못할 뿐만 아니라 현명한 일도 아니기 때문입니다."

그러면서 하늘을 쳐다보며 한마디 말을 합니다. "하나님이여, 내가 여기 있나이다. 아멘." 자신이 사람 앞이 아니라 하나님 앞에 서 있다는 의식이 바로 성령 받은 사람, 성령 충만한 사람의 정체성입니다.

3. 성령 충만한 사람의 정체성

이러한 의식은 부활하신 그리스도의 생명력을 그대로 실천할 때 가능한 일입니다. 예수님이 역사적인 예수님, 즉 세상에 오셨다가 십자가에 돌아가시고, 부활 승천하여 멀리 가 버리신 분이 아니라 지금 나와 함께 계신다는 것을 의식하고 믿으며 살아가는 사람들의 모습에서 하나님의 표적이 나타났습니다.

태어나면서부터 걷지 못하여 성전 문에 앉아 있는 사람은 늘 그 자리에 있었는데, 특별히 그날 성전에 올라가던 베드로와 요한의 눈에 띄었습니다. 그리고 그 순간 그리스도의 영이 그들을 감동시켜서 베드로는 "네가 원하는 금과 은은 없으나, 내게 있는 나사렛 예수 그리스도의 이름으로 일어나 걸어라."라고 선포하였습니다. 그러자 상상도 못 할 일이 일어났습니다. 태어날 때부터 하반신 장애로 한 번도 일어난 적이 없는 그가 벌떡 일어났습니다.

이 일로 많은 사람들이 베드로와 요한을 주목하자 그들은 "어찌하여 나를 쳐다보느냐? 난 아무것도 아니다. 예수님으로 말미암아 난 믿음이 이 사람을 낫게 하였다."라고 외쳤습니다. 즉, 이 일은 예수 그리스도의 영이 자신과 함께 있다는 증거이며, 오직 예수 그리스도께서 자신을 통하여 역사하신 것이라고 간증한 것입니다. 이것이 성령 충만한 사람의 겸손한 모습입니다. 내 손으로 하는 일은 아무것도 없고 예수 그리스도께서 지금도 살아 역사하시어 나를 통해 역사하는 것뿐임을 의식하면서 순종하는 삶을 살아갑니다.

또한 성령의 충만함을 입은 사람은 주님께서 나를 지명하셨다는 감격으로 삽니다. "많은 사람들 가운데 어찌하여 나를 선택하시어 사용하시고, 나와 함께 역사하십니까? 하필이면 허물 많은 나 같은 사람, 나약한 나 같은 사람, 어지러운 과거가 있는 왜 나 같은 사람입니까?" 하며 감격합니다.

사도 바울은 고백합니다. "나는 예수님을 핍박하고 교회를 핍박하던 사람이다. 죄인 중의 괴수지만, 내가 직분을 받은 것은 하나님께서 나를 충성되이 여기셨기 때문이다." 예수 그리스도의 영이 자신을 사로잡고, 자신을 통해 역사한다는 것을 깨달은 바울은 그 사실이 너무 감격스러웠습니다.

이런 사람에게는 원수가 없습니다. 주님이 나를 용서하셨는데 누군들 용서하지 못하겠습니까? 바울의 고백대로면 "내가 하나님과 원수 되었을 때 그가 나를 위하여 죽으셨다."라고 할 수 있습니다. 내가 하나님과 원수 되었을 때도 그가 나를 사랑하셨는데 내가 누구를 미워할 수 있겠느냐는 말입니다. 이런 사람이 성령 충만한 사람입니다.

베드로가 산헤드린 공의회에서 드러낸 용기는 참으로 가상합니다. 왜냐하면 주변의 모든 사람이 베드로의 과거를 알고 있기 때문입니다. 사실 불과 얼마 전, 예수님이 산헤드린 공의회에서 재판을 받으셨을 때 베드로는 세 번씩이나 예수님을 모른다고 부인했습니다. 많은 사람이 그 사실을 알고 있었습니다. 이처럼 자신의 부족한 과거를 아는 사람들 앞에서 지금 담대하게 복음을 전하고 있습니다.

베드로는 자신에게 부족한 과거가 있음은 물론 배움도 없고, 삶의 모습도 형편없는 갈릴리 어부 출신인 것까지 다 알고 있는 사람들 앞에서 담대하게 자신의 모든 부끄러운 과거로부터 완전히 변화된 모습을 보여 주고 있습니다.

여기에서 우리는 새로운 용기가 무엇인지를 볼 수 있습니다. 과거가 아무리 나의 발목을 잡아도, 지난날의 내가 누구였는지 상관하지 않을 수 있는 용기가 있습니다. 베드로가 성령 충만함으로 "주님이 나를 쓰신다. 주님이 나와 함께하신다."라는 한 가지를 분명하게 붙들자 자신의 과거로부터 완전히 자유로워지는 놀라운 일이 벌어진 것입니다. 베드로와 제자들은 이런 일을 경험하고 복음 전파를 능히 감당했습니다. 이러한 일은 성령 충만한 사람들에게만 가능합니다.

본문에 등장하는 제자들은 본래 학문 없는 범인, 즉 글도 읽지 못하는 불학무식한 사람들이었습니다. 그러나 말씀을 통해 우리가 확인할 수 있듯이 그들은 용기 있는 사람들이었습니다. 이 용기는 지식에서 나오는 것이 아니었습니다. 본문 13절에는 그들이 담대하게 말하였다고 기록되어 있습니다. 용기와 환경은 관계가 없습니다. 오직 성령 충만이 용기 있게 주님을 사랑하는 마음으로 향하게 합니다. 그리하여 제자들은 그렇게도 사랑하던 예수님을 십자가에 못 박았을 뿐 아니라 자신들을 죽이겠다고 협박하는 사람들까지 사랑할 수 있었던 것입니다.

로마에 가면 콜로세움이란 원형 경기장을 볼 수 있습니다. 옛날에 그곳에서 기독교인 수십만 명이 죽었습니다.

"나를 저주하십시오. 당신들이 나를 저주하면 할수록 나는 더 사랑하게 될 것입니다. 내게 침을 뱉으십시오. 나는 사랑의 숨결을 불어넬 것입니다. 나를 찌르십시오. 나는 사랑한다고 절규할 것입니다. 나를 짐승의 먹이로 던지십시오. 나는 사랑의 제물이 될 것입니다. 나를 불태워 주십시오. 나는 사랑의 열기로 당신의 증오 가득한 마음을 녹일 것입니다."

그들은 이렇게 말하며 웃으면서 죽었다고 합니다. 이런 모습이 바로 성령 충만함의 모습입니다. 성령 충만함을 통해 근심, 걱정, 모호함과 두려움이 다 사라지고 깨끗한 영혼, 밝은 미래, 오직 사랑으로 거듭났습니다. 그들은 거기에서 비롯된 여유로 주님의 말씀대로, 주님이 원하시는 삶을 살았고 장엄한 순교의 자리까지 나아갈 수 있었습니다. 그들의 이러한 담력과 진실한 용기는 오직 성령의 충만함으로부터 비롯되었습니다. 성령 충만으로 인한 위대한 용기와 담력이 오늘 우리 가운데에도 충만하게 있기를 바랍니다.

교회가 교회 되게 하라

6월 셋째 주   김승민 목사
            원미동교회

행 1 : 6~11

예배로 부름
대상 16 : 8~10
"너희는 여호와께 감사하며 그의 이름을 불러 아뢰며 그가 행하신 일을 만민 중에 알릴지어다 그에게 노래하며 그를 찬양하고 그의 모든 기사를 전할지어다 그의 성호를 자랑하라 여호와를 구하는 자마다 마음이 즐거울지로다"

입례 찬양
69장 "온 천하 만물 우러러"

결단 찬양
183장 "빈 들에 마른 풀같이"

이스라엘 백성들은 하나님의 율법을 근간으로 이 세상에서 하나님의 백성으로 살았습니다. 이는 하나님을 온 세상에 드러내도록 하기 위함이었습니다.

하지만 이스라엘 백성들은 그 역할을 감당하지 못했습니다. 그들은 더 이상 하나님의 뜻을 세상에 알릴 수 없었고, 하나님도 더 이상 이스라엘을 통하여 세상에 말씀하지 않으셨습니다. 요엘 2 : 28~29 말씀은 그래서 중요합니다.

"그 후에 내가 내 영을 만민에게 부어 주리니 너희 자녀들이 장래 일을 말할 것이며 너희 늙은이는 꿈을 꾸며 너희 젊은이는 이상을 볼 것이며 그때에 내가 또 내 영을 남종과 여종에게 부어 줄 것이며"(욜 2 : 28-29).

요엘 선지자의 이 예언은 하나님의 영으로 하나님과 새로운 관계를 맺고, 하나님의 뜻을 이 세상 가운데 드러낼 시대가 온다는 예고였습니다. 이 예언은 신약의 오순절에 성령 강림 사건을 가리킨다고 볼 수 있습니다.

1. 요엘의 예언 성취

예수님의 제자들을 중심으로 모인 무리에게 성령이 임하였습니다. 이것을 표면적인 의미에서만 이야기하자면, 이스라엘 백성의 삶의 근간은 율법(십계명)이지만 예수님의 제자들에 의해 세워진 이스라엘 공동체의 삶의 근간은 성령이라는 의미입니다. 그러므로 이것은 당시 경건한 사람들이라고 자부하던 유대인들에게는 아주 충격적인 사건이었습니다.

"오순절 날이 이미 이르매 그들이 다 같이 한곳에 모였더니 홀연히 하늘로부터 급하고 강한 바람 같은 소리가 있어 그들이 앉은 온 집에 가득하며 마치 불의 혀처럼 갈라지는 것들이 그들에게 보여 각 사람 위에 하나씩 임하여 있더니 그들이 다 성령의 충만함을 받고 성령이 말하게 하심을 따라 다른 언어들로 말하기를 시작하니라"(행 2 : 1-4).

사도행전의 저자 누가는 이 성령 강림의 역사가 구약에서 요엘 선지자의 예언대로 이루어진 것임을 확실하게 밝히고 있습니다.

"이는 곧 선지자 요엘을 통하여 말씀하신 것이니 일렀으되 하나님이 말씀하시기를 말세에 내가 내 영을 모든 육체에 부어 주리니 너희의 자녀들은 예언할 것이요 너희의 젊은이들은 환상을 보고 너희의 늙은이들은 꿈을 꾸리라"(행 2 : 16-17).

이스라엘 백성들이 더는 하나님의 뜻을 드러낼 수 없는 상황에 이르자 성령을 통해 새로운 이스라엘을 만드셨습니다. 성령의 직접적인 역사를 통한 하나님과의 끊임없는 교제가 일어날 것입니다. 그리고 이 새로운 이스라엘을 통하여 하나님의 뜻을 나타내고자 하셨습니다.

2. 새 이스라엘에게 보이신 하나님의 뜻

그렇다면 새로운 이스라엘에게 하나님께서 드러내신 하나님의 의도는 무엇입니까? 예수님께서 제자들에게 부탁하신 말씀을 보면 그 뜻을 알 수 있습니다. 무엇보다도 사도들이 성령을 받은 뒤 행했던 일들을 본다면 그것은 명확해질 것입니다. 그들은 나가서 전도하기 시작했으며, 놀라운 부흥의 역사가 일어났습니다.

"또 여러 말로 확증하며 권하여 이르되 너희가 이 패역한 세대에서 구원을 받으라 하니 그 말을 받은 사람들은 세례를 받으매 이날에 신도의 수가 삼천이나 더하더라"(행 2 : 40-41).

즉, 오순절 성령 강림 사건은 세상 가운데 하나님의 뜻을 드러내는 새로운 이스라엘의 탄생이었습니다. 예수 그리스도를 영접한 우리는 모두 성령을 받은 사람들입니다.

"우리를 너희와 함께 그리스도 안에서 굳건하게 하시고 우리에게 기름을 부으신 이는 하나님이시니 그가 또한 우리에게 인치시고 보증으로 우리 마음에 성령을 주셨느니라"(고후 1 : 21-22).

성령을 받은 사람들의 삶에는 새로운 힘이 나타나게 되어 있습니다. 그 힘은 새로운 이스라엘인 예수 그리스도의 나라를 이 땅에 드러내는 것입니다.

초대교회는 성령님이 연약한 인간을 통해 세워 가신 교회였습니다. 건물에 문제가 발생하면 우리는 설계도면을 참조해서 문제를 해결합니다. 그런 면에서 사도행전은 이 땅의 교회가 기대하고 사모해야 할 건강한 교회의 청사진을 담고 있습니다. 초대교회가 건강한 교회가 될 수 있었던 비결은 그들이 예수님을 증언하는 삶을 살았기 때문입니다(행 1 : 8). 하나님은 우리를 보고 들은 바대로 증언하는, 복음의 증인으로 부르셨습니다.

예수님은 탄생부터 죽는 순간까지 한순간도 자신을 위한 삶을 살지 않으셨습니다. 그렇다면 누구를 위한 삶이었습니까? 바로 허물과 죄로 죽었던 우리를 위해서였습니다. 그뿐만이 아닙니다. 예수님은 죽어서 시체로 썩어 사라지지 않았습니다. 전과 비교가 안 되는 눈부신 영광의 몸으로 다시 사셨습니다. 그 증거를 모든 사람에게 보여 주셨습니다.

3. 주신 권능으로 소명을 감당하라

　우리를 구원하기 위해 부르셨으면, 또한 사역으로의 부르심도 있음을 알아야 합니다. 그러기에 예수님께서는 제자들에게 분부하셨습니다. "예루살렘을 떠나지 말고 고귀한 선물을 받으라. 성령이 임하시기까지 기다리라. 이제 이 성령은 누구든지 믿는 사람들에게 선물로 주신다." 이전에는 예언자들에게만 개별적으로 하나님의 영이 임했었습니다. 하지만 이제는 성령님이 모든 사람에게 임하셔서 우리를 새로운 존재로 만드십니다. 누구든지 성령을 받을 수 있게 되었습니다.

　"오직 성령이 너희에게 임하시면 너희가 권능을 받고 예루살렘과 온 유대와 사마리아와 땅끝까지 이르러 내 증인이 되리라 하시니라"(행 1 : 8).

　성령이 임하면 권능은 저절로 따라옵니다. 따로 받는 게 아닙니다. 권능이 성령을 받은 증거는 아닙니다. 그런데도 우리는 따로 권능을 받으려고 얼마나 쓸데없는 일을 합니까? 사도들은 예수님께서 승천하신 이후로 두려움과 무서움에 사로잡혀서 밖에 나갈 수 없었습니다. 하지만 성령을 받은 뒤로 그들의 태도는 달라졌습니다. 성령의 힘으로 세상이 감당치 못할 사람들이 되었습니다.

　우리의 능력은 믿음에서 나옵니다. 느낌이나 경험에 의한 것이 아닙니다. 이런 것은 뒤에 따라오는 것입니다. "성령이 너희에게 임하시면 너희가 권능을 받는다." 이 사실을 믿음으로 확인하기를 바랍니다. 성령이 임하셨을 때 하나님의 자녀로서 필요한 모든 권능을 받았습니다. 이것이 사도행전에서 증명되었습니다.

우리는 예배할 때 은혜를 받는 것이 신앙생활이라고 생각합니다. 우리 시대의 교회가 주목해야 할 사명은 말씀과 교제와 선행을 통해 예수님의 증인 된 삶을 사는 것입니다. 예수님이 우리의 구주와 주인 되심을 우리의 말과 삶으로 전하는 것입니다. 그리스도의 증인 된 삶을 사는 교회가 참된 교회입니다. 예수님은 우리에게 무턱대고 당신의 증인이 되라고 말씀하지 않으셨습니다. 예수님의 증인 된 삶을 살려면 반드시 필요한 조건이 있는데, 그 조건은 바로 성령의 임재를 경험하는 것입니다.

교회가 건강해지길 소원한다면 성령님의 임재를 힘입어 예수 그리스도의 증인으로 살아가는 소명에 눈을 떠야 합니다. 이것이 교회가 교회 됨의 시작이며 부흥의 시작입니다. 그러므로 성령님의 권능을 의뢰하는 교회가 건강한 교회입니다. 성령 충만을 받은 초대교회처럼 우리 교회도 새로운 이스라엘로 부름을 받았습니다.

성경에서 성령을 받은 자들이 그러했던 것처럼 우리도 성령을 받은 자들로서 하나님의 나라를 이 땅 가운데 전파하여 하나님의 뜻을 세상에 온전히 드러내야 합니다. 이 땅의 교회가 교회 됨은 하나님과 하나님의 나라가 이 땅에 선포되고 확장되는 역사를 이루어 나가는 복음의 통로, 복의 통로가 되는 데 있습니다. 이런 은혜와 복이 여러분에게 임하기를 바랍니다.

우리가 어찌할꼬

6월 넷째 주 허요환 목사
안산제일교회

행 2 : 37~42

예배로 부름
시 50 : 23
"감사로 제사를 드리는 자가 나를 영화롭게 하나니 그의 행위를 옳게 하는 자에게 내가 하나님의 구원을 보이리라"

입례 찬양
15장 "하나님의 크신 사랑"

결단 찬양
436장 "나 이제 주님의 새 생명 얻은 몸"

1. 성령 충만을 이해하지 못하는 사람들

예수님께서 약속하신 말씀을 붙잡고 기도하던 제자들은 오순절에 성령의 임재를 경험하였습니다. 그러자 모든 제자가 성령이 말하게 하심을 따라 각기 다른 말로 '하나님의 큰일'을 증언합니다. 오순절 순례객으로 예루살렘을 방문한 디아스포라 유대인들이 이 증언을 자기 나라 말로 듣습니다. 그때 이들의 반응이 어땠습니까?

오순절 순례객들의 반응은 크게 세 가지로 나타납니다. 우선 모두가 놀랐습니다. 이게 일차적인 반응입니다. 뭔가 기이한 일을 목격했을 때 나타나는 자연스러운 반응입니다. 두 번째 반응은 당황하는 모습입니다. 좀 더 구체적으로 표현하자면, 그들은 어안이 벙벙했습니다. 뜻밖의 일을 당해 정신을 차릴 수가 없고 기가 막혀서 말문이 막히는 상태가 되었다는 말입니다. 자신들이 목격한 일을 설명할 수 없었기 때문입니다. 마지막 세 번째, 일부의 사람들은 아주 재빠르게 현 상황에 대해 결론을 내립니다. 예수님의 제자들이 술에 취해서 이상한 소리를 하고 있다고 주장하며 조롱합니다. 이것은 이성적인 판단이 아닙니다. 성급한 결론입니다. 자신들이 목격한 일에 대해 당황하고 있다는 것을 감추려는 그런 의도가 엿보입니다.

결국 오순절 순례객들의 반응은, 성령 충만한 제자들의 모습을 이해하지 못했다는 것으로 요약할 수 있겠습니다. 놀라든, 어안이 벙벙하든, 술에 취해서 그렇다고 조롱하든, 이 사람들은 성령 충만을 전혀 이해하지 못하고 있습니다.

2. 오늘도 신앙을 이해하지 못하는 사람들이 있다

이런 모습은 오늘날도 쉽게 찾아볼 수 있습니다. 언젠가부터 기독교 신앙은 조롱의 대상이 되었습니다. 일례로 리처드 도킨스와 같은 과학자의 기독교 비판을 꼽을 수 있습니다. 『이기적 유전자』(을유문화사, 2023) 혹은 『만들어진 신』(김영사, 2007)과 같은 책으로 유명한 그는 본래 생물학자이지만 무신론자로 훨씬 유명합니다. 그의 무신론은 흔히 전투적 무신론이라고 불리는데, 크게 네 가지 이유로 신의 존재를 비판합니다.

첫째, 전통적인 유신론, 특히 기독교의 신관은 신비롭고 정교한 생명 현상의 배후에 창조자인 하나님이 계신다고 주장합니다. 그런데 도킨스의 주장에 따르면, 다윈의 진화론 연구와 함께 이제는 그런 창조자 혹은 우주의 설계자가 불필요해졌다는 것입니다. 우주의 기원이나 여러 자연 현상들은 '하나님'과 같은 존재가 없어도 과학으로 충분히 설명될 수 있다고 합니다. 혹시 과학으로 설명할 수 없는 현상이 있더라도, 그걸 설명하기 위해서 하나님의 존재를 가져오는 것은 문제를 복잡하게 만드는 것이라고 말합니다.

둘째, 종교는 과학적 증거가 아니라 믿음에 근거하는데, 이것은 엄격한 증거에 토대를 둔 과학 정신과 부딪히고 현대 사회에 맞지 않다고 주장합니다. 진리라는 것은 믿음에 근거할 것이 아니라 과학적 연구와 증거에 의해 입증되어야 하고, 그러니 과학이 옳다면 종교는 폐기되어야 한다고 말합니다.

셋째, 종교는 시대적·문화적 편견에 사로잡혀 우리가 살고 있는 세계에 대해서 제한적인 모습밖에 설명하지 못하지만, 과학은 훨씬 보편적이면서 장엄하고 제한이 없는 설명을 할 수 있다고 주장합니다. 그러니 종교를 버려야 한다는 것입니다.

넷째, 종교란 결국 선이 아니라 악에 이른다고 말합니다. 마치 악성 바이러스처럼 인간의 마음을 전염시켜서 서로 미워하고 전쟁을 일으킨다는 것입니다. 예를 들어 이슬람 근본주의 ISIS와 같은 테러 집단에 의해서 무고한 사람들이 너무 많이 죽었으니 종교, 나아가 신의 존재는 불필요하고 없어져야 한다고 주장합니다.

많은 학생이 학교에서 이런 내용을 여과 없이 접하고 있습니다. 그리고 과학만능주의에 빠집니다. 그렇게 점점 교회를 떠나갑니다. 무신론자의 주장에 대해 일일이 해명할 수는 없지만, 이런 이야기를 하고 싶습니다. 리처드 도킨스처럼 뛰어난 과학자들이나 최고의 엘리트 학자들은 모두 종교를 공격하고 하나님의 존재를 부인합니까? 그렇지 않습니다.

프랜시스 콜린스와 같은 학자를 예로 들고 싶습니다. 그는 인류 최초로 31억 개의 유전자 서열을 해독했고, 우리 몸의 지도를 완성한 유전자 전문 학자입니다. 코로나19 팬데믹 기간에 최고 책임자로 바이러스에 대응했고, 그러면서도 자신의 과학 연구로 인해 신앙이 더욱 풍성하게 되었다고 고백합니다. 그런데 이상하게 우리는 이런 학자는 잘 모릅니다. 오히려 하나님의 존재를 부인하고 교회를 공격하는 사람에 훨씬 열광합니다.

혹시 정말로 과학과 신앙 사이에서 고민하고 있다면, 그래서 하나님의 존재에 대해 의심이 생기거든, 리처드 도킨스의 『이기적 유전자』와 같은 책만 읽지 말고, 프랜시스 콜린스의 『신의 언어』(김영사, 2009)라는 책도 함께 읽어 보길 부탁드립니다.

오늘날 기독교 신앙에 대한 비아냥과 조롱이 계속되고 있습니다. 너무나 안타깝습니다. 이런 현실 가운데 우리는 어떻게 해야 합니까? 우리 스스로 기독교 신앙에 대한 자부심을 잃어버리고, 교회에 대한 깊은 애정을 상실한다면, 과연 우리에게 무엇이 남겠습니까? 특히 과학만능 시대를 살아가는 우리 다음 세대는 어떻게 되겠습니까?

3. 베드로의 설교

본문을 보십시오. 베드로는 성령 충만을 이해하지 못하고 심지어 조롱하는 사람들을 향해 힘차게 설교합니다. 그의 설교가 어떤 내용을 담고 있고, 하나님의 역사를 이해하지 못하는 사람들에게 어떤 영향을 주었는지 살펴보겠습니다.

베드로는 먼저 자신을 비롯한 제자들이 술에 취한 것이 아니라고 밝히며 구약성경 요엘 2 : 28 이하의 말씀을 통해 성령의 임재를 해석합니다. 왜 베드로는 요엘 말씀을 인용했습니까? 여기서 핵심은 무엇입니까? 과거 구약 시대에도 성령의 임재를 경험한 소수의 사람이 있었습니다. 주로 예언자들이 각자 개별적으로 하나님의 영으로 충만하여 하나님의 뜻을 사람들에게 전하곤 했습니다. 그중에서 요엘은 어떤 예언을 했습니까? 하나님의 때가 되면, 하나님께서 하나님의 영을 모든 육체에 부어 주신다고 했습니다. 누구든지 성령 충만을 경험할 수 있다는 뜻입니다. 그리고 바로 그 예언의 말씀이 오늘 오순절에 예수님의 제자들에게 일어났다고 설명합니다. 그러니 베드로는 자신들이 오전 9시부터 술에 취한 것도 아니고 헛소리하는 것도 아니라고 설명합니다. 그리고 요엘 2 : 32의 말씀을 인용해서 선포합니다.

"누구든지 주의 이름을 부르는 자는 구원을 받으리라"(행 2 : 21).

왜 이렇게 선포합니까? 주의 크고 영화로운 날이 가까웠기 때문입니다. 하나님의 심판이 가까웠으니 주님의 이름을 부르고 구원을 받으라는 것입니다. 그러면 자연스럽게 질문이 생깁니다. 사람들이 불러야 하는 주님은 누구인가 하는 질문입니다. 이에 대해서 베드로는 바로 그 주님이 '나사렛 예수'인데, 바로 너희 곧 유대인들이 법 없는 자의 손을 빌려 그분을 못 박아 죽였다고 고발합니다. 그러나 하나님께서는 예수님을 죽음의 고통에서 살리시고 부활의 능력으로 일으키셨다고 증거합니다. 기가 막힌 복음의 요약입니다.

이에 덧붙여서 베드로는 계속 설교합니다. 시편 16 : 8과 110 : 1의 말씀을 인용한 후, 완전히 카운터 펀치를 날립니다.

"그런즉 이스라엘 온 집은 확실히 알지니 너희가 십자가에 못 박은 이 예수를 하나님이 주와 그리스도가 되게 하셨느니라 하니라"(행 2 : 36).

베드로의 설교는 정말 대단합니다. 그야말로 듣는 사람들을 얼어붙게 만드는 설교요, 너무나 강력한 말씀입니다. 베드로는 결론적으로 이렇게 말합니다. "이제 당신들 큰일 났다. 아직도 우리가 술에 취해서 헛소리한다고 조롱하고 비웃을 수 있겠어? 당신들 이제 어떻게 할래?"

베드로는 처음부터 끝까지 하나님께서 예수 그리스도를 통해 무슨 일을 행하셨는지에 집중합니다. 그리고 지금 자신들이 경험한 성령 충만 사건을 구약의 말씀에 비추어서 해석하고 있습니다. 그게 베드로의 설교입니다. 이러한 베드로의 설교는 듣고 있던 사람들, 오순절에 예루살렘을 찾은 순례객들에게 큰 울림이 되었습니다. 사람들을 사로잡는 힘이 있었다는 말입니다. 유창한 언변으로 설교했기 때문이 아니고, 당대의 엄청난 지식을 자랑했기 때문도 아닙니다. 그의 설교에 하나님의 행하심이 담겨 있었기 때문입니다.

4. 우리가 어찌할꼬

이 설교를 통해 어떤 일이 일어납니까? 37절을 보십시오. 베드로의 설교를 들은 사람들이 술렁입니다. 그들은 '우리가 무엇을 해야 하는가? 어떻게 해야 하는가? 우리가 어찌할꼬?' 하고 고민합니다. 이것은 복음을 대면한 사람들의 정직한 반응입니다. 복음 선포를 듣고 심령이 움직이는 것은 하나님의 역사입니다. 하나님께서 그 마음을 흔들고 계시는 것입니다.

성도 여러분! 여러분이 예배할 때마다, 설교를 들을 때마다 이런 반응이 있기를 소망합니다. 말씀을 듣는 가운데 냉랭한 심령이 되어서 헛되이 듣지 말고, 이 말씀을 생명의 말씀이라 믿고 경청하는 가운데, 성령의 깨닫게 하심과 믿음을 강하게 하시는 역사가 있기를 소망합니다.

마음에 찔려 안타까워하는 사람들을 향해 베드로가 말합니다. "너희가 회개하여 각각 예수 그리스도의 이름으로 세례를 받고 죄 사함을 받으라 그리하면 성령을 선물로 받을 것이다." 베드로의 말은 회개와 세례와 죄 사함과 성령의 선물이 순서대로 임한다는 뜻이 아닙니다. 여기서 중요한 것은 회개입니다. 본래 머물던 자리, 그들이 고수하던 것들, 그것에서 돌이키고 나사렛 예수를 구주로 영접하라는 초청입니다. 그리하여 이전과는 다른 삶을 살도록 촉구합니다.

최근에 『탈기독교시대 교회』(두란노서원, 2023)라는 책을 읽었습니다. 이 책에서는 최근 25년 동안 미국 교회의 성도 숫자가 약 4천만 명 감소했다고 밝힙니다. 교회를 떠난 수많은 사람을 크게 네 부류로 나누었는데, 그중 가장 큰 비중을 차지하는 부류는 '명목상의 그리스도인'입니다. 교회의 문화, 사람들과의 교제는 좋아하지만, 예수님을 믿는 것은 아닌 사람들입니다. 그러니 다양한 가치관의 충돌과 특히 코로나19 팬데믹을 겪으면서 쉽게 믿음의 자리를 떠났다고 말합니다.

우리 스스로에게 질문을 해야 합니다. '나는 명목상의 성도인가 아니면 헌신된 성도인가? 예수님의 팬인가 아니면 제자인가?' 그걸 확인할 수 있는 것은 말이 아니라 삶입니다. 베드로의 설교를 듣고 3천 명이 회개했습니다. 엄청난 숫자입니다. 그리고 이어지는 42절은 그들의 변화된 삶이 어땠는지 요약해서 보여 줍니다. 회개하고 돌이킨 사람들의 삶의 핵심은 말씀을 가르치고 배움, 서로 교제함, 떡을 떼며 예수 그리스도를 기억함, 그리고 기도였습니다. 이게 단순하지만 가장 중요한 교회 공동체의 삶이었습니다. 43절 이하의 말씀도 마찬가지입니다. 말씀으로 찔림을 받은 사람들, 그래서 "우리가 어찌할꼬?" 탄식했던 사람들이 회개하고 돌이켜 새로운 삶을 살게 되니, 매우 아름다운 공동체가 탄생하였습니다. 바로 교회입니다.

여러분! 이 말씀을 들으면서 우리 자신에게 물어봅시다. 나는 설교 말씀에 어떻게 반응하고 있습니까? 나는 명목상의 성도입니까, 아니면 헌신된 성도입니까?

십자가 교환 장소

6월 다섯째 주 박요셉 목사
  좋은교회

요 3 : 14~16

예배로 부름
시 51 : 14~15
"하나님이여 나의 구원의 하나님이여 피 흘린 죄에서 나를 건지소서 내 혀가 주의 의를 높이 노래하리이다 주여 내 입술을 열어 주소서 내 입이 주를 찬송하여 전파하리이다"

입례 찬양
87장 "내 주님 입으신 그 옷은"

결단 찬양
315장 "내 주 되신 주를 참 사랑하고"

1. 나무에 달린 예수님을 바라보라

이스라엘 백성들은 광야 사막 길을 가는 중에 하나님과 모세를 향해 원망했습니다. 그때 갑자기 불뱀이 나와 수많은 사람을 물어 버렸습니다. 햇빛을 받은 뱀에게는 엄청난 독이 있다고 합니다. 곳곳이 아비규환이었고 수많은 가정에서 통곡 소리가 진동하였습니다.

그러한 눈물과 통곡의 땅, 장례의 땅에 기쁜 소식이 전해지기 시작하였습니다. 하나님께서 모세에게 사는 길과 치료의 길을 알려 주신 것입니다.

"장대 위에 놋으로 뱀의 형상을 만들어 달아라. 그리고 저 언덕 위에 세우되 누구든지 바라보는 자는 살 것이다."

선포된 말씀대로 불뱀에 물린 사람들이 장대에 달린 놋뱀을 쳐다보았습니다. 바라보는 순간 통통 부은 몸에서 부기가 빠지기 시작하였고, 통증이 사라지기 시작하였으며, 혼미했던 자들의 정신이 돌아오기 시작했고, 준비했던 장례식이 변하여 잔치가 되었으며, 슬픔이 기쁨으로 변하였습니다. 할렐루야! 장대에 달린 놋뱀 아래에서 고통이 치료로 교환되었습니다.

"모세가 광야에서 뱀을 든 것 같이 인자도 들려야 하리니"(요 3 : 14).

이 말씀처럼 주님께서 갈보리 언덕 십자가 위에 높이 들려지셨습니다. 예수님은 우리의 죄를 대신하여 죽으시고, 부활하셨습니다. 누구든지 십자가의 예수님을 믿고 바라보면 가난에서 부요로, 질병에서 치료의 구원으로, 저주에서 복으로, 죽음에서 영원한 생명으로 교환을 받습니다. 이러한 교환이 이루어지는 곳이 바로 갈보리 언덕 십자가입니다.

예수님 앞으로 온 자는 그들의 고통과 슬픔을 생명과 구원의 기쁨으로 모두 바꾸어 갔습니다. 중풍병자가 예수님 앞에서 침상을 버리고 일어나 걷고 뛰며 돌아갔습니다. 소경 바디매오가 예수님 앞에서 눈을 뜨는 기적을 경험했습니다. 12년간 혈루병으로 고생하던 여자가 예수님의 옷자락을 붙잡으며 예수님께 나아갔을때 병 고침을 받고 구원받았습니다.

2. 십자가 아래에서 바꾸어라

저는 이러한 교환의 은혜를 많이 경험했습니다. 청년 때 정신과 질환을 앓게 되어 병원에서 처방해 준 약을 먹으며 치료를 받았습니다. 그러던 어느 날 오늘 본문 말씀을 읽으면서 십자가야말로 죄인이 의인이 되고, 고통과 아픔이 기쁨이 되는 곳임을 깨닫게 되었습니다. 십자가는 우리의 죄와 하나님의 의가 교환되는 장소였습니다. 그때 저는 성령의 기름 부으심을 경험하며 수년간 먹었던 약을 한순간에 끊었습니다. 그 이후 후유증도 없고 재발도 없었습니다. 주님께서 십자가 교환 장소에서 저의 병을 고쳐 주셨습니다.

한번은 대상 포진에 걸려 고통에 잠도 제대로 자지 못했습니다. 하루에 수십 번, 틈나는 대로 "예수님의 이름으로 떠나가라. 십자가의 능력으로 나는 나음을 이미 입었다!"라고 선포했습니다. 그렇게 대상 포진은 발병한 지 3~4일 만에 떠나가 버렸습니다. 병원에서 준 약을 먹을 새도 없이 떠나가 버렸고 아무런 후유증도 남지 않았습니다.

퇴행성 무릎 관절염이 찾아온 적도 있습니다. 병원에서 연골은 한 번 망가지면 재생이 안 된다고 했습니다. 수개월 동안 틈만 나면 "예수님의 이름으로 무릎 관절은 치료될지어다."라고 선포했습니다. 이 소식을 들은 어느 장로님이 물리 치료 도구를 선물해 주셨는데, 그것으로 치료를 한 뒤 퇴행성 무릎 관절염이 완전히 나았습니다. 하나님께서 고쳐 주신 것입니다.

최근에는 병원에서 검진을 했는데 뇌혈관이 손상되어서 뇌경색이나 뇌출혈, 뇌졸중이 언제 일어날지 모르니 주기적으로 검사하라는 진단을 받았습니다. 이번에도 병이 회복되길 기대하며 예수 그리스도의 이름으로 나을 것을 선포했습니다. 이후 점차 몸이 회복되어 가는 것을 병원의 촬영 진단기로 볼 수 있었습니다.

"친히 나무에 달려 그 몸으로 우리 죄를 담당하셨으니 이는 우리로 죄에 대하여 죽고 의에 대하여 살게 하려 하심이라 그가 채찍에 맞음으로 너희는 나음을 얻었나니"(벧전 2 : 24).

그가 채찍에 맞음으로 우리가 나음을 얻었습니다. 미래형이 아닌 완료형입니다. 예수님이 십자가에서 우리를 치유하시고, 구원해 주셨습니다. 하나님께서 하실 일을 다 하신 것입니다. 이제 우리가 할 일만 남았습니다. 바로 하나님을 믿고 하나님의 능력을 선포하는 것입니다.

제 아들이 군에 입대하여 논산훈련소에서 신병 훈련을 받던 때의 일입니다. 3주 정도 지났을 때 논산훈련소 의무대에서 갑자기 연락이 왔습니다. 아이가 훈련을 받지 못하고 입원해 있다는 것입니다. 가서 보니 발목에 깁스를 하고 있었습니다. 발목 관절 부위에 나타나는 '이단성골연골염'이라는 난생처음 듣는 질병 때문이었습니다. 청천벽력이었습니다. 군 병원뿐 아니라 일반 병원의 최고 전문의에게까지 가서 진단을 받았고, 여러 대학병원에서 정밀검사를 했습니다.

수술을 해도 완치는 안 되고, 게다가 관절 부위여서 장애가 발생할 수 있는 확률이 20~30%라고 했습니다.

우리 가족은 요한복음 3：14 말씀을 붙잡고 기도하기로 하였습니다. "십자가는 교환의 장소라고 약속하셨습니다. 주님, 교환하여 주옵소서." 여러 달을 간절히 기도하였습니다. 아들이 사단 의무대에서 야전병원으로, 의무사령부로 입원하여 조사하고, 검사를 받느라 전전긍긍하는 동안 가족들은 밖에서 마음 졸이며 기도하는 것 외에는 할 수 있는 일이 아무것도 없었습니다. 그런데 신실하신 능력의 하나님께서 수술 없이 아들의 관절을 치료해 주셨습니다. 그 후 아들은 걷고 뛰어도 불편함이 없었고, 심지어 축구와 같은 운동을 할 수 있을 정도로 좋아졌습니다. 하나님께서 아들의 병을 십자가에서 교환해 주셨고, 가장 좋은 길로 인도하셨습니다.

십자가는 하나님의 교환 장소입니다. 질병이 건강으로, 가난에서 부요로, 저주에서 복으로, 슬픔에서 기쁨으로, 죽음에서 영생으로 바뀌는 곳이 십자가입니다.

"모세가 광야에서 뱀을 든 것 같이 인자도 들려야 하리니 이는 그를 믿는 자마다 영생을 얻게 하려 하심이니라 하나님이 세상을 이처럼 사랑하사 독생자를 주셨으니 이는 그를 믿는 자마다 멸망하지 않고 영생을 얻게 하려 하심이라"(요 3：14-16).

이 약속을 믿으며 어려움을 헤쳐 나가야 합니다. 지구촌 곳곳에서 일어나는 전쟁으로 인해 모든 것이 힘든 때입니다. 이 민족과 한국교회가 고물가, 고환율, 고금리의 어두운 터널을 잘 헤쳐 나가도록 기도의 힘을 모아야 할 때입니다. 이러한 때에 십자가의 교환의 능력을 믿고 치유와 구원의 은혜를 누리며 살아가는 여러분이 되길 바랍니다. 할렐루야!

성령의 능력으로
부흥하는 교회

7월 첫째 주   김영걸 목사
　　　　　　　　포항동부교회

행 9 : 31

예배로 부름

시 70 : 4

"주를 찾는 모든 자들이 주로 말미암아 기뻐하고 즐거워하게 하시며 주의 구원을 사랑하는 자들이 항상 말하기를 하나님은 위대하시다 하게 하소서"

입례 찬양

19장 "찬송하는 소리 있어"

결단 찬양

501장 "너 시온아 이 소식 전파하라"

오늘의 이 시대를 위기의 시대라고 합니다. 경제도 위기, 도덕과 윤리도 위기, 정치도 위기, 가정도 위기, 교회도 위기 가운데 있습니다. 그런데 진짜 위기는 우리의 가슴에 '부흥'이라는 단어가 잊히고 있다는 것입니다. 오늘날 우리는 '부흥'이라는 단어를 잊어버렸습니다. 우리도 부흥할 수 있다. 나도 잘될 수 있다. 나도 좀 더 나은 사람이 될 수 있다는 꿈을 잃어버렸습니다. 이런 부흥의 꿈을 잃어버렸다는 것이 가장 큰 위기입니다.

제가 어릴 적에 부모님이 가슴에 새겨 주신 꿈이 있었습니다. 커서 목사가 되라는 것이었습니다. 그 말씀을 들은 저는 훌륭한 목사가 되어야겠다는 꿈을 가지고 성장했습니다. 그리고 지금 이렇게 목사가 되었습니다. 마음속에 꿈이 있다는 것이 얼마나 중요한지 모릅니다.

목사가 되고 나니, 또 하나의 꿈이 생겼습니다. 교회를 부흥시키는 것입니다. 저는 '부흥'이라는 단어만 생각하면 가슴이 뜁니다. "부흥"이라는 제목의 찬양도 있습니다. "이 땅의 황무함을 보소서 하늘의 하나님 긍휼을 베푸시는 주여"라는 가사로 시작하는 찬양을 부를 때마다 마음이 뜨거워집니다.

이렇게 부흥을 꿈꾸며 부흥할 수 있다는 마음과 생각을 품고 살아갈 때는 행복했습니다. 그때는 희망이 있었습니다. 꿈이 있을 때 기쁨이 있었습니다. 어려움을 이겨 나가는 능력도 있었습니다. 그러나 반대로 부흥의 꿈을 잃어버렸을 때, 가장 어둡고 힘들고 슬픈 인생이 되었습니다.

그래서 우리는 부흥의 꿈을 가져야 합니다. 그리고 부흥에 도전해야 합니다. 개인의 삶에서도 더 좋은 사람이 되기 위하여 힘쓰고 더 훌륭한 신앙인이 되기 위하여 헌신해야 합니다. '나도 더 좋은 삶을 살 수 있다. 부흥의 주인공이 될 수 있다. 우리 교회도 부흥할 수 있다.'는 생각을 가져야 합니다.

본문 말씀에는 부흥하는 초대교회의 모습이 나옵니다.

"그리하여 온 유대와 갈릴리와 사마리아 교회가 평안하여 든든히 서 가고 주를 경외함과 성령의 위로로 진행하여 수가 더 많아지니라"(행 9 : 31).

이것이 당시 초대교회의 모습입니다. 초대교회는 어떻게 부흥하는 교회가 될 수 있었습니까? 초대교회의 특징을 살펴보도록 하겠습니다.

1. 퍼져 나가는 교회

본문은 "온 유대와 갈리리와 사마리아 교회"라고 말씀합니다. 초대교회는 지역적으로 확장되었습니다. 교회가 유대에서 사마리아, 갈릴리까지 퍼져 나갔습니다. 나중에는 땅끝까지 퍼져 나갔습니다. 그렇습니다. 교회는 끊임없이 퍼져 나가야 합니다. 복음은 끊임없이 전해져야 하기 때문입니다. 이렇게 교회가 퍼져 나가는 과정에서 지역을 넘어서고 문화를 넘어서게 됩니다. 복음이 예루살렘이든 갈릴리든 사마리아든 상관없이 지역을 넘어 모든 사람에게 퍼져 갑니다. 복음에는 지역과 문화를 초월하는 성격이 있습니다. 복음은 모든 사람에게 필요한 것입니다. 초대교회에는 이렇게 복음이 퍼져 나갔습니다. 우리도 우리가 살고 있는 지역에 복음이 더 힘차게 퍼져 나가도록 해야 합니다.

2. 평안하고 든든한 교회

본문은 "평안하여 든든히 서 가고"라고 말씀합니다. 초대교회에는 영적이고 내면적인 성숙이 함께했습니다. 그래서 평안했던 것입니다.

교회가 평안하기만 하면 저절로 부흥한다는 말이 있습니다. 세상에서 사람이 모인 곳은 그 어디에도 평안한 곳이 없습니다. 자기주장만 하는 사람으로 가득 차 있습니다. 그런데 초대교회는 많은 사람들이 모였음에도 불구하고 평안하고 든든히 서 갔습니다. 놀라운 일입니다.

초대교회 성도들은 예수님 안에서 서로를 신뢰하며 확신했습니다. 세상의 유혹과 핍박 앞에서도 흔들리지 않았습니다. 영적으로, 내면적으로 깊이 있는 신뢰감을 가진 성숙한 교회를 이루었습니다. 그리하여 평안하여 든든히 서 가는 교회를 이루었던 것입니다. 우리도 우리가 섬기는 교회가 평안하여 든든히 서 가는 교회가 되도록, 나부터 영적으로 또 내면적으로 깊이 있는 신앙인이 되도록 힘써야 합니다.

3. 주를 경외하는 교회

본문은 "주를 경외함"이라고 말씀합니다. 초대교회는 예수님을 경외하는 교회였습니다. 예수님에 대한 신앙고백이 흔들림이 없었습니다. 복음이 지역을 넘어가면 그 지역의 문화에 영향을 받게 됩니다. 그러면 예수 그리스도에 대한 믿음의 고백이 희미해질 수도 있습니다.

그런데 초대교회는 지역과 문화를 넘어 퍼져 나가면서도 주를 경외하는 신앙의 정체성을 잃지 않았습니다. 예수님이 그리스도라는 신앙고백, 즉 주를 경외하는 신앙의 본질을 굳게 잡았습니다. 우리도 예수님을 향한 분명한 신앙고백으로 주를 경외하는 신앙인이 되어야 합니다.

4. 성령이 충만한 교회

본문은 "성령의 위로로 진행하여"라고 말씀합니다. 초대교회는 성령께서 주도권을 잡고 이끌어 가는 교회였습니다. 초대교회의 특징을 한마디로 하면 성령이 충만한 교회입니다. 성령이 충만하니 두려움도 없습니다. 주님의 명령에 전적으로 순종하게 됩니다. 성령의 능력을 경험하니 불가능한 것이 없습니다. 성령의 위로로 진행하였다는 것은, 성령의 능력이 교회를 이끌어 갔다는 것입니다.

교회의 부흥은 인간의 힘으로 되는 것이 아닙니다. 성령께서 이끌어 주셔야 합니다. 어떻게 하면 성령님이 이끌어 가는 교회가 되겠습니까?

첫째로 뜨겁게 기도해야 합니다. 초대교회는 "오로지 기도에 힘쓰더라"(행 1 : 14)라고 했습니다. 특히 "그들이 다 같이 한곳에 모였더니"(행 2 : 1), 즉 교회에 모여서 뜨겁게 기도한 것입니다. 기도하다가 성령의 체험을 했습니다. 그러므로 교회가 부흥하기 위해서는 먼저 기도가 회복되어야 합니다. 우리 신앙의 선배들은 기도의 용사였습니다. 한국교회는 뜨겁게 기도하는 교회입니다. 한국교회는 다시 기도의 무릎을 꿇어야 합니다. 뜨겁게 기도하면 성령 충만해집니다.

둘째로 말씀을 사모해야 합니다. 데살로니가 교회는 말씀을 받을 때 사람의 말로 받지 않고 하나님의 말씀으로 받았습니다. 말씀을 사모하고 하나님의 말씀으로 받을 때 믿음이 생기고 성령 충만하게 됩니다. 한국교회는 말씀을 사모하는 교회입니다. 우리도 말씀을 더 사모하고, 말씀에 순종하고 말씀대로 될 줄로 믿고 살아가야 합니다. 그러면 성령 충만한 교회가 되리라고 믿습니다.

셋째로 내 교회 중심으로 섬겨야 합니다. 한국교회 성도들은 각자가 섬기는 교회를 생명처럼 여겼습니다. 어렵고 힘들어도 조상 때부터 섬겼던 교회를 절대로 떠나지 않았습니다. 내가 섬기는 교회를 귀하게 여기고 충성스럽게 섬겼습니다. 내가 섬기는 교회는 내가 부흥시켜야 합니다. 내가 섬기는 교회에 충성해야 합니다. 그렇게 해야 성령 충만한 성도가 될 수 있습니다.

이렇게 성령 충만한 초대교회는 그 결과 어떻게 되었습니까? "수가 더 많아지니라", 즉 부흥했습니다. 제109회기 총회 주제는 "성령의 능력으로 부흥하는 교회"입니다. 성령의 능력으로 한국교회가 다시 한번 부흥하는 역사가 일어나기를 기도합니다.

하나님은 구원의 역사를 이끌어 가십니다

7월 둘째 주 　　주승중 목사
　　　　　　　　주안교회

행 16 : 11~15

예배로 부름

사 52 : 7

"좋은 소식을 전하며 평화를 공포하며 복된 좋은 소식을 가져오며 구원을 공포하며 시온을 향하여 이르기를 네 하나님이 통치하신다 하는 자의 산을 넘는 발이 어찌 그리 아름다운가"

요 4 : 24

"하나님은 영이시니 예배하는 자가 영과 진리로 예배할지니라"

입례 찬양

515장 "눈을 들어 하늘 보라"

결단 찬양

505장 "온 세상 위하여"

사도행전 16장은 기독교 선교의 역사에 있어서 아주 중요한 위치를 차지하고 있습니다. 요즘 선교학에서는 하나님의 선교(Missio Dei)라는 말이 회자되고 있습니다. 즉, 하나님은 '선교하시는 하나님'이라는 말입니다. 선교는 인간, 특히 선교사가 주도하는 일이라고 생각할 때가 있는데, 결과적으로는 선교란 하나님이 하시는 일입니다. 이렇게 하나님이 선교를 주도하신다는 사실을 잘 보여 주는 하나님의 말씀 가운데 한 곳이 바로 사도행전 16장입니다.

본문 말씀 바로 전인 사도행전 16 : 6~10에서 사도 바울이 처음 마음에 품고 있었던 선교지가 아시아였음을 알 수 있습니다. 그런데 성령이 바울의 비전, 바울의 계획을 막으셨습니다. 바울은 밤에 환상을 보았습니다. 마게도냐 사람 하나가 서서 마게도냐로 건너와서 자신들을 도와 달라고 요청하는 환상이었습니다. 이 환상을 통해 바울은 중요한 사실을 깨닫습니다. 하나님이 먼저 복음을 전하기 원하시는 곳은 자신이 마음에 품고 있었던 아시아가 아니라 마게도냐였다는 것입니다. 바울은 하나님께서 그와 그의 동역자들이 지금의 유럽 땅을 먼저 복음화하기를 원하셨다고 인정하고 고백합니다.

1. 마게도냐로 간 바울

성령의 인도하심과 환상을 통해 바울은 마게도냐 지방에 먼저 복음을 전하라는 하나님의 뜻에 순종했습니다. 바울이 마게도냐 땅에서 며칠을 유하면서 복음을 전한 도시가 바로 빌립보입니다. 12절 말씀에 따르면, 빌립보는 '마게도냐 지방의 첫 성'이고 '로마의 식민지'였습니다. 빌립보가 마게도냐의 수도는 아니었지만 그 지방에서 가장 큰 도시였습니다. 로마의 수비대가 주둔하는 요새였고, 그곳 사람들은 모두 로마의 시민들로서 투표권을 가지고 있었습니다. 이런 이유로 빌립보 사람들은 로마 시민으로서의 특권과 위상을 자랑스럽게 여겼다고 합니다.

이런 큰 도시에 복음을 전하러 간 바울은 안식일에 기도할 회당을 찾았지만, 찾을 수 없었습니다. 유대인 남자 열 명이 있어야 회당을 세울 수 있다는 규정이 있었는데, 빌립보에 회당이 없던 것으로 보건대 유대인 남자들이 그곳에 많지 않았던 것 같습니다.

안식일에 회당을 못 찾은 바울 일행은 할 수 없이 성문 밖 강가로 갑니다. 13절에 나오는 강은 갠자이트(Gangites) 강입니다. 그 강가에는 여인들이 기도하기 위해 모여 있었습니다. 회당이 없으니 유대인들이 강가에 모여 기도 모임을 한 것입니다. 바울 일행은 마게도냐 지방에서 이 강가에 모여 있던 여인들에게 최초로 복음을 전했습니다. 이 여인들 가운데 그리스도인이 된 여인들이 있었는데, 그들 중 한 사람이 루디아입니다. 그녀가 어떤 여인이었는지를 14절에서는 이렇게 소개합니다.

"두아디라 시에 있는 자색 옷감 장사로서 하나님을 섬기는 루디아라 하는 한 여자가 말을 듣고 있을 때 주께서 그 마음을 열어 바울의 말을 따르게 하신지라"(행 16 : 14).

루디아는 '두아디라'라는 유명한 상업 도시 출신의 이방 여인이었습니다. 귀족이나 왕족임을 표시하기 위해 입는 값비싼 자색 염료로 처리된 옷감을 판매하는 상인이었습니다. 그녀는 정식으로 유대교로 개종하지는 않았지만, '하나님을 섬기는' 여인으로 유대인처럼 아브라함의 하나님을 믿고 살았습니다. 신실하게 주님을 찾던 루디아는 바울이 전하는 복음을 들었고, 주님께서 그녀의 마음을 열어 바울의 말을 귀 기울여 듣도록 하셨습니다.

14절 하반절은 "주께서 그 마음을 열어 바울의 말을 따르게 하신지라"라고 기록하고 있습니다. 주님이 루디아의 마음의 문을 열어 주셨기에 바울의 설교를 주의 깊게 들을 수 있었습니다. 하지만 한 가지 더 주목해야 할 사실이 있습니다. 주님께서 그녀의 마음을 열어 주신 것은 그녀가 바울이 전한 복음을 한 번만 들었을 때 그렇게 된 것이 아니었습니다. "말을 듣고 있을 때"라는 말씀은 반복적으로 바울의 설교를 통해 복음을 들었을 때 회심이 일어났음을 말해 줍니다. 하나님은 바울 일행과 바울의 설교를 통해 낯선 땅에서 복음을 전하고 선교하고 계십니다.

2. 빌립보 선교

바울 일행의 선교 사역과 바울의 복음 전도를 통해 빌립보에서 일어난 일을 15절은 이렇게 말씀합니다.

"그와 그 집이 다 세례를 받고 우리에게 청하여 이르되 만일 나를 주 믿는 자로 알거든 내 집에 들어와 유하라 하고 강권하여 머물게 하니라"(행 16 : 15).

바울 일행의 복음 전파는 루디아와 그녀의 집이 다 세례를 받는 결과를 낳았습니다. "그와 그 집이 다 세례를 받고"라는 것은 루디아와 그녀의 집안에 있던 모든 사람이 세례를 받았다는 말입니다. 루디아가 비싼 자색 원단을 파는 여성 사업가임을 생각하면, 그녀의 집에서 수발드는 종들의 숫자가 상당했으리라 짐작할 수 있습니다. 바울의 복음 전도로 루디아가 세례를 받았습니다. 자기 자신만 세례받는 것으로 만족하지 않고, 그녀는 집에서 시중들던 종들도 세례를 받게 했습니다. 루디아의 회심은 그녀의 집에 있던 종들도 회심하는 결과를 낳았습니다. 한 사람의 구원이 다른 사람을 구원하는 일로 이어진 것입니다.

이에 더하여 루디아는 바울 일행을 자신의 집에 초대해 머물도록 했습니다. "우리에게 청하여 이르되 만일 나를 주 믿는 자로 알거든 내 집에 들어와 유하라 하고 강권하여 머물게 하니라"(행 16 : 15). '강권하였다'라는 말은 간청했다는 말입니다. 그녀는 바울 일행에게 "만일 나를 주 믿는 자로 알거든"이라고 말하면서 설득력 있게 간청했습니다. 바울 일행이 루디아의 집에 머물려고 하지 않았기 때문에 이렇게 말하며 간청했는지도 모릅니다. 루디아의 간청과 배려로 바울 일행은 빌립보 선교 사역과 복음 전도를 위한 거점으로 루디아의 집을 사용하게 되었습니다.

3. 선교하시는 하나님

오늘 마게도냐의 첫 성 빌립보에서 일어난 복음 전파와 그 결과를 통해 우리가 알 수 있는 사실이 있습니다.

첫째, 하나님이 선교 사역과 복음 전파의 주도권을 가지고 계신다는 사실입니다. 앞서 말했듯 바울에게는 자신의 선교 계획이 있었습니다. 그러나 마게도냐 사람이 여기로 와서 자신들을 도우라고 한 환상을 본 바울은 하나님이 마게도냐 사람들에게 복음을 전하라고 자신들을 부르셨다고 인정합니다(행 16 : 10). 바울 일행은 하나님의 뜻에 순종하여 마게도냐 지방으로 갔고, 그 지방의 첫 성인 빌립보에서 선교 활동을 하였습니다. 하나님의 구원 계획에 따라 바울 일행이 아시아가 아니라 마게도냐의 빌립보로 간 것입니다.

빌립보에서 첫 그리스도인이 된 루디아가 그리스도인이 되는 과정을 14절은 "주께서 그 마음을 열어 바울의 말을 따르게 하신지라"라고 기록하고 있습니다. 루디아는 바울이 전한 복음을 듣기 전에도 하나님을 공경하는 사람이었습니다. 하지만 그녀가 그리스도인이 되기 위해서는 주님이 일하셔야만 했습니다. 주님께서 그녀의 마음을 열어 주셨기 때문에 그녀는 바울이 전한 복음을 귀담아들을 수 있었습니다. 이 말씀을 통해 우리는 하나님이 선교 사역과 복음 전파를 주도하고 계심을 분명히 알 수 있습니다.

둘째, 하나님은 바울의 사역을 통해 루디아가 회심하도록 하셨습니다. 특별히 하나님은 바울의 설교를 통한 복음 전파로 죄인을 구원하십니다. 하나님은 선교와 전도의 주체이십니다. 그렇지만 하나님은 사람을 통해 선교와 전도의 열매가 맺히도록 하십니다. 14절 마지막에 "바울의 말을 따르게 하신지라"라는 말씀이 나옵니다. 이를 통해 바울이 강가 기도처에 모여든 여인들에게 말씀을 전하였음을 알 수 있습니다.

바울은 하나님이 이방인 선교를 위해 택하신 그릇이었습니다. 그는 선교를 위해 헌신했던 하나님의 사람입니다. 바울은 선교팀을 이루어 하나님이 인도하시는 지역에서 복음을 전했습니다. 사도 바울은 고린도전서 1：21에서 "하나님이 복음 전파를 통해 믿는 사람들을 구원하시기를 기뻐하셨다."라고 고백합니다.

"하나님의 지혜에 있어서는 이 세상이 자기 지혜로 하나님을 알지 못하므로 하나님께서 전도의 미련한 것으로 믿는 자들을 구원하시기를 기뻐하셨도다"(고전 1：21).

여기서 '전도'는 바울과 그의 일행이 복음을 전하고, 복음을 선포하는 것을 말합니다. 이렇게 보면, 전도는 복음을 설교하는 것이라고 말할 수 있습니다. 하나님께서는 이렇게 복음 설교를 통해 선교와 전도의 열매가 맺히게 하셨습니다. 로마서 10 : 17은 이 사실을 이렇게 말씀하고 있습니다.

"그러므로 믿음은 들음에서 나며 들음은 그리스도의 말씀으로 말미암았느니라"(롬 10 : 17).

우리에게는 그리스도의 말씀, 그리스도를 전하는 말씀이 있기에 전할 것이 있습니다. 전하는 사람이 있기에 들을 수 있습니다. 들음이 있고, 듣는 사람이 있기에 믿음이 생기고, 그리스도인으로 점점 성장해 갈 수 있습니다. 하나님은 우리가 전하는 복음 설교를 통해 불신자들에게 복음을 듣게 하시고 예수 그리스도를 우리의 구원자와 주님으로 믿게 하십니다.

오늘 본문 말씀은 하나님이 선교하시고 전도하시는 분임을 분명히 보여 줍니다. 선교와 전도는 우리가 해야 하는 일처럼 보여도 사실은 하나님이 인도하시고 이끌어 가시는 하나님의 일입니다. 물론 하나님은 우리의 수고와 헌신을 사용하십니다. 무엇보다도 하나님은 우리의 복음 설교를 통해 예수 그리스도를 통한 구원의 복음을 전하게 하시고, 불신자들이 복음을 듣게 하시며, 그들에게 믿음이 생기게 하십니다. 하지만 모든 선교와 전도의 열매는 결국 하나님이 사람의 마음을 열어 주셔야 가능한 일입니다. 그러므로 선교와 전도를 위한 도구로 쓰임 받을 때, 우리는 항상 하나님의 무익한 종이라는 의식을 가지고 선교와 전도를 위해 수고하고 헌신해야 할 것입니다.

2025 MINISTRY RESOURCE
MANUAL BOOK

목회와
설교자료

부흥하게 하소서

7월 셋째 주

김휘동 목사
포항송도교회

합 3 : 1~2

예배로 부름

시 135 : 1~3

"할렐루야 여호와의 이름을 찬송하라 여호와의 종들아 찬송하라 여호와의 집 우리 여호와의 성전 곧 우리 하나님의 성전 뜰에 서 있는 너희여 여호와를 찬송하라 여호와는 선하시며 그의 이름이 아름다우니 그의 이름을 찬양하라"

입례 찬양

29장 "성도여 다 함께"

결단 찬양

210장 "시온성과 같은 교회"

2019년 연말에 시작된 코로나19 팬데믹은 많은 사람이 이전에 경험하지 못한 전염병에 대한 두려움에서 헤어 나오지 못하게 만들었습니다. 국가와 사회, 개인 등 어느 하나 힘겹지 않은 곳이 없었으나, 가장 큰 어려움을 겪고 있는 곳은 교회가 아닌가 합니다. 정부의 강력한 통제는 교회의 모든 모임을 제대로 할 수 없게 만들었습니다. 교회에서 가장 중요한 예배조차 제대로 드릴 수 없었습니다. 그렇지 않아도 쇠퇴 기미를 보이던 한국교회는 핵폭탄을 맞은 격이 되고 말았습니다. 대부분 교회에서 예배 참여자가 급감했습니다. 더 심각한 것은 교회에서 다음 세대들이 많이 사라졌다는 것입니다.

목회데이터연구소의 통계 발표에 따르면, 코로나19 팬데믹 이후 현장 예배 이탈자가 심각할 정도로 많습니다. 특히 3040 세대 성도의 43%가 현장 예배에서 이탈했다고 합니다. 지금 한국교회는 모이는 것이 얼마나 힘든지 모릅니다. 특히 다음 세대는 거의 반토막이 나고 말았습니다. 상당수의 성도가 온라인으로 예배하고 있다고는 하지만, 이것이 바람직한 신앙생활, 예배생활의 모습은 아니라고 믿습니다.

교회는 예배하는 곳만이 아닙니다. 함께 모여서 교제하고, 친교를 나누며, 서로 섬기고, 봉사하는 곳입니다. 신앙생활의 기본 중의 기본은 모이는 것입니다. 주님께서도 말세가 되면 모이기를 폐하는 것이 습관이 된다고 분명하게 경고하셨습니다.

교회는 모여야 합니다. 물론 흩어져야 할 때도 있습니다. 그러나 일단 모여야 합니다. 모이는 교회가 있어야 흩어지는 교회도 있습니다. 모임이 없는 교회는 교회라고 할 수 없습니다. 교회는 어떤 일이 있어도 모여야 합니다. 모여서 예배하고, 모여서 친교하며, 모여서 전도하고, 모여서 봉사해야 합니다.

이제 세계는 코로나19 팬데믹의 악몽에서 벗어났다고 할 수 있습니다. 우리의 일상생활도 거의 회복되었습니다. 경제활동, 사회문화, 예술공연, 교육 등 거의 모든 분야가 회복되었습니다. 이제 우리 신앙생활만 회복되면 전부 회복되었다고 할 수 있습니다. 교회가 회복되어야 합니다. 우리 신앙생활이 회복되어야 합니다.

1. 영적 부흥이 먼저이다

지금의 선진국들을 보면 어김없이 영적인 부흥 운동이 일어났던 나라들입니다. 교회의 부흥을 경험했던 나라들이 지금 세상을 이끌고 있습니다. 우리도 교회가 부흥해야 합니다. 신앙적으로 부흥해야 합니다. 그래야 우리나라가 회복되고 성장할 수 있습니다.

프랑스와 러시아에서 거의 비슷한 시기에 정치적 혁명이 일어났습니다. 그런데 영국에서는 부흥 운동이 일어났습니다. 존 웨슬리와 찰스 웨슬리가 중심이 된 회개 운동이 영국을 피의 혁명에서 건졌습니다. 혁명으로 나라가 잘될 것 같지만, 그렇지 않습니다. 부흥 운동이 일어나야 합니다.

미국의 제30대 대통령 캘빈 쿨리지는 오늘의 미국이 신앙 부흥 운동으로 생겨났다고 말했습니다. 당대 미국 최고의 역사가였던 페리 밀러는 무신론자였습니다. 그런 그도 미국의 독립전쟁은 하나의 신앙 부흥 운동이었다고 했습니다. 교회가 회복하고 부흥해야 합니다. 우리의 신앙이 회복되고 부흥되어야 합니다. 그래야 우리의 가정이 잘되고, 이 나라와 이 민족이 세계에서 홀대받지 않고 더욱 번영할 것입니다.

하박국 선지자는 주전 612~605년경 남 유다에 살았던 사람입니다. 당시 유다는 제16대 왕인 요시야 왕의 종교개혁에도 불구하고 우상숭배에서 완전히 벗어나지 못했습니다. 백성들은 믿음이 없었습니다. 그래서 앗수르에 어려움을 당했습니다. 바벨론에 착취를 당했습니다. 이런 모습을 보면서 하박국 선지자는 그 시대와 나라를 향해서 강력하게 외쳤습니다.

"의인은 그의 믿음으로 말미암아 살리라"(합 2 : 4).

아무리 어렵고 절박한 상황 가운데 있다고 해도 믿음이 있으면 살 수 있습니다. 믿음으로 살면 살 수 있습니다. 믿음으로 살면 모든 것을 지킬 수 있습니다. 믿음으로 살면 자신도, 가정도, 나라도 지킬 수 있습니다. 이 믿음만이 우리가 살길입니다. 하박국 선지자는 바로 이것을 외쳤습니다.

오늘날도 하나님은 믿음을 통해 역사하십니다. 돈, 건강, 명예, 지위를 다 잃어버리고 빼앗겼다 할지라도 믿음만큼은 가지고 있어야 합니다. 믿음마저 빼앗기고 잃어버리면 우리 인생의 뿌리가 흔들립니다. 믿음을 가진 사람만이 의롭게 살 수 있습니다. 믿음을 가진 사람만이 행복하게 살 수 있습니다. 믿음을 가진 자만이 실패하지 않고 승리의 삶을 살 수 있습니다. 그래서 하박국 선지자는 본문 2절에서 "주의 일을 이 수년 내에 부흥하게 하옵소서"라고 외친 것입니다. 교회가 회복되고 부흥되어야 합니다.

2. 주님의 소문에 놀라야 한다

본문의 말씀을 통해서 우리가 가장 먼저 깨달아야 할 것은 우리는 주님의 소문을 듣고 놀라야 한다는 것입니다. 본문 2절은 "여호와여 내가 주께 대한 소문을 듣고 놀랐나이다"라고 시작합니다. 우리는 주님의 소문을 들어야 합니다. 그런데 듣기만 하지 말고 주님의 소문을 듣고 놀라야 합니다. 놀라야 한다는 말씀이 무슨 뜻입니까? 감동을 받고 은혜를 받아야 하며, 도전을 받아야 한다는 것입니다. 여기에서 부흥의 역사가 시작됩니다.

우리는 어떤 소문을 들어야 합니까? 이 세상의 소문이 아닙니다. 주님에 대한 소문입니다. 하나님께서 어떻게 하셨는지, 앞으로 어떻게 하실지, 하나님께서 이 민족을 어떻게 도우시고 어떤 능력을 베풀어 주셨는지에 대한 소문을 들어야 합니다. 이 세상의 소문을 듣고 놀라지 말고, 주님의 소문을 듣고 놀라야 합니다.

그렇다면 우리는 어떻게 하나님에 대한 소문을 분명하고 확실하게 들을 수 있습니까? 하나님의 말씀을 통하여 들을 수 있습니다. 하나님의 말씀을 들을 때 부흥의 역사가 일어납니다. 하나님의 말씀이 우리 심령에 떨어져서 그 한 말씀이 백이 되고, 천이 되고, 만이 되어야 합니다.

우리의 삶을 돌아보면 그렇습니다. 이 세상의 소문을 들으면 내 입술이 떨리고 창자가 흔들립니다. 그러나 주님의 소문을 들으면 비록 무화과나무가 무성하지 못하고 포도나무에 열매가 없고 감람나무에 소출이 없고 밭에 먹을 것이 없고 외양간에 소가 없을지라도 기뻐하고 감사하면서 살 수 있습니다.

그러므로 주님의 말씀에 귀와 마음을 열어야 합니다. 주님께서는 오늘도 우리에게 말씀하십니다. 이 험한 세상에서 흔들리지 말고 강하고 담대하라고, 내가 너를 도와주겠다고 말씀하십니다. 내가 너희를 더욱 거룩하게 구별하겠다고 말씀하십니다. 내가 너를 세상의 복이 되게 해 주시겠다고 말씀하십니다. 우리의 질병을 고쳐 주겠다고 말씀하십니다. 죽음의 수렁에서 건져 내어서 우리를 살려 주겠다고 말씀하십니다. 이런 주님의 말씀, 주님의 소문을 들어야 하지 않겠습니까?

영국의 조지 휘트필드 목사님은 "나에게 들려오는 소리를 들어라. 음성을 분별하라. 마귀의 소리도 듣지 말고, 사람의 소리도 듣지 말고, 위에서 들려오는 하나님의 음성을 들어라."라고 말했습니다. 우리는 주님의 말씀을 들어야 합니다. 주님의 소문을 분명하게 듣고 더욱 부흥하는 삶을 삽시다.

3. 부흥을 간절히 바라야 한다

본문 말씀이 우리에게 주는 교훈은 부흥에 대한 간절함이 있어야 한다는 것입니다. 본문 2절에서 하박국 선지자는 "여호와여 주는 주의 일을 이 수년 내에 부흥하게 하옵소서 이 수년 내에 나타내시옵소서"라고 기도합니다. 하박국 선지자는 주님의 일에 부흥에 대한 간절함이 있었습니다. 너무 간절해서 기다릴 수 없었습니다. 오래 기다릴 수 없었습니다. 그래서 기도했습니다. "주님의 일이 이 수년 내에 부흥하게 하옵소서." 수년 내에, 최대한 빠른 시간 안에 부흥하기를 바라는 간절함이 있었습니다.

우리는 이와 같은 하박국 선지자의 마음을 배워야 합니다. 주님의 일에 간절함을 가져야 합니다. 교회에 간절함을 가져야 합니다. 우리 신앙생활에 간절함을 가져야 합니다. 이 간절함과 열정이 있을 때 부흥의 역사가 일어납니다. 천국은 침노하는 자들의 것이라고 했습니다. 하나님의 일이라고 해서 그냥 이루어지지 않습니다. 성도들이 간절함을 가지고 최선을 다할 때 하나님의 역사가 일어나는 것입니다.

그냥 부흥된 교회는 이 세상에 단 한 교회도 없습니다. 부흥에 대한 간절함을 가지고 최선을 다해야 합니다. 간절한 마음으로 우리의 열정과 전부를 쏟아부어야 합니다. 그래야 부흥의 역사가 일어납니다. "주님, 다른 일은 모르겠습니다. 그러나 주님의 일이라면 수년 내에 반드시 부흥하게 해 주시옵소서." 우리 교회가 반드시 수년 내에 부흥해야 합니다. 이 부흥을 위해서 내가 해야 할 일은 무엇이겠습니까? 기도하면서 최선을 다해야 부흥의 역사가 일어납니다.

오늘 우리는 어떤 마음으로 신앙생활을 하고 있습니까? 어떤 마음으로 교회를 섬기고 있습니까? 내 개인적인 취미와 오락에는 얼마나 간절한지 모릅니다. 정말로 사모하는 마음을 가지고 정성을 다해서 준비하고 그 시간을 기다립니다. 내 건강, 내 직장 생활에는 얼마나 간절한 마음을 품고 있는지 모릅니다. 승진을 위해서 얼마나 간절히 바라고 애쓰는지 모릅니다. 이렇게 세상의 일들에 대해서는 정말로 간절한 마음을 가지고 있습니다.

제가 잘 알고 있는 청년이 있습니다. 이 청년은 축구를 너무너무 좋아해서 축구에 대한 간절함이 있습니다. 자기가 응원하는 팀의 유니폼과 응원 도구를 모두 구매합니다. 그 팀의 시합이 있으면 가능한 한 찾아갑니다. 그 팀의 경기를 보러 부산에 가고, 제주도도 가고, 포항도 가고, 대전도 가서 목이 터지라 응원합니다. 원정 경기에 가기 위해 밤을 새우기도 하고, 휴가를 내기도 합니다. 비가 오면 비를 쫄딱 맞으면서 응원합니다. 응원하는 팀의 승리를 위해서 할 수 있는 것은 다합니다. 그런데 이런 사람이 한두 사람이 아니라는 겁니다. 이렇게 간절하게 응원하는 사람들, 모임이 많은 팀이 결국에는 좋은 성적을 거두게 됩니다. 여러분, 이런 마음으로 교회를 섬겨야 합니다. 이런 마음으로 신앙생활을 해야 합니다.

사도행전 2 : 46~47은 "날마다 마음을 같이하여 성전에 모이기를 힘쓰고 집에서 떡을 떼며 기쁨과 순전한 마음으로 음식을 먹고 하나님을 찬미하며 또 온 백성에게 칭송을 받으니 주께서 구원받는 사람을 날마다 더하게 하시니라"라고 말씀합니다. 이 말씀은 초대교회 성도들이 얼마나 간절함을 가지고 신앙생활을 했는지를 잘 보여 줍니다.

여러분, 마음속에 식어 가는 주님을 향한 간절함, 주의 일을 위한 간절함, 신앙생활을 위한 간절함, 교회의 부흥을 향한 간절함을 꼭 회복하시기를 바랍니다. "이전보다 더 열심히 신앙생활하겠습니다. 주일예배를 비롯한 공적인 예배에 대한 간절함을 가지겠습니다. 앞으로는 사명감을 가지고 예배하겠습니다. 간절한 마음으로 교회를 섬기겠습니다. 그리고 전도하겠습니다."라고 고백하며 회복된 신앙생활을 하시기를 바랍니다.

가장 아름다운 발길

7월 넷째 주 　　장승권 목사
　　　　　　　　　청주서남교회

롬 10 : 13~15

예배로 부름
사 52 : 7
"좋은 소식을 전하며 평화를 공포하며 복된 좋은 소식을 가져오며 구원을 공포하며 시온을 향하여 이르기를 네 하나님이 통치하신다 하는 자의 산을 넘는 발이 어찌 그리 아름다운가"

입례 찬양
19장 "찬송하는 소리 있어"

결단 찬양
505장 "온 세상 위하여"

자녀들이 싫어하는 커피가 '라테'라고 합니다. 부모 세대가 자녀들에게 "나 때는 말이지……"라고 부모 세대가 겪었던 이야기를 하면서 하는 훈계를 듣기 싫어한다는 뜻입니다. 하지만 "나 때는 말이지."라고 말할 때 먼저 용돈부터 주고 하면 괜찮다는 말도 있습니다. 부모 세대는 때로는 용돈을 주고서라도 어릴 적 이야기를 들려주고 싶어 합니다. 어제가 있었기에 오늘이 존재하기 때문입니다. 과거 없는 현재, 현재 없는 미래는 있을 수 없습니다. 역사학자 에드워드 카(E. H. Carr)는 "역사는 과거와 현재의 끊임없는 대화이다."(History is an unending dialogue between the present and the past)라고 말했습니다. 역사란 현재를 비추는 거울이고 미래의 길을 제시하는 나침반입니다.

지금이야 다양한 소셜 미디어가 있지만, 제가 어렸을 때 세상과 소통하는 방법은 TV와 신문 그리고 편지였습니다. 신문과 편지는 우체부 아저씨가 배달해 주었습니다. 이분들을 집배원(集配員)이라고 불렀습니다. 우체부 아저씨가 따르릉 소리를 내며 왔다는 사인을 주면 달려 나가 신문이나 편지를 받았습니다. 저는 시골에서 도시로 나와 자취를 하며 고등학교에 다녔습니다. 혼자 살면서 탈선하지 않고 사춘기 시절을 건강하게 보낼 수 있었던 비밀은 또래 여학생과 펜팔(pen pal) 친구가 되어 편지를 주고받았다는 것입니다. 만날 수는 없었지만 삶에 대한 고민이 시작되는 시절에 서로의 생각을 나눌 수 있는 친구가 있어서 참 좋았고, 학교에서 돌아왔을 때 편지가 문앞에 놓여 있는 것은 커다란 기쁨이었습니다.

1. 복음의 전달자

성도 여러분! 성경은 하나님의 마음입니다. 성경은 우리를 향한 하나님의 사랑의 편지입니다. 그런데 그 편지를 배달하는 사람들의 발걸음이 없었다면 저는 하나님의 사랑도 하나님의 마음도 알 수 없었고, 예수님이 메시야이시며 그리스도이신 것도 몰랐고, 구원과는 상관없는 인생을 살았을 것입니다.

오늘 우리가 구원받은 하나님의 자녀로 살아가게 된 것은 하나님의 마음, 하나님의 사랑의 편지, 곧 예수 그리스도의 복음을 전한 이들이 있었기 때문입니다.

1866년 9월 3일 약관 27세의 나이로 조선 땅에 복음을 전하고자 했던 선교사가 있었습니다. 로버트 저메인 토마스 선교사(Robert Jermain Thomas, 1839-1866)입니다. 1863년 24세의 토마스 선교사는 영국 런던선교회 소속으로 중국 선교의 비전을 품고 중국에 왔습니다. 1864년 3월 24일 아내 캐롤라인이 세상을 떠나자, 그 상실감으로 1864년 12월 선교사의 직분을 내려놓았습니다. 그러다가 조선인 김자평을 만나 조선에 대한 구령의 열정을 다시 품게 되었습니다. 1865년 9월 작은 목선에 의지해 서해안의 백령도와 창린도를 방문하여 성경을 전했습니다. 그렇게 50일간 조선 방문을 마치고 베이징으로 돌아와 런던선교회로부터 선교사로 재신임을 받았습니다.

토마스 선교사는 조선어 공부를 하면서 조선 선교를 꿈꾸며, 1866년 미국 상선 제너럴셔먼호의 통역관으로 승선해 조선을 향했습니다. 당시 그는 이렇게 말했습니다.

"나는 상당한 분량의 책과 성경을 가지고 떠납니다. 조선 사람들로부터 받을 환영을 생각하니 얼굴이 달아오르고 희망이 부풀어 오릅니다. 하나님의 말씀인 성경을 전하기 위해 미지의 나라로 떠나는 나의 노력이 언젠가는 반드시 인정받으리라 믿으며 나아갑니다."

1866년 2월에 병인박해로 천주교 신자 약 8,000명이 순교했습니다. 토마스 선교사는 그해 8월에 제너럴셔먼호에 승선하여 조선으로 향했습니다. 9월경 제너럴셔먼호가 평양 대동강 한사정 여울목에 정박하였으나 입항을 거부한 조선 관군의 공격에 침몰하고 말았습니다. 배에 타고 있던 사람들은 대동강 변으로 헤엄쳐 왔지만 붙잡혀 목 베임을 당했습니다. 조선 선교의 큰 꿈을 가지고 대동강 변에 첫발을 내디딘 토마스 선교사 역시 그곳에서 죽임을 당했습니다.

그때 토마스 선교사는 생의 마지막 순간에 자신에게 칼을 겨누던 병사를 위해 기도하며 성경을 건넸고, 그의 성경을 받은 이가 박춘권이었습니다. 그는 성경을 뜯어 자기 집에 벽지로 삼았는데, 후에 그 벽지의 말씀을 읽다가 예수 그리스도를 영접하고 평양안주교회의 장로가 되었습니다.

예수 그리스도의 십자가를 모르며 살았던 우리 민족을 위해 자신의 삶을 드린 토마스 선교사는 조선의 첫 번째 순교자가 되었습니다. 예수님의 마지막 명령에 순종해 복음 전파를 위해 전심전력했던 토마스 선교사는 이 땅에 그리스도의 사랑의 흔적이 됐고 사랑의 증거가 되었습니다. 교부 터툴리안은 "순교의 피는 교회의 초석이 된다."라고 말했습니다. 굳게 닫힌 우리 민족에게, 복음을 전하려 했던 토마스 선교사의 선교는 조선 땅을 두드리는 것으로 끝난 것 같았지만, 그 결과는 2천 년 기독교 역사 가운데 전무후무한 복음의 확산과 교회의 부흥으로 이어졌습니다.

1884년 9월 20일 중국 상하이에서 활동하던 미국 북장로교 소속 의료 선교사 호러스 알렌(Horace Newton Allen, 한국명 안연〈安連〉, 1858-1932)이 인천 제물포에 도착, 22일 서울에 왔습니다. 조선의 천주교 박해는 널리 알려진 사실이었기에 알렌은 주한 미국 공사관

공의(公醫) 자격으로 입국했습니다. 그는 천주교가 조선 사회와 심각한 갈등을 겪었던 걸 반면교사로 삼아 포교에 신중을 기하며, 천주교와 구별되는 포교 전략을 펼쳤습니다.

이로 인해 조선 조정은 개신교 선교사에 대해 호의적 태도를 보였으며, 개인의 종교적 자유 및 정교 분리가 '우리의 당연함'으로 자리 잡는 데 기반이 되었습니다.

토마스 선교사가 대동강 변에서 순교한 지 19년이 지난 1885년, 4월 5일 부활절을 맞아 장로교 선교사 언더우드(Horace G. Underwood, 1859-1916)와 감리교 선교사 헨리 아펜젤러(Henry G. Appenzeller, 1858-1902)가 일본 상선 미쓰비시호를 타고 제물포(인천)에 도착했습니다. 언더우드는 미국 북장로교에 "나는 조선에 복음의 씨를 뿌리러 왔는데 열매를 거두기에 바쁘다."라고 선교 보고서를 보냈습니다. 연희전문학교(연세대학교 전신)를 설립하고, 한글 성경을 편찬하였으며, 대한기독교서회와 YMCA를 창설하고, 새문안교회를 설립했습니다.

언더우드는 이미 자리를 잡고 있던 알렌의 광혜원에서 첫 사역을 시작했습니다. 언더우드와 알렌은 선교 방법론에 있어 갈등을 빚기도 했습니다. 알렌은 정부의 방침에 순응하여 의사는 진료, 교사는 교육으로 활동을 제한해야 한다고 한 반면에 언더우드는 비밀리에라도 조선인들에게 복음을 전해야 한다고 주장했기 때문입니다.

후에 장로교 선교사 언더우드와 감리교 선교사 아펜젤러는 1886년 7월 18일 알렌의 조선어 선생이었던 노춘경에게 최초로 세례를 베풀었습니다. 언더우드의 자택에서 1885년 이른 여름에 주일예배를 시작하였고, 1887년 9월 27일에 새문안교회를 창립하였습니다. 그리고 1885년 10월 11일에 아펜젤러 선교사의 집례로 최초의 성찬식이 거행되었는데, 이것이 정동제일교회의 시작이었습니다.

2. 믿음으로 복음을 받아들일 때

창조주이신 우리 하나님의 대표적인 품성은 '사랑'입니다.

"하나님은 사랑이시라"(요일 4 : 16).

하나님의 사랑은 예수 그리스도 십자가의 대속을 통해 우리를 영원한 사망에서 영원한 생명의 은혜로 옮겨 주시는 사랑입니다. 율법은 죄를 깨닫게 하고 그 법대로 심판하는 기능을 합니다. 그러나 율법으로는 구원에 이르지 못합니다. 어느 누구도 율법을 완전하게 지킬 수 없기 때문입니다.

예전 TV 프로그램 중에 "좋은나라 운동본부"란 것이 있었습니다. 그 프로그램에 나온 탈세하는 사람들, 세금 납부를 고의로 미루는 사람들, 노동자들의 임금을 체불하는 사람들이 공통으로 하는 말이 무엇이냐 하면, 법대로 하라는 것입니다. 그런데 진짜 법을 지키는 사람들은 이런 말을 하지 않습니다. 주로 법의 허점을 교묘히 이용하는 사람들이 이런 말을 합니다.

율법은 죄를 깨닫게는 해도 사람을 선하게 만들지는 못합니다. 법은 사람을 선하게 만들기 위해 있는 것이 아니라, 범죄를 예방하거나 죄를 지었을 경우 처벌하기 위한 것입니다. 한마디로 법은 '예방과 처벌'의 기능만 있을 뿐입니다. 법을 만드는 속도와 사람들이 죄를 생각하여 만드는 속도 중에서 어떤 것이 빠르겠습니까? 이처럼 율법에는 한계가 있습니다.

우리는 법대로 하면 모두 영원한 심판에 이르게 됩니다. 그러나 하나님은 우리를 법대로, 곧 율법대로 판단하지 않고 은혜로 구원하여 주셨습니다. 이것이 복음입니다. 그러면 우리가 어떻게 구원을 얻습니까? 하나님은 사도 바울을 통해 이렇게 말씀하십니다.

"누구든지 주의 이름을 부르는 자는 구원을 받으리라"(롬 10 : 13).

또 사도 베드로를 통해 이렇게 말씀하십니다.

"이르되 주 예수를 믿으라 그리하면 너와 네 집이 구원을 받으리라 하고" (행 16 : 31).

성도 여러분! 누가 주의 이름을 부릅니까? 믿음이 있는 사람입니다. 믿음이 없는데 어찌 주의 이름을 부르겠습니까. "누구든지 예수를 저주할 자라 하지 아니하고 또 성령으로 아니하고는 누구든지 예수를 주시라 할 수 없느니라"(고전 12 : 3)라고 하였습니다. 예수님을 나의 주님이라고 부르는 사람은 성령 하나님이 함께하시기 때문입니다.
로마서 10 : 9을 보십시오.

"네가 만일 네 입으로 예수를 주로 시인하며 또 하나님께서 그를 죽은 자 가운데서 살리신 것을 네 마음에 믿으면 구원을 받으리라"(롬 10 : 9).

예수 그리스도를 '나의 주님'(My Lord)으로 믿고 시인하는 것이 중요합니다. 이렇게 고백하려면 믿음이 있어야 합니다. 믿음이 없이는 절대로 이런 고백을 할 수 없습니다. 그렇다면 믿음은 어떻게 생깁니까?

"그러므로 믿음은 들음에서 나며 들음은 그리스도의 말씀으로 말미암았느니라"(롬 10 : 17).

그리스도의 말씀을 들을 때 믿음이 생깁니다. 간혹 "나는 믿음이 없어서 교회에 못 간다. 나는 하나님을 믿지 못하겠다."라고 말하는 이들이 있습니다. 아니, 하나님의 말씀을 들은 적이 없는데 믿음이 어떻게 생기겠습니까? 믿음은 하나님의 말씀을 들어야 생깁니다. 고기도 먹어 본 사람이 먹는다고 하지 않습니까? 하나님의 말씀을 자꾸 듣다 보면 말씀이 참으로 맛있다는 것을 깨닫게 됩니다.

사막에서 목말라 죽어 가는 두 사람에게 한 여행객이 "앞에 보이는 작은 모래 언덕만 넘으면 오아시스가 있다."라고 말하였습니다. 같은 말을 들은 두 사람 중에 한 사람은 있는 힘을 다해 뛰어 언덕을 넘어갔고, 또 한 사람은 그 말이 헛소리라고 생각하여 그대로 누워 있었습니다. 두 사람은 어떻게 되겠습니까? 여행객이 전해 준 말이 사실이라면 뛰어간 사람은 살 것이고 그러지 않은 사람은 죽을 것입니다. 확률적으로 따져 보아도 뛰어간 사람은 살 확률이 50%는 되지만 그 자리에 주저앉은 사람은 죽을 확률이 100%입니다. 밑져야 본전입니다. 가만히 있으면 반드시 죽습니다. 그러므로 이 두 사람 중에서 뛰어간 사람에게는 믿음이 있고 그 자리에 머문 사람에게는 믿음이 없는 것입니다.

사람들이 복음을 귀로 들었다고 해서 그들 모두에게 믿음이 있는 것이 아닙니다. 귀로 듣고 몸으로 따르는 것이 믿음입니다. 귀로 듣고 입으로 "아멘." 하고 거기서 그치면, 언덕 너머에 오아시스가 있다는 것을 안다고 말하면서 사막에 그대로 누워 있는 것과 마찬가지입니다.

성도 여러분, 참된 믿음은 나의 온 생애를 거는 일입니다. 분명한 것은 그 믿음은 부활의 영광, 천국의 승리로 드러난다는 것입니다. 수많은 믿음의 선조들이 그것을 삶으로 증명하였습니다. 그러나 복음을 전하는 사람이 없다면 어찌 복음을 들을 수 있겠습니까? 말하라고 보내지 않는데 누가 말을 하겠습니까? 우리가 주의 이름을 불러 구원을 얻는 것은 결코 나 혼자서 할 수 있는 일이 아닙니다. 헤아릴 수 없이 많은 세월과 주의 종들을 통하여 맺어진 결실입니다.

다음은 언더우드 선교사가 직접 쓴 기도문은 아니지만 작가 정연희가 소설『양화진』(홍성사, 1992)에서 조선 선교에 대한 언더우드의 마음을 생각하며 쓴 기도문을 소개하고자 합니다.

보이지 않는 조선의 마음
지금은 아무것도 보이지 않습니다. 주님, 메마르고 가난한 땅, 나무 한 그루 청청하고 시원하게 자라오르지 못하고 있는 땅에 저희는 옮겨와 앉았습니다…….

언더우드는 조선이 처한 어지럽고 험악한 시대적 상황에도 자신의 온 생애를 걸고 조선의 복음화를 위해 헌신했습니다. 그는 조선 선교사를 지망하면서 정혼자에게 파혼당했습니다. 여러 역경 속에 한국을 가슴에 품은 그는 이렇게 말했습니다.

"내가 딱 한 가지 아는 것이 있다면, 그곳에는 하나님을 모르고 있는 2천만 명의 고귀한 생명이 있다는 것입니다."

서울 양화진에 가면 선교사들의 묘지가 있습니다. 그들은 왜 낯선 조선 땅에 와서 피를 흘리고 목숨을 바쳐 가며 복음을 전했습니까? 천하보다 귀한 생명을 구원하기 위해서였습니다! 이제 복음의 전달자된 우리를 통해 많은 이들이 하나님의 마음을 알고 구원받아 예수 그리스도를 주님으로 고백하길 원합니다. 복음을 전한 선교사님들의 발은 세상에서 가장 아름다운 발이었습니다. 오늘 우리들의 발도 그와 같이 되기를 바랍니다.

구원받은 자의 변화된 삶의 모습

8월 첫째 주   박선용 목사
                  가경교회

롬 12 : 1~2

예배로 부름
애 5 : 21
"여호와여 우리를 주께로 돌이키소서 그리하시면 우리가 주께로 돌아가겠사오니 우리의 날들을 다시 새롭게 하사 옛적 같게 하옵소서"

입례 찬양
421장 "내가 예수 믿고서"

결단 찬양
516장 "옳은 길 따르라 의의 길을"

하나님은 그리스도인들이 이 세상을 살아가면서 새롭게 변화되기를 원하십니다. 역사 속에서 발전하지 못하는 문명, 국가, 민족은 존속하지 못하고 소멸하듯이, 그리스도인들도 개인적, 가정적, 교회적으로 새롭게 변화하지 못하면 성장하지 못할 것입니다.

그렇다면 우리는 왜 변화되어야 합니까? 왜 하나님은 우리에게 변화를 요구하십니까? 그것은 바로 우리가 구원받은 백성이기 때문입니다. 우리는 죄인으로 저주 아래 있었으나 예수 그리스도의 은혜로 죄 사함을 받아 천국 시민이 되는 특권을 누리게 되었기 때문입니다. 또한 하나님께서는 우리의 신앙이 변화되는 것을 보시기 원하기 때문입니다. 그러므로 우리가 그리스도인이라면 반드시 새롭게 변화되어야 하는 책임과 의무가 있습니다. 아직도 내가 변화되지 못했다면 거듭나지 못했다는 증거입니다. 예수 그리스도를 나의 구주로 모신 사람이라면 변화되는 것이 자연스러운 일이고 당연한 일입니다.

성도 여러분! 구원받은 사람은 반드시 변화해야 합니다. 하나님의 말씀과 성령의 능력으로 나의 몸과 마음과 인격이 변해야 합니다. 개인적, 가정적, 교회적으로 영적 성장을 이루기 위해서 변화되지 않으면 안 됩니다.

1. 예배의 변화를 경험하라

구원받은 자는 먼저 예배가 변화됩니다. 그리스도인이라면 예배가 변화되어야 합니다.

로마서는 크게 두 부분으로 나눕니다. 1장부터 11장까지와 12장부터 16장까지로 나뉘는데, 앞부분은 구원론에 대한 말씀으로 교리적인 부분입니다. 죄인인 인간이 어떻게 구원받을 수 있는지를 알려 줍니다. 이는 우리가 하나님이 보내 주신 예수 그리스도를 믿음으로 의롭다 함을 받을 수 있다는 말씀입니다.

이어지는 12장부터는 구원받은 성도들의 삶에 대한 말씀으로 실천적, 윤리적인 부분입니다. 예수 그리스도를 믿고 의롭다 함을 받은 사람이 어떻게 살아야 하는지에 대해서 구체적으로 말씀합니다. 바울은 이 부분을 "그러므로 형제들아 내가 하나님의 모든 자비하심으로 너희를 권하노니 너희 몸을 하나님이 기뻐하시는 거룩한 산 제물로 드리라 이는 너희가 드릴 영적 예배니라"(롬 12 : 1)라고 시작합니다. 즉, 예배에 대한 권면으로 시작하고 있습니다.

예배는 구원받은 성도들이 첫 번째로 해야 하는 일입니다. 예배는 이렇게 중요합니다. 이런 의미에서 예배는 하나님께서 구원받은 성도들에게 주신 특권입니다. 아무나 예배하는 것이 아닙니다. 예수님을 믿고 구원받은 사람만이 예배할 수 있기에 특권이고 복입니다. 하나님께 나올 때마다 예배의 특권과 복을 마음껏 누리시기 바랍니다.

바울은 우리에게 이렇게 예배하라고 말합니다. 먼저 우리의 몸을 하나님이 기뻐하시는 거룩한 산 제물로 드리라고 했습니다. 이것이 우리의 영적 예배이기 때문입니다. '영적 예배'를 새번역 성경은 '합당한 예배'라고 번역했습니다. 우리를 거룩한 제물로 드리는 예배가 하나님께서 받으시기에 합당한 예배라는 말씀입니다.

하나님께 드리는 제물은 흠이 없고 거룩해야 합니다. 그런데 우리는 죄인이기에 흠이 있어 하나님께서 받으실 수 없는 존재입니다. 이런 우리가 예수 그리스도로 인해 하나님이 받으실 수 있는 존재가 된다는 것은 복음이며, 하나님의 모든 자비하심과 사랑으로 말미암아 이루어진 일, 즉 은혜입니다.

하나님께서는 예배의 거룩한 산 제물로서 우리의 몸을 요구하십니다. 바울이 말하는 몸은 단순한 육체를 말하는 것이 아닙니다. 전인적인 인격체로서 우리 각자의 존재와 삶을 가리키는 말입니다. "너희 몸을 드리라."라는 것은 "너희 자신을 드리라."라는 말과 같은 뜻입니다. 우리 삶의 일부가 아니라 전부, 우리 소유의 일부가 아니라 전부, 우리 관심의 일부가 아니라 전부, 우리 힘의 일부가 아니라 전부를 말합니다. 우리 자신을 온전히 다 하나님께 바치라는 뜻입니다. 왜냐하면 하나님의 자비하심은 우리 삶의 한 부분에만 관련된 것이 아니기 때문입니다. 하나님은 그 자비하심으로 우리를 영원히 구원하셨습니다.

그러므로 우리 몸을 산 제물로 드린다는 것은 오직 하나님만이 우리의 주인이 되시고, 우리의 삶이 오직 하나님의 나라와 그의 의를 구하는 것임을 의미합니다. 우리가 온갖 세상사와 세상의 부귀영화에 우리의 눈과 마음을 빼앗긴 채로는 하나님께 산 제물로 드려질 수 없습니다.

결국 우리는 일상이 곧 예배라는 의식 아래 매 순간을 거룩하게 살아야 합니다. 주일 하루 교회에 나가서 예배하는 것만으로는 '하나님이 나의 주인'이라고 말할 수 없습니다. 하나님께서는 우리 삶의 전 영역에 하나님의 주권을 선포하기를 원하십니다.

하나님께서는 우리의 의로운 삶을 예배로 받기 원하십니다. 그러므로 여러분 모두 먹든지 마시든지 무엇을 하든지 다 하나님의 영광을 위하여 하나님께 우리 자신을 거룩한 산 제사로 드리길 바랍니다. 이것이 바로 우리가 하나님께 마땅히 올려 드려야 하는 영적 예배이고 합당한 예배입니다.

지금까지의 예배가 나의 일부만 드리는 예배, 주인 없는 예배, 제물이 없는 예배였다면 이제부터라도 하나님께서 기뻐 받으시고 우리가 마땅히 올려 드리는 예배가 되길 바랍니다. 예배의 구경꾼에 머물지 말고 제단에 올려진 산 제물이 되어 참 예배를 경험하는 예배자로 변화되기를 바랍니다.

2. 이 세대를 본받지 말라

바울은 우리가 구원받은 자로서 변화하려면 이 세대를 본받지 말아야 한다고 말합니다.

2절의 '이 세대'란 당시의 로마 사회를 지칭합니다. 당시의 로마는 타락한 사회였습니다. 각종 우상이 범람하였습니다. 가는 곳마다 신전이 있었습니다. 천체를 숭배했고 여러 가지 형상을 만들어서 절을 했습니다. 도덕적으로도 타락했습니다. 물질이 풍요했던 것만큼 부도덕한 생활을 했습니다. 쾌락과 본능을 자극하는 일에 관심을 가졌습니다. 지금도 로마에 가면 볼 수 있는 원형 경기장은 사람과 동물이 싸우는 자극적인 장면을 구경하던 장소입니다.

이런 로마 사회 속에서 그리스도인들은 신앙의 순결을 지켜야 했습니다. 타락한 시대 속에서 핍박을 받으며 믿음을 지켜야 했습니다. 이러한 현실에서 우리가 선택할 수 있는 방법은 두 가지입니다. 하나는 소극적인 방법으로 세속을 떠나는 것입니다. 쉽게 말하면 깊은 산이나 동굴로 피해 자신의 믿음을 지키는 것입니다. 실제로 중세에는 많은 사람이 산속으로 들어가 수도원에서 신앙을 지켰습니다. 다른 하나는 적극적인 방법으로 세상을 개혁하는 것입니다. 바울은 바로 이것을 강조했습니다. 음란하고 부패하며, 타락한 이 세상을 떠나라고 하지 않았습니다. 소극적인 방법이 아닌 적극적인 방법을 택하여 세상을 변화시키라고 합니다. 기독교인들이 세상을 떠나 산속으로 들어갈 것이 아니라 세상에서 살아가되 세상을 본받지는 말라는 말씀입니다.

이것은 마태복음 5 : 13~16에 기록된 예수님의 말씀과도 같습니다. 세상이 부패했다고 세상을 떠나지 말고 오히려 부패한 세상에 소금이 되고, 어두운 세상에 빛이 되어야 한다는 말씀입니다. 예수님의 이 말씀을 실천하지 않는다면 그 사람은 예수님의 제자라고 할 수 없습니다. 제자라고 할 수 없을 뿐만 아니라 정말 믿음이 있는 사람인지 의심하지 않을 수 없습니다.

지금 우리는 로마 사회 못지않게 음란하고 부패하며, 타락한 세상에 살고 있습니다. 시대가 지날수록 세상은 더 어두운 사회가 되어갑니다. 이런 세상 속에서 우리는 어떻게 해야 믿음을 지킬 수 있습니까? 다른 사람들은 다 그 길로 가는데 나 혼자 의의 길을 선택하는 고민을 얼마나 오랫동안 지속할 수 있겠습니까? 바울의 해답은 간단합니다. "이 세대를 본받지 말라."라는 것입니다. 다시 말하면, 이 세상의 형태를 따르거나 모방하지 말라는 뜻으로 시대 정신이나 시대 상황에 휩쓸리지 말라는 말씀입니다. 우리는 시대의 흐름을 따라가서는 안 됩니다.

마귀는 사람들을 교묘하게 미혹하고 죄악에 빠지게 만듭니다. 우리를 혼돈에 빠뜨려 믿음에서 멀어지게 하고 하나님을 떠나게 합니다. 절대적인 것은 없다고 하면서 이것도 옳고, 저것도 옳다고 합니다. 우리가 절대적 진리인 말씀을 부정하고 거부하도록 만들어 우리를 죽음의 길로 몰고 갑니다. 이런 우리를 향해 바울은 이 세대를 본받지 말라고 경고합니다. 변화되어야 한다고 권면합니다. 그리고 변화되기 위해서 시대의 조류에 역행하는 삶을 살아야 한다고 합니다.

이 세대를 본받지 말라는 말이 세상과 완전한 단절을 의미하는 것은 아닙니다. 비록 함께 있을지라도 이 세대의 잘못된 행동이나 관습을 따라 하지 말라는 뜻입니다. 이 세대의 잘못된 행동이나 관습을 따라 하다 보면 나도 모르게 거기에서 주는 쾌락에 눈이 멀어 결국은 그것이 우상이 되어 하나님도 믿음도 버리게 되기 때문입니다.

가나안 정복 당시 이스라엘 백성들은 그곳의 여러 우상을 섬기는 민족과 같이 있어야 했습니다. 하나님께서는 이스라엘 백성들이 가나안에 들어가기 전, 모세를 통해 분명히 아무 형상도 만들지 말라고 하셨습니다. 그들과 같이 형상을 만들고 절을 하면 결국 그 형상이 신이 되어 버리기 때문입니다.

우리도 세상 안에서 여러 사람과 함께 살아가고 있습니다. 그래서 마음만 먹으면 얼마든지 세상 사람들이 하는 대로 따라 그들처럼 살 수 있습니다. 그러나 그 길은 멸망의 길임을 알아야 합니다. 이 세대를 본받지 마십시오. 세상을 가까이하지 마십시오. 우리가 본받을 분은 오직 한 분 예수 그리스도입니다. 우리가 구원받은 자의 삶을 살아가는 방법 역시 예수 그리스도를 따라 사는 것입니다. 세상은 타락으로 변화되어 가지만 우리는 예수 그리스도의 사람으로 변화되어야 합니다. 이것이 구원받은 자의 마땅한 삶의 모습이기 때문입니다.

하나님께서는 우리를 통해 우리의 삶 전체를 제물로 드리는 살아 있는 예배를 받기 원하십니다. 그리고 이 세대를 본받지 말고 변화를 받아 날마다 새롭게 거듭난 삶을 살아가기를 원하십니다. 성도 여러분, 구원받은 자의 모습으로 살아가길 바랍니다. 그래서 이 세대를 본받지 말고 오히려 세상을 향해 오직 마음을 새롭게 함으로 변화를 받아, 하나님의 선하시고 기뻐하시고 온전하신 뜻이 무엇인지 분별하는 삶이 무엇인지 세상에 보여 주기를 바랍니다. 이런 여러분의 삶을 통해 하나님께서 영광 받으시기를 간절히 바랍니다.

2025 MINISTRY RESOURCE
MANUAL BOOK

목회와
설교자료

전도! 이 복이 나에게 있다니

8월 둘째 주 최원주 목사
대구남덕교회

고전 15 : 1~8

예배로 부름
사 45 : 22
"땅의 모든 끝이여 내게로 돌이켜 구원을 받으라 나는 하나님이라 다른 이가 없느니라"

입례 찬양
352장 "십자가 군병들아"

결단 찬양
505장 "온 세상 위하여"

"전도하는 복이 나에게 임하다니!"

이 감격을 누리는 이가 있습니다. 바로 사도 바울입니다. 그는 어떻게 전도하는 자의 복을 누리게 되었습니까? 전도하는 복, 그 감격은 세상을 구원하고자 하시는 하나님께서 그 뜻을 이 땅에 펼쳐 내시는 때, 내가 쓰임 받는 그 순간에 맛볼 수 있습니다. 그러니 그 순간에 쓰임 받은 바울이 어찌 감격하지 않겠습니까?

한 청년의 아버지가 교회에 처음 나왔습니다. 그 모습을 보고 다들 놀랐습니다. 그동안 아들이 아버지를 사랑하여 아버지에게 교회에 나오기를 간곡하게 청하였으나 번번이 거절당했기 때문입니다. 그런데 아버지가 갑자기 교회에 온 것입니다. 아버지가 스스로 교회에 온 데는 사연이 있었습니다.

어느 날 아버지가 볼 일이 있어 집을 나서서 길을 건너려고 횡단보도에 서 있었습니다. 그런데 갑자기 버스가 돌진해 왔습니다. 그 짧은 순간 아버지는 '나는 여기서 이렇게 죽는구나.'라는 생각이 들었습니다. 그런데 놀라운 일이 일어났습니다. 흰옷을 입은 누군가가 옆에 서서 자신을 지켜 준 것입니다. 그리고 자신을 향하여 돌진하던 버스가 거의 10cm 앞, 바로 눈앞에 선 것입니다.

그는 죽을 수밖에 없는 순간에 살아났습니다. 자신을 지켜 준 사람이 누구인지 곰곰히 생각하는데, 그 앞에서 교회 전도대가 "예수님을 믿으십시오."라고 전도하고 있었습니다. 그는 '바로 이분이구나!' 하는 생각이 들었습니다. 그리고 교회 전도대의 전도를 받고 교회에 나오셨습니다.

전도는 하나님이 택한 백성을 부르실 때, 바로 그 순간에 복음의 사명을 가지고 나아가는 사람들이 쓰임을 받는 복된 시간입니다. 그렇다면 누가 전도자로의 부르심에 응답할 수 있습니까?

1. 가장 중요한 질문에 십자가로 응답하는 자

때로는 질문에 따라 인생이 달라지기도 합니다. 그만큼 좋은 질문을 만나는 것이 중요합니다. 사도행전 16장에는 이 세상에서 가장 좋은 질문, 인생에서 가장 소중한 질문이 나옵니다. 바로 빌립보 간수의 질문입니다.

"그들을 데리고 나가 이르되 선생들이여 내가 어떻게 하여야 구원을 받으리이까 하거늘"(행 16 : 30).

세상에는 수많은 질문이 있습니다. 누구나 많은 질문을 하면서 세상을 살아갑니다. 그러나 모든 질문에 답이 있는 것은 아닙니다. 질문은 있지만, 답이 없다면 얼마나 허무합니까? 세상에서 가장 좋은 질문이라도 답이 없다면 공허한 외침일 뿐입니다. 그러나 이 말씀에는 답이 있습니다. 바로 예수 그리스도이십니다.

"이르되 주 예수를 믿으라 그리하면 너와 네 집이 구원을 받으리라 하고" (행 16 : 31).

나의 죄를 사하고 나를 구원하실 분은 바로 예수님이십니다. 이런 확신을 품은 그리스도인들이 전도자가 될 수 있습니다. 구원의 감격이 없는 자가 어찌 다른 이에게 우리를 구원해 주시는 분을 전할 수 있겠습니까? 그래서 사도 바울은 "내가 받은 것을 먼저 너희에게 전하였노니 이는 성경대로 그리스도께서 우리 죄를 위하여 죽으시고"(고전 15 : 3)라고 고백하면서 복음의 전달자가 품어야 할 것, 즉 예수 그리스도이심을 말합니다.

2. 부활의 영광을 가슴에 품은 자

전도자는 가슴속에 부활의 영광을 품고 있습니다. 부활의 영광을 품고 이 세상으로 나아갑니다. 사도 바울도 복음에는 이것이 있다고 말합니다.

"장사 지낸 바 되셨다가 성경대로 사흘 만에 다시 살아나사"(고전 15 : 4).

십자가의 죽음은 부활로 완성됩니다. 부활이 없는 십자가는 죽음으로 끝이 나는 것입니다.

"그리스도께서 다시 살아나신 일이 없으면 너희의 믿음도 헛되고 너희가 여전히 죄 가운데 있을 것이요"(고전 15 : 17).

베드로와 열한 사도가 예루살렘 사람들에게 외친 복음, 그 복음의 힘은 어디서 나옵니까?

"그가 하나님께서 정하신 뜻과 미리 아신 대로 내준 바 되었거늘 너희가 법 없는 자들의 손을 빌려 못 박아 죽였으나"(행 2 : 23).

"이 예수를 하나님이 살리신지라 우리가 다 이 일에 증인이로다"(행 2 : 32).

죽음의 십자가에 달린 예수님을 하나님이 다시 살리셨습니다. 이것이 예수님의 부활입니다. 예수님의 제자들은 부활의 증언자가 되었습니다. 누가 높은지 따지며 자리다툼이나 하던 제자들을 그리스도의 복음 증언자로 서게 한 것이 바로 부활의 심장입니다. 사도 바울이 복음 전도자가 되게 한 것도 바로 이것입니다.

"맨 나중에 만삭되지 못하여 난 자 같은 내게도 보이셨느니라"(고전 15 : 8).

이처럼 부활의 심장이 뛰는 사람이 전도자가 됩니다.

3. 복음의 사명이 자신의 몫임을 아는 자
 오고 오는 시대에 복음을 선포할 사명이 자신의 몫임을 아는 자가 복음 전도자가 됩니다. 그리스도인이란 예수님이 하신 일에 자신의 삶을 더하는 자들입니다.

"내가 진실로 진실로 너희에게 이르노니 나를 믿는 자는 내가 하는 일을 그도 할 것이요 또한 그보다 큰 일도 하리니"(요 14 : 12).

 예수님은 이 땅에 오셔서 여러 가지 일을 하셨습니다. 그런데 그중 예수님만이 하실 수 있는 일이 있습니다. 바로 십자가를 지고 우리의 죄를 사하시는 일입니다. 이 일은 주님만이 하십니다. 이제 이 일을 전하는 일은 우리의 몫입니다. 주님께서 우리에게 부탁하셨습니다.
 주님이 우리에게 할 것이라고 말씀하신 '그보다 큰 일'은 질적인 면에서의 큰 것이 아닙니다. 질적으로 예수님이 행하신 것보다 더 큰 일을 우리가 행할 수는 없습니다. 하지만 양적으로는 가능합니다. 다시 말해, 예수님을 믿는 자들이 오고 오는 역사 가운데서 계속해서 위대한 주의 일들을 행할 수 있다는 것입니다.
 오늘 이 시대를 품게 하신 분은 하나님이십니다. 그 앞에서 "이 시대의 복음 사명자로 서게 해 주십시오."라는 것이 바로 우리의 기도여야 합니다.

　온 세상이 다 어렵고 힘들어 지친 모습으로 살더라도 복음만은 살아있어야 합니다. 삶이 지치고 온 세상은 눈을 감더라도 복음만은 이 세상에 눈을 부릅뜨고 모든 세상을 쳐다보아야 합니다. 바로 이 길만이 세상이 소망을 얻는 유일한 길입니다. 복음이 이 세상을 살리는 희망이기 때문입니다.

　그런데 이런 복음을 전하는 삶이 나에게 있다니, 이보다 더한 복이 어디에 있겠습니까? 복음을 전하는 발걸음에 능력이 있고 복음을 전하는 입술에 주의 권세가 있을 것입니다. 이러한 전도자의 복을 누리는 주님의 증인이 됩시다. 할렐루야!

전도, 듣든지 아니 듣든지

8월 셋째 주   황순환 목사
서원경교회

겔 2 : 1~10

예배로 부름
행 4 : 12
"다른 이로써는 구원을 받을 수 없나니 천하 사람 중에 구원을 받을 만한 다른 이름을 우리에게 주신 일이 없음이라 하였더라"

입례 찬양
510장 "하나님의 진리 등대"

결단 찬양
496장 "새벽부터 우리"

본문은 하나님께서 에스겔을 선지자로 부르시는 장면으로 시작됩니다. 그동안 하나님께서 수많은 선지자를 보내서 심판을 경고하셨지만 남 유다는 돌이키지 않았고, 결국 하나님의 심판을 받았습니다. 하나님의 영광이 예루살렘을 떠나 버렸고, 나라가 망했습니다. 그렇게 남 유다는 하나님께 버려진 것처럼 보였습니다. 그런데 하나님께서 다시 말을 걸어오십니다. 하나님께서 먼저 손을 내미신 것입니다. 하나님은 다시 그들에게 말씀하시기 위해 에스겔을 선지자로 부르시고 유다 백성들에게 보내셨습니다.

"내게 이르시되 인자야 내가 너를 이스라엘 자손 곧 패역한 백성, 나를 배반하는 자에게 보내노라 그들과 그 조상들이 내게 범죄하여 오늘까지 이르렀나니"(겔 2 : 3).

하나님께서 에스겔을 누구에게 보내셨습니까? 패역한 백성, 하나님을 배반한 자들, 조상들 때부터 범죄하여 오늘까지 죄를 짓고 있는 사람들입니다. '패역한 백성'은 이방인들처럼 하나님을 거부하고 자기 마음대로, 자기 뜻대로 사는 사람들을 의미합니다. 그들의 얼굴은 뻔뻔하고 마음은 이미 굳어 버린 상태입니다. 그들에게 가서 하나님의 말씀을 전하는 것이 오늘 부르심을 받은 에스겔의 사명입니다. 왜 하나님은 에스겔을 패역한 백성들에게 보내셨습니까?

1. 여전히 함께 계신 하나님

"그들은 패역한 족속이라 그들이 듣든지 아니 듣든지 그들 가운데에 선지자가 있음을 알지니라"(겔 2 : 5).

그들은 비록 패역한 족속이지만, 그들 가운데 선지자가 있다는 것을 알려 주시기 위해 에스겔을 보내셨습니다. 모두가 하나님을 떠났다고 생각되는 그 시대에도 여전히 하나님을 붙잡고 사는 사람, 여전히 하나님과 교제하는 사람이 있다는 것을 보여 주시기 위함입니다. 또한 하나님이 그들 가운데서 여전히 말씀하고 계심, 떠나지 않고 그들과 함께 계심을 말해 주고 싶어서 선지자를 보내신 것입니다. 비록 그 백성들이 패역하여 지금 당장은 하나님을 찾지 않고 하나님께 돌아오지 않는다고 할지라도 언젠가 그들이 마음을 돌이켜 하나님을 생각할 때 그들 가운데 선지자가 있다는 것, 하나님의 사람이 있다는 것, 하나님께 돌아갈 길을 알려 줄 사람이 있다는 것을 보여 주기 위해서 선지자를 보내신다는 것입니다.

바닷가에 가면 등대가 있습니다. 등대는 포구로 배가 돌아올 수 있도록 뱃길을 비춰 줍니다. 배가 먼바다에 나가 있을 때는 등대가 별 의미 없어 보일 수도 있습니다. 그러다 포구로 돌아오려고 할 때, 포구가 어디에 있는지 알아볼 수 없을 때는 등대가 비춰 주는 불빛을 보고 포구를 찾아 돌아옵니다. 선지자가 바로 등대와 같습니다. 지금 당장은 먼바다에 있는 것처럼 하나님을 멀리 떠나서 살아가고 있지만, 언젠가 그들이 마음을 돌이켜 하나님께 돌아오고 싶을 때 그들은 선지자가 있다는 것을 기억하고, 선지자를 통해 여전히 함께하시는 하나님께로 나아올 수 있습니다.

이것이 하나님께서 패역한 백성들에게 선지자를 보내신 이유이고, 우리를 전도자로 세우신 이유입니다. 그러므로 우리는 누가 듣든지 아니 듣든지 전도를 계속해야 합니다.

2. 재앙에 담긴 회복의 메시지

하나님은 에스겔에게 입을 벌려서 하나님의 말씀이 적힌 두루마리를 먹으라고 말씀하십니다. 두루마리를 먹으라는 것은 하나님의 말씀을 입에 담으라는 뜻입니다. 그 두루마리에는 애가와 애곡, 재앙의 말이 적혀 있었습니다. 에스겔은 좋은 말을 해도 듣지 않는 패역한 백성들에게 가서 하나님의 심판 메시지를 전해야 했습니다. 그런데 사실 그 두루마리에는 하나님의 본심이 담겨 있었습니다.

"내게 이르시되 인자야 내가 네게 주는 이 두루마리를 네 배에 넣으며 네 창자에 채우라 하시기에 내가 먹으니 그것이 내 입에서 달기가 꿀 같더라"(겔 3 : 3).

에스겔이 쓴맛이 날 것 같은 애곡과 재앙에 관한 두루마리를 삼키자 놀랍게도 꿀처럼 달았습니다. 애곡과 재앙의 글 속에 담긴 하나님의 본심은 회복과 사랑이었기 때문입니다. 하나님께 돌아오지 않으면 재앙이 있고 아픔이 있을 것이라는 메시지를 뒤집어서 보면 '하나님께 돌아오면 회복이 있다. 하나님께 돌아오면 용서하시고 상처를 싸매어 주신다.'라는 하나님의 마음을 읽을 수 있습니다.

어린아이가 아주 높은 곳에서 아슬아슬하게 놀고 있습니다. 발을 조금만 잘못 디디면 떨어져서 크게 다칠 수 있습니다. 첫 번째 엄마는 아주 자상하게 웃으며 "괜찮아, 네가 하고 싶은 대로 해. 너의 인생은 너의 것이니 자유롭게 하고 싶은 대로 하렴." 이렇게 이야기하고 아이가 놀고 싶은 대로 내버려 둡니다. 두 번째 엄마는 인상을 쓰고 소리를 지르며 거칠게 이야기합니다. "야! 너 당장 내려와. 너 안 내려오면 엄마한테 혼난다. 너 거기서 떨어지면 큰일나는 줄 알아!" 이렇게 말하며 아이가 당장 내려오게 합니다. 누가 아이를 진정으로 사랑하는 것입니까? 아이를 정말 사랑하는 엄마는 쓴소리, 아픈 소리를 합니다. 그런데 그 쓴소리가 아이의 인생에 양약이 됩니다. 아이가 철이 들고 엄마의 마음을 이해할 수 있게 되면 그것이 엄마의 사랑이었음을 깨달을 수 있습니다.

하나님께서 패역한 자들에게 선지자를 보내신 것은 그들을 고통스럽게 하기 위해서, 멸망을 선포하고 절망하게 하기 위해서가 아닙니다. 사랑하기 때문에, 사랑한다고 말하고 싶어서 선지자를 보내신 것입니다. 선지자는 백성들이 듣고 싶은 말을 전하는 사람이 아니라 하나님께서 하시는 말씀을 대신 전하는 사람입니다. 전도자도 마찬가지입니다. 복음이 세상 사람들이 듣기 싫어하는 말, 관심 없는 말, 귀찮고 뻔한 말로 들릴 수도 있습니다. 하지만 복음에 하나님의 사랑이 담겨 있고, 하나님의 마음이 담겨 있기에 전도자는 복음을 전해야 합니다. 언젠가 복음이 그들의 입술과 영혼에 들어가 꿀처럼 달게 삼켜질 것을 믿으며, 듣든지 아니 듣든지 전도를 계속해야 합니다.

3. 결단하면 도우신다

사랑하는 성도 여러분, 하나님께서 저와 여러분을 에스겔처럼 이 시대의 전도자로 부르셨습니다. 우리는 각자 있는 자리에서 등대처럼 서 있어야 합니다. 사람들이 봐 주지 않아도 불빛을 반짝이며, 여전히 하나님이 살아 계시고 여전히 하나님의 사랑이 있음을 알려 주는 사명을 감당해야 합니다. 언젠가는 그 불빛을 보고 하나님에 관해 묻는 사람들이 생길 것입니다. 하나님께로 돌아오는 길을 비춰 주는 전도자의 사명을 끝까지 감당하기 바랍니다.

또한 우리는 하나님의 본심을 전하는 사람들이 되어야 합니다. "교회 갑시다. 기도할게요. 말씀을 듣고 힘을 내세요." 이런 말은 세상 사람들에게 별로 듣고 싶지 않은 말, 귀를 닫고 싶은 말일 수 있습니다. 마치 에스겔이 재앙과 애곡과 애가가 적힌 두루마리를 받은 것처럼 우리가 전하는 복음의 메시지가 그들에게는 관심 없고, 듣고 싶지 않은 말일 수 있습니다. 하지만 우리는 그 말씀이 그들의 인생에 들어가면 꿀처럼 달고, 그 영혼을 변화시키고 회복시킬 수 있다는 믿음으로 복음 전하기를 중단해서는 안 됩니다. 듣든지 아니 듣든지 전도를 계속해야 합니다.

이렇게 우리가 전도자의 삶을 결단하면 하나님께서 도우십니다.

"그가 내게 말씀하실 때에 그 영이 내게 임하사 나를 일으켜 내 발로 세우시기로 내가 그 말씀하시는 자의 소리를 들으니"(겔 2 : 2).

하나님께서 에스겔에게 네 발로 일어서라고 명령하시며 혼자 일어나게 하지 않으십니다. 하나님의 영을 보내어 에스겔을 일으켜 세워 주십니다. 힘을 주시는 것입니다. 용기를 주십니다. 우리가 아직 귀를 닫고, 마음을 닫고 있는 사람들을 찾아가서 듣든지 아니 듣든지 하나님의 사랑과 복음을 선포할 때 하나님께서 도우시고 함께 역사하십니다. 전도자의 사명을 감당할 때 하나님의 영에 감동이 되고 강력한 능력을 경험하게 됩니다. 하나님의 은혜를 받고 그분의 은혜 속에 사는 여러분 모두가 전도의 사명을 감당함으로, 복음을 전하는 자나 듣는 자 모두 하나님이 보내시는 주의 영으로 충만하여 하나님의 일하심을 경험하기를 소망합니다.

복음을 위한 일꾼의 자격

8월 넷째 주　　김선인 목사
　　　　　　　　포항푸른숲교회

엡 3 : 1~7

예배로 부름
딤후 2 : 1~2
"내 아들아 그러므로 너는 그리스도 예수 안에 있는 은혜 가운데서 강하고 또 네가 많은 증인 앞에서 내게 들은 바를 충성된 사람들에게 부탁하라 그들이 또 다른 사람들을 가르칠 수 있으리라"

입례 찬양
28장 "복의 근원 강림하사"

결단 찬양
505장 "온 세상 위하여"

제가 미국에서 공부하게 되었을 때 미국 학교로부터 I-20(입학허가서)를 받고 대사관에서 비자를 신청하였습니다. 저는 학생비자인 F1, 가족들은 F2 비자를 받고 기뻐하였습니다. 비자의 기간이 5년이나 되었습니다. 그때 의문이 생겼습니다. 이 비자만 있으면 5년 동안 계속 학생비자를 유지할 수 있는지 궁금했습니다. 알아보니 그렇지 않았습니다. 이곳에서 최소로 요구하는 학점을 등록하고 이수해야만 비자가 유지될 수 있습니다. 비자가 유지될 때는 많은 혜택을 받습니다. 유학생의 자녀들은 공립 학교에서 무료로 공부할 수 있고, 사회 혜택도 받을 수 있습니다. 그러나 아무리 기간이 긴 비자를 얻었다 할지라도 요구 조건을 채우지 못하면 어떤 비자든지 그 권한은 중단되고 그때부터 불법 체류자가 됩니다. 간혹 유학을 왔다가 유흥과 도박에 빠져 더 이상 공부를 이어가지 못하고 불법으로 체류하는 이들이 있다는 소식을 듣기도 합니다. 아마 비자를 충족시키는 조건을 채우지 못했기 때문일 것입니다. 그런 이들의 삶은 피폐하기 그지없습니다.

우리(하나님의 자녀)는 이 땅에 무슨 비자를 갖고 왔습니까? 부름 받은 요건을 채워 갈 힘은 무엇입니까? 성경을 보면 바울은 언제나 자신이 누구인가를 밝힙니다. 다른 사람에게 인정받기 위해서일 수도 있지만, 자신이 이 땅에서 감당하고 해야 할 일들을 더 힘 있게 하기 위한 채찍질일 수도 있습니다. 오늘 우리는 복음의 일꾼으로 부름을 받았습니다. 이 땅에서의 사명을 감당하기 위해 어떻게 해야 하는지 살펴봅시다.

1. 하나님의 은혜가 있는가?

주의 일꾼들이 갖추어야 할 첫째 자격은 '하나님의 은혜를 아는 자인가?' 하는 것입니다. 바울은 하나님의 은혜를 아는 자였습니다. 바울에게 하나님의 은혜는 일회적으로 끝나는 것이 아니었습니다. 그는 복음이 증거되는 곳에 언제든지 간증처럼 하나님의 은혜를 먼저 말하였습니다.

믿음의 사람 중에 하나님의 은혜를 경험하지 않은 자가 있습니까? 그러나 세월이 갈수록 하나님의 은혜보다는 내 의로 살아갈 때가 얼마나 많은지 모릅니다. 그러다가 어떤 상황과 환경에 부딪히면 하나님께서 나를 부르셨음을, 그 은혜를 잃어버리기도 합니다. 바울은 자신이 선택 받은 것 자체가 하나님의 은혜임을 고백할 뿐만 아니라 '만삭되지 못한 나를 택하신' 하나님의 은혜를 증거합니다.

유학 비자를 받아 낯선 곳에 도착한 지 얼마 지나지 않아 한국에 IMF가 터졌다는 뉴스를 들었습니다. 불안이 엄습해 왔습니다. 그 가운데 집을 구하고, 학교에 가는 첫날이 되었습니다. 아이들과 함께 아침밥을 먹으려고 빈 상자를 펴고 그 위에 밥과 반찬을 올렸습니다. 그저 식사 기도일 뿐인데 뜨거운 눈물이 볼을 타고 흘러내리며 그치지 않았습니다. 나 같은 사람이 이 어려운 시국에 이국만리에서 밥을 먹을 수 있다는 것, 공부할 수 있도록 그곳까지 인도하신 하나님의 은혜가 새롭게 다가왔습니다. 그때의 식사 기도는 불안한 미래 앞에서 하나님의 은혜를 갈구하는 기도였습니다.

오늘날 우리는 주의 일을 감당하면서 하나님의 은혜를 잊어버린 채 일할 때가 많습니다. 나에게 있는 것은 당연한 것으로 생각하고, 나에게 없는 것으로 인해 불평하고 힘들다며 원망하는 곳에 복음의 역사가 나타나겠습니까?

바울은 언제든지 어디서든지 복음을 전할 때마다 하나님의 은혜를 자랑했습니다. 수많은 사람 중에서 자신이 선택 받고 부름받은 것은 은혜라고 고백합니다. 복음의 일꾼들도 바울처럼 하나님의 은혜를 잊어서는 안 됩니다. 은혜를 아는 자가 되어야 합니다.

그렇다면 은혜를 아는 자들은 어떻게 살아야 합니까? 은혜를 갚는 심정으로 교회를 섬기고 성도들을 섬기는 일에 전심전력해야 합니다. 이 땅에서 나에게 주어진 시간을 낭비해서는 안 됩니다. 사무엘 울만은 "육신의 나이는 피부의 주름을 만들지만, 삶의 열정이 식으면 영혼의 주름을 만든다."라고 하였습니다. 열정이 넘치는 사람은 노인이라도 청년처럼 보이지만, 열정이 상실된 사람은 청년이라도 노인처럼 보입니다. 이처럼 열정의 온도는 삶의 온도를 나타냅니다. 누가 이런 열정을 가지며 주어진 일을 감당할 수 있습니까? 바로 하나님의 은혜를 아는 자입니다. 하나님의 은혜를 날마다 간증하고 증거하여 신실한 복음의 일꾼이 되어야 합니다.

복음을 통해 부름받아 지금 이곳에 있다면, 내게 주신 은혜를 헤아려 보아야 합니다. 은혜를 아는 자가 부흥의 역사를 경험합니다. 다시금 교회의 부흥을 기대하며, 하나님의 크신 은혜를 헤아리고 간증하는 전도자가 되기를 갈망해야 합니다.

2. 그리스도의 비밀을 깨달았는가?

주의 일꾼들이 갖추어야 할 두 번째 자격은 '그리스도의 비밀을 깨달았는가?' 하는 것입니다. "서민 갑부"라는 텔레비전 프로그램이 있습니다. 시장에서 식당을 운영하는 어느 출연자가 그 누구도 부럽지 않은 넉넉한 삶을 살고 있었습니다. 그 프로그램을 보며 '시장에서 하루 벌어서 하루 먹고사는 서민이 어떻게 갑부가 되었을까? 그 비결이 무엇일까? 어떻게 그런 복이 찾아왔을까?'를 생각해 보았습니다. 그들에겐 이른 새벽에 일찍 일어나는 등 자기 관리를 통한 부지런한 열정도 있었지만, 시장에서 똑같은 음식을 팔고 있는 자들과 다른 자신만의 비밀이 있었습니다. 시청자들에게 비밀을 공개하는 듯하다가도 "이것은 가족들에게도 공개하지 않으니 여기는 들어오면 안 된다." 하면서 궁금증을 자아냈습니다.

바울이 생명을 걸고 복음의 일꾼이 된 비밀이 무엇입니까? 그도 비밀을 가지고 있었기 때문입니다. 그가 가진 비밀은 바로 예수 그리스도입니다. 예수 그리스도께서 자신을 위해 십자가 죽음과 부활을 겪으셨다는 그 비밀을 깨달았으므로 그의 증언에는 힘이 있고 능력이 있을 수밖에 없습니다.

"이는 이방인들이 복음으로 말미암아 그리스도 예수 안에서 함께 상속자가 되고 함께 지체가 되고 함께 약속에 참여하는 자가 됨이라"(엡 3 : 6).

그는 자신이 가진 비밀을 통해 모든 이들에게 영적 레시피를 전하고 있습니다. 이방인들도 예수님 안에 있으면 상속자가 될 수 있습니다.

18세기 독일에 살던 친첸도르프 백작은 많은 재산과 토지를 소유한 사람이었습니다. 어느 날 미술관에서 그림을 보다가 한 그림에 눈이 멈췄습니다. 예수 그리스도께서 십자가에 달리신 모습을 담았는데, 예수님은 머리에 가시 면류관을 쓰고 양손에는 대못이 박힌 채 허리는 창에 찔려 피를 흘리고 있는 그림이었습니다. 친첸도르프 백작은 충격을 받고 그 앞에 무릎을 꿇었습니다.

"예수님이 나의 죄 때문에 피를 흘리고 죽으셨는데, 나는 예수님을 위해 아무것도 한 것이 없습니다. 나의 죄를 용서해 주십시오."

그 충격적 사건이 친첸도르프 백작의 삶을 바꾸어 놓았습니다. 자기만을 위해 살던 그는 하나님을 위해 살고 이웃을 위해 사는 사람으로 변화했습니다. 예수 그리스도에 대한 비밀을 깨닫고 체험한 자만이 비밀을 크게 증거할 수 있습니다.

3. 성령의 역사가 나타나는가?

주의 일꾼들이 갖추어야 할 세 번째 자격은 '성령의 역사가 나타나는가?' 하는 것입니다. E. 글렌 와그너 목사의 *Escape from Church, Inc. : The Return of the Pastor-Shepherd*(Zondervan, 2001)이라는 책이 있습니다. 우리 말로 번역하면 '교회 주식회사로부터의 탈출'이라 할 수 있습니다. 현대 교회의 속성과 모습이 변질되어 가는 괴로움을 호소하는 책입니다. 그가 교회에 부임할 때 교회의 대표가 말했습니다. "이제 당신은 향후 6년 동안 이 교회를 부흥시킬 전략적 계획을 수립해야 합니다. 최고경영자(CEO)가 진행하는 20가지 사업의 목표를 여기에 명확하게 써 놓았습니다. 참고하십시오." 그때 와그너 목사는 '내가 지금 회사에 와 있는가, 교회에 와 있는가?' 하는 생각을 했습니다. 교회 운영과 목회가 사람을 키우고 세우는 멘토링이 아니라 기업 경영이고, 영혼을 사랑하고 양육하는 데 집중하기보다 숫자에 신경을 쓰고, 영혼을 구원하는 사역이 아니라 교인들을 관리하고, 사람을 소중히 여기기보다 프로그램을 잘 운영하여 목표를 달성해야 하는, 그래서 목회자가 아니라 사장으로서의 일을 부탁해 왔습니다. 이때 큰 충격을 받고 이 책을 썼었다고 합니다.

오늘날 복음의 일꾼들의 자질을 보십시오. 세상 사람들이 부러워할 만큼 역량과 능력이 있습니다. 그런데도 교회가 세상에서 잊히고 하나님의 부름에 응답하지 못하고 있습니다. 복음의 일꾼들은 성령의 힘보다는 자신의 능력과 경험으로 역사에 남는 사람이 되길 원하는 것 같습니다. 그러나 복음을 맡은 자는 성령의 힘으로 역사를 이루어 간다는 것을 잊지 말아야 합니다.

본문 5절은 하나님께서 그리스도의 비밀을 "성령으로 알려 주셨다."라고 했습니다. 성령께서 각 사람의 마음을 통하여 사람들에게 복음을 전하게 하심으로 교회의 영적인 역사를 이루어 갈 수 있습니다. 일본의 신학자 우치무라 간조가 말했습니다. "성령을 받지 못한 기독교인처럼 불쌍한 사람은 없다. 왜냐하면 그는 세상의 것을 가지지 못했을 뿐만 아니라 하늘나라의 것도 가지지 못했기 때문이다. 세상이 그를 업신여겨도 그는 세상을 이길 힘이 없으며, 깨끗하게 되기를 힘써도 그는 결코 깨끗해질 수 없다. 그런 사람은 성령을 받아야 한다. 그렇지 않으면 그는 불신자보다도 못한 사람이 될 것이다." 교회의 본질은 성령입니다. 우리가 교회에서 찬송을 부를 때, 기도할 때, 예배할 때, 말씀을 들을 때, 봉사할 때마다 성령의 감동이 있어야 합니다. 그때 하나님의 역사가 임하기 때문입니다. 그러므로 반드시 성령의 도움을 구하는 일꾼들이 되어야 합니다.

자격을 취득하는 것은 어렵습니다. 취득한 자격을 유지하기는 더 어렵습니다. 복음의 사람으로 부름받은 것은 하나님의 은혜입니다. 그러나 복음의 사람으로 영적인 부흥의 역사를 이루어 내는 것은 하나님의 기적입니다. 핍박자 사울이 사도 바울이 된 것은 하나님의 은혜를 받았기 때문입니다. 바울은 예수 그리스도의 비밀을 자신이 먼저 체험하고, 전력을 다하여 이방인에게 그 비밀을 드러내어 증거하고 있습니다. 바울 같은 전도자의 능력은 성령님을 통해서 나타납니다. 우리 모두 다시금 성령의 능력으로 부흥하는 교회를 만들기 위해 부름받은 자의 자격을 갖추어 복음을 증언하며 날마다 부흥의 역사의 중심에 세워지길 원합니다.

2025 MINISTRY RESOURCE
MANUAL BOOK

목회와
설교자료

하나님의 은혜의 선물

8월 다섯째 주   오세원 목사
                           은성교회

엡 3 : 7~13

예배로 부름

시 106 : 47~48

"여호와 우리 하나님이여 우리를 구원하사 여러 나라로부터 모으시고 우리가 주의 거룩하신 이름을 감사하며 주의 영예를 찬양하게 하소서 여호와 이스라엘의 하나님을 영원부터 영원까지 찬양할지어다 모든 백성들아 아멘 할지어다 할렐루야"

입례 찬양

16장 "은혜로신 하나님 우리 주 하나님"

결단 찬양

310장 "아 하나님의 은혜로"

여러분은 누구나 지금까지 살아오면서 누군가로부터 선물을 받은 경험이 있을 것입니다. 크고 작은 선물을 한 번이라도 받아 보지 못한 분은 아마 없을 것입니다. 그리고 반대로 선물을 준 경험도 많을 것입니다. 지금까지 받았던 선물 중에 가장 귀한 선물로 여긴 것은 무엇입니까? 아직도 간직하고 있는 선물이 있습니까?

본문 말씀에서 사도 바울은 자신이 하나님으로부터 복음의 일꾼으로 부름받았다고 고백합니다. 복음의 일꾼이란 말은 복음을 전하는 사람을 두고 한 고백이지만, 여기에 쓰인 '일꾼'이란 단어는 당시 손님의 식탁에서 시중드는 하인, 즉 종을 가리키는 '디아코노스'입니다. 사실은 복음을 전하는 일꾼이 되는 것은 높임을 받는 일이 아닙니다. 무시당하고, 욕을 먹으며, 때로는 돌에 맞고 고발당해 감옥에 갇히기도 합니다. 그래서 '복음의 디아코노스'라고 고백한 것입니다.

사도 바울은 복음의 일꾼으로서 사역을 감당하는 동안 엄청난 시련을 당했습니다.

"유대인들에게 사십에서 하나 감한 매를 다섯 번 맞았으며 세 번 태장으로 맞고 한 번 돌로 맞고 세 번 파선하고 일 주야를 깊은 바다에서 지냈으며 여러 번 여행하면서 강의 위험과 강도의 위험과 동족의 위험과 이방인의 위험과 시내의 위험과 광야의 위험과 바다의 위험과 거짓 형제 중의 위험을 당하고 또 수고하며 애쓰고 여러 번 자지 못하고 주리며 목마르고 여러 번 굶고 춥고 헐벗었노라"(고후 11 : 24-27).

그럼에도 사도 바울은 자신이 복음의 일꾼이 된 것에 대해 어떻게 표현하고 있습니까? 본문 7절에서 "이 복음을 위하여 그의 능력이 역사하시는 대로 내게 주신 하나님의 은혜의 선물을 따라 내가 일꾼이 되었노라"라고 합니다. 복음의 일꾼이 된 것을 '하나님의 은혜의 선물'이라고 표현했습니다. 바울은 왜 이 일을 하나님의 은혜의 선물이라고 고백했습니까? 그렇게도 모진 고통을 겪어야 하는 사역인데도 말입니다. 사도로 부르심을 받기 전 바울은 하나님의 뜻과 전혀 상관없는, 아니 오히려 반대되는 일을 하였습니다. 그런데 그것을 다 용서하실 뿐 아니라 복음을 전하는 종으로 삼아 주셨으니 은혜가 아닐 수 없었던 것입니다. 다른 사람들이 받고 싶어도 받기 어려운데 그것을 아무런 대가를 치르지 않고 받았으니 '선물'이라고 표현했습니다. 바울은 복음의 일꾼 됨이 '하나님의 은혜의 선물'이라고 고백한 이유를 8절 이하에서 계속 설명하고 있습니다.

1. 작은 이에게 복음의 은혜를 전할 사명을 주셨다

복음의 일꾼 된 것이 하나님의 은혜의 선물인 첫 번째 이유는, 지극히 작은 자보다 더 작은 자에게 주신 풍성한 복음의 은혜를 이방인들에게 전할 수 있기 때문입니다.

> "모든 성도 중에 지극히 작은 자보다 더 작은 나에게 이 은혜를 주신 것은 측량할 수 없는 그리스도의 풍성함을 이방인에게 전하게 하시고"(엡 3:8).

바울은 왜 자신을 가리켜 작은 자보다 더 작다고 표현했습니까? 사실 그는 죄가 많은 사람이었습니다. 예수 그리스도를 믿는 성도들을 핍박한 죄만 하더라도 죗값을 감당하기 힘들 만큼 큽니다. 그는 스데반 집사를 죽이는 데 앞장섰습니다. 예수님을 믿는 자들을 잡아 옥에 가두려고 다메섹으로 갈 정도였습니다. 그런데도 하나님은 그를 벌하지 않으시고 오히려 모든 것을 용서하셨으며, 예수님을 믿게 하셨을 뿐만 아니라 이방인들과 왕을 비롯한 여러 계층의 사람들에게 복음을 전하기 위하여 복음의 비밀을 가르쳐 주셨습니다. 이런 이유로 그는 자신을 '지극히 작은 자보다 더 작은 자'라고 표현한 것입니다.

그리고 복음의 일꾼이 되게 하신 것은 하나님의 측량할 수 없는 은혜라고 고백하고 있습니다. 여러분은 어떻습니까? 여러분이 하나님을 믿고 구원받은 것은 하나님의 은혜입니다. 구원받은 것만 해도 감사한데 직분을 주시고 주님의 몸 된 교회를 위하여 할 수 있는 사역이 있으니 감사하지 않습니까? 이처럼 바울은 복음의 일꾼이라는 사명을 자신의 뜻과 전혀 상관없지만 하나님의 은혜로 부여받은 것이기 때문에 하나님의 선물로 보았습니다. 여러분도 바울의 고백처럼 내가 구원받은 것과 받은 직분과 맡은 사역이 하나님의 은혜의 선물임을 믿으시기 바랍니다.

2. 감추어진 비밀을 드러내는 데 쓰임을 받았다

바울이 복음의 일꾼 된 것이 하나님의 은혜의 선물인 두 번째 이유는, 그가 감추어진 비밀의 계획을 드러내는 데 쓰임 받았기 때문입니다.

"영원부터 만물을 창조하신 하나님 속에 감추어졌던 비밀의 경륜이 어떠한 것을 드러내게 하려 하심이라"(엡 3 : 9).

바울의 사명은 영원부터 만물을 창조하신 하나님의 비밀을 드러내는 것이었습니다. 여러분, 사람 사이의 감추어진 비밀을 알고 있는 것만 해도 대단한 힘이 됩니다. 정부나 회사 조직에서 비밀을 알고 있다는 것은 그만큼 중요한 사람이라는 뜻이기도 합니다. 비밀은 아무나 아는 것이 아닙니다. 우리 사회에서 무작위로 사회 고위층에게 전화해 "당신의 모든 비밀을 알고 있다."라고 협박하여 돈을 갈취하는 일이 일어나기도 합니다. 회사에서는 제품의 핵심기술을 아는 사람들을 특별히 관리합니다. 제조의 비밀을 다른 기업에 팔아넘기는 일이 일어나면 안 되기 때문입니다. 고객들의 정보를 빼내어 팔거나 유출하는 사건이 발생하여 대혼란과 불안감을 안겨 주는 사건이 발생하기도 합니다. 그만큼 비밀은 지켜져야 합니다.

하지만 그리스도인은 자신의 비밀을 오히려 털어놓습니다. 그래야 죄 사함을 받아 새사람이 되고 긍휼을 얻을 수 있습니다. 또 영원한 비밀도 없습니다. 주님께서는 "숨은 것이 장차 드러나지 아니할 것이 없고 감추인 것이 장차 알려지고 나타나지 않을 것이 없느니라"라고 누가복음 8 : 17에서 말씀하셨습니다. 우리를 향한 구원의 비밀을 드러내시기 위하여 하나님께서 바울을 특별히 불러 세우시고 그 사명을 주셨으니 어찌 감격스럽지 않으며, 어찌 그것이 은혜가 아니겠습니까? 하나님의 엄청난 비밀을 드러내는 일을 맡았다는 것은 은혜 중의 은혜가 아니겠습니까?

그러면 감추어진 비밀, 이제 드러내시는 비밀은 무엇입니까? 하나님께서 그리스도를 통해 하나님의 은총을 베푸시고 이방인들까지도 구원하고자 하시는 계획입니다. 바울은 이 귀한 비밀을 자신에게 알려 주신 것이 하나님의 은혜요, 그것을 전달하게 하신 것이 선물임을 고백하였습니다.

이것이 이제는 교회의 사명이 되었습니다.

"이는 이제 교회로 말미암아 하늘에 있는 통치자들과 권세들에게 하나님의 각종 지혜를 알게 하려 하심이니"(엡 3 : 10).

교회로 말미암아 하늘에 있는 통치자들과 권세들에게 하나님의 각종 지혜를 알게 하려 한다고 했습니다. 여기서 '하늘에 있는 통치자와 권세들'은 누구를 가리킵니까? 이에 대해서는 해석이 분분합니다. 유대인의 지배자, 이교의 승려들, 이방 세상의 권력자, 교회의 지도자, 하늘의 선한 천사와 악한 천사들, 하늘의 천사들 등 여러 견해가 있습니다.

바울을 통해서 전달된 비밀한 계획이 교회를 통해서 이들에게 알려져 하나님을 믿고 예수 그리스도를 믿도록 해야 한다는 것입니다. 바울이 받은 은혜의 직분을 잘 감당하였기 때문에 복음이 우리에게까지 전달되었고, 우리 또한 그 비밀을 드러내는 사명을 받았으니 얼마나 감사한 일인지, 얼마나 큰 은혜인지 모릅니다.

하나님께서 복음의 비밀을 알게 하시고 믿게 하시며, 그 비밀을 다른 사람들에게 전할 수 있는 직분을 주신 것은 하나님의 은혜의 선물임을 믿으시기 바랍니다.

3. 복음은 세상에서 가장 큰 하나님의 선물이다

세 번째 이유는 복음이 세상에서 가장 큰 하나님의 선물이기 때문입니다. 하나님의 은혜의 선물인 복음을 전달하는 복음의 일꾼이 된 것은 하나님의 은혜의 선물일 수밖에 없습니다. 민수기 18 : 7에서는 하나님께서 제사장 직분을 선물로 주셨으며, 하나님의 선물인 제사장 직분을 받지 않은 자가 제단에 접근하면 죽임을 당한다고 하였습니다.

목사가 된 것은 하나님의 엄청난 선물임을 믿고 감사한 마음으로 감당해야 합니다. 그런데 과연 오늘날 목사들이 그런 마음을 얼마나 품고 있습니까? 저 역시도 '목사의 사명을 하나님의 선물로 여기고 있는가?' 하는 반성을 했습니다.

"너희는 그 은혜에 의하여 믿음으로 말미암아 구원을 받았으니 이것은 너희에게서 난 것이 아니요 하나님의 선물이라"(엡 2 : 8).

믿음으로 얻은 구원은 나의 노력이나 공적으로 된 것이 아니라 전적으로 하나님의 선물입니다. 우리가 아무 대가를 지불하지 않았음에도 하나님께서 일방적으로 주셨다는 것입니다. 이렇게 엄청난 하나님의 선물인 구원의 복음을 전하는 직분을 받았으니, 얼마나 큰 선물입니까?
성도 여러분, 세상에 살면서 명절이든 생일이든 혹은 다른 이유로든 누구에게 선물하고자 할 때 가장 먼저 해야 할 일은 그가 예수님을 믿는가 믿지 않는가를 파악하는 것입니다. 물론 우리가 살아가는 데 필요한 물건을 선물하는 것도 중요하지만, 구원받지 못한 자에게 줄 수 있는 선물 중에 가장 좋은 선물이 바로 복음이기 때문입니다. 그러므로 다른 어떤 선물보다도 복음을 선물해야 합니다. 물건을 선물할지라도 그 물건과 함께 반드시 복음을 담아서 전해야 합니다. 그래야 가장 큰 선물이 되기 때문입니다.
우리가 복음을 전할 때 복음이 세상에서 가장 큰 선물이라고 생각한 적이 있습니까? 내가 구원받은 것이 하나님으로부터 받은 가장 큰 선물임을 믿고 있습니까? 부모님, 배우자, 자녀, 사업체, 직장 등 선물이 아닌 것이 없지만 그 어떤 선물보다도 구원보다 더 크지 않습니다. 이 사실을 믿습니까?

"곧 영원부터 우리 주 그리스도 예수 안에서 예정하신 뜻대로 하신 것이라"(엡 3 : 11).

오늘 나에게 베푸신 하나님의 구원은 어느 날 갑자기 주어진 것이 아니라 하나님의 큰 계획과 섭리하에 만세 전부터 계획된 것입니다. 그러므로 바울은 예수님을 믿음으로 말미암아 담대함과 확신을 품고 하나님께 나아가게 되었음을 에베소서 3 : 12에서 고백하고 있습니다.

믿음이 있으면 담대해집니다. 믿음과 확신이 있으면 어떤 환경도 두렵지 않습니다. 하나님께로 나아가면 하나님께서 지켜 주시기 때문입니다. 우리도 이런 확신에 찬 믿음을 갖고 살면 좋겠습니다. 담대해야 합니다. 자신감을 가지고 살아야 합니다. 그렇지만 그 길은 쉽지 않습니다. 고난의 길입니다. 험난합니다. 이것을 몰라서 바울이 이런 고백을 한 것이 아닙니다. 알았지만 하나님이 도우신다는 자신감이 있었습니다.

이런 훌륭한 믿음을 가진 바울은 에베소 교인들에게 자기가 교회를 위해서 환난을 당하여 감옥에 갇혀 있다 할지라도 낙심하지 말라고 했습니다.

"그러므로 너희에게 구하노니 너희를 위한 나의 여러 환난에 대하여 낙심하지 말라 이는 너희의 영광이니라"(엡 3 : 13).

확실한 믿음을 갖고 복음을 전하는 바울이 옥에 갇혀 있는 것을 보면 왠지 하나님이 무능력하게 느껴지기도 합니다. 그래서 낙심할 수도 있습니까. 예수님이 십자가에 못 박혔을 때 3년 동안 예수님을 따르며 수행했던 제자들이 어떻게 되었습니까? 뿔뿔이 흩어졌습니다. 낙심했기 때문입니다. 이처럼 마찬가지로 복음을 자신만만하게 전하던 바울이 감옥에 갇혀 있는 모습을 보면 낙심할 수도 있습니다.

그러나 바울은 낙심하지 말라고 합니다. 그렇게 되는 것이 오히려 유익하고, 교회의 영광이기 때문입니다. 우리도 바울처럼 그리스도를 위하여 받은 고난을 영광으로 믿을 수 있어야 합니다. 바울은 로마교회에 보낸 편지에서도 고난과 영광을 언급했습니다.

"자녀이면 또한 상속자 곧 하나님의 상속자요 그리스도와 함께한 상속자니 우리가 그와 함께 영광을 받기 위하여 고난도 함께 받아야 할 것이니라 생각하건대 현재의 고난은 장차 우리에게 나타날 영광과 비교할 수 없도다"(롬 8 : 17-18).

여러분은 예수님을 믿는 것 때문에 여러 가지 환난이나 어려운 일을 겪을 때 그것을 영광으로 생각한 적이 있습니까? 아니, 낙심하지 않고 불평하지 않으면서 모든 것을 영광으로 여기고 담대하게 받아들입니까? 쉽지 않은 일입니다. 우리는 믿음으로 인해 당하는 핍박이나 환난이 오면 감사한 마음을 품고 그것을 영광으로 받아들이는 그리스도인이 되어야 합니다.

복음은 선물이요, 복음을 전할 사명을 받은 것 또한 하나님의 은혜의 선물임을 믿고 복음을 부지런히 나눠 주어서 많은 사람이 하나님의 나라로 나아가게 합시다. 그래서 하나님의 나라가 확장되게 합시다. 주님이 다시 오실 때까지, 주님의 부름을 받을 때까지 사도 바울처럼 은혜의 선물을 전하는 일에 최선을 다할 수 있기를 바랍니다.

2025 MINISTRY RESOURCE
MANUAL BOOK

목회와
설교자료

성령 충만을 받으라

9월 첫째 주   심상효 목사
            대전성지교회

행 2 : 1~4

예배로 부름
행 19 : 2
"이르되 너희가 믿을 때에 성령을 받았느냐 ……"

입례 찬양
187장 "비둘기같이 온유한"

결단 찬양
182장 "강물같이 흐르는 기쁨"

1. 성령을 구하는 기도

누가복음과 사도행전을 저술한 의사 누가는 성령에 대해 관심이 많았습니다. 예수님의 제자들이 산상수훈에서 예수님께 기도를 가르쳐 달라고 하자 예수님께서는 마태복음 6 : 9~13에서 주기도문을 가르쳐 주셨습니다. 주기도문은 내용에 중점을 둔 기도의 좋은 모델이라고 말할 수 있습니다.

이에 비해 누가는 누가복음 11장에서 주기도문의 내용 이후에 성령 받는 사람의 기도 자세에 초점을 맞추었습니다. 떡 세 덩이를 꾸러 온 친구의 비유를 통하여 간청하는 기도가 성령을 받게 한다고 말합니다. 누가복음 11 : 9은 "구하라 그러면 너희에게 주실 것이요 찾으라 그러면 찾아낼 것이요 문을 두드리라 그러면 너희에게 열릴 것이니"라고 말씀합니다. 누가는 계속 구하고, 계속 찾고, 계속 두드리면 성령을 받게 된다고 강조합니다.

누가는 누가복음 18 : 1~8에서 억울한 과부의 간청 기도 비유에서도 반복 기도의 소중함을 시사합니다. 불의한 재판장은 "이 과부가 나를 번거롭게 하니 내가 그 원한을 풀어 주리라 그렇지 않으면 늘 와서 나를 괴롭게 하리라 하였느니라"(눅 18 : 5)라고 합니다. 누가는 반복하는 기도를 믿음으로 파악했습니다.

누가가 쓴 누가복음과 사도행전에서 성령 받는 기도자의 모습은 크게 세 가지로 나타나는데 간청 기도, 반복 기도 그리고 '오로지 한' 기도("여자들과 예수의 어머니 마리아와 예수의 아우들과 더불어 마음을 같이하여 오로지 기도에 힘쓰더라"〈행 1 : 14 〉)입니다.

예수님의 소원도 우리가 성령 세례 받는 것입니다. 누가복음 12 : 49을 보면 예수님은 "내가 불을 땅에 던지러 왔노니 이 불이 이미 붙었으면 내가 무엇을 원하리요"라고 말씀하셨고, 요한복음 14~16장에서도 예수님은 십자가를 지시기 전 다락방 강화에서 성령을 언급하셨으며, 승천하실 때의 마지막 당부 역시 아버지가 약속하신 것 곧 성령 세례를 받으라는 것이었습니다(행 1 : 4-5).

그러면 예수님은 왜 그토록 우리가 성령 세례 받기를 바라셨습니까? 성령님은 제3위의 하나님이시며 능력과 섭리의 하나님이십니다. 어떤 사람을 파악할 때 별명이 그 사람의 특징을 나타내듯 성령님을 알기 위해서는 성령님의 별명을 연구하는 것도 좋은 방법입니다.

2. 성령의 특징

첫째, 성령님은 생기(생명)이십니다. 성령을 히브리어로 '루아흐' 헬라어로는 '프뉴마'라고 하는데, 성령님은 생명의 근원입니다. 에스겔 37장에서 마른 뼈에 하나님께서 생기를 불어넣으니 마른 뼈가 큰 군대를 이루었습니다. 살아 있는 나무에 물을 주면 나무가 계속 자라지만, 죽은 나무에 물을 주면 나무가 더 빨리 썩습니다.

사도행전에 두 개의 명설교가 있습니다. 하나는 사도행전 2 : 14~36에 나오는 베드로의 오순절 설교입니다. 베드로의 설교를 듣고 당일에 3천 명이 회개했습니다. 많은 사람들이 생명을 얻었습니다.

> "그 말을 받은 사람들은 세례를 받으매 이날에 신도의 수가 삼천이나 더 하더라"(행 2 : 41).

다른 하나는 사도행전 7장 전반에 걸쳐 나타나는 스데반의 설교입니다. 하지만 사람들은 그의 설교를 듣고도 깨닫지 못했습니다. 생명을 얻지 못했습니다.

"그들이 이 말을 듣고 마음에 찔려 그를 향하여 이를 갈거늘"(행 7 : 54).

구원받은 사람은 성령을 받아 새 힘을 얻습니다. 구원받지 못한 사람은 '예수 천당, 불신 지옥'이란 말이 듣기 싫습니다. 그래서 전도하지 못하게 합니다.

둘째, 성령님은 바람과 같습니다(행 2 : 2). 성령은 바람과 같아서 눈에 안 보입니다. 우리는 성령을 눈으로 볼 수는 없어도 바람 같은 성령의 능력은 체감할 수 있습니다. 1904년 영국의 이반 로버츠를 통해 역사하신 성령님, 1906년에 미국 LA 아주사 거리에서 그리고 1907년 한국의 평양에서 역사하신 성령님은 바람 같은 성령이십니다.

셋째, 성령님은 불과 같습니다(행 2 : 3). 인간에게 열정이 있을 때는 삶이 재미있지만, 열정이 식으면 즐거움이 사라집니다. 열정이 식으면 살맛이 없어집니다. 늙어서 웃을 일이 적어지는 것은 열정이 식었기 때문입니다. 찬송가 183장 "빈 들에 마른 풀같이" 가사처럼 "빈 들에 마른 풀같이 / 시들은 나의 영혼"은 성령의 불을 받아야 용기가 샘솟고 기쁨이 충만해집니다. 찬양에 은혜가 넘칩니다(엡 5 : 19-20).

넷째, 성령님은 물과 같습니다(요 7 : 38). 한국의 무디 이성봉 목사님은 "물을 떠난 고기는 살 수 있어도 예수님을 떠난 심령은 사는 법이 없습니다."라고 말씀을 전했습니다. 물은 오염되지 않도록 주의해야 합니다. 물이 오염되면 안 됩니다. 물을 더럽히면 자신뿐만 아니라 공동체도 죽게 됩니다. 성령은 거룩한 곳에서 역사하십니다.

다섯째, 성령님은 비둘기같이 임하십니다(마 3 : 16). 찬송가 187장 "비둘기같이 온유한"의 1절의 가사는 "비둘기같이 온유한 / 은혜의 성령 오셔서 / 거친 맘 어루만지사 / 위로와 평화 주소서"입니다. 예수님께서 세례를 받으실 때 성령님께서 비둘기같이 임하셨습니다.

"예수께서 세례를 받으시고 곧 물에서 올라오실새 하늘이 열리고 하나님의 성령이 비둘기같이 내려 자기 위에 임하심을 보시더니"(마 3 : 16).

성령님이 임재하시면 품성의 변화가 일어납니다. 찬송가 187장 2절 가사는 "진리의 빛을 비추사 / 주의 길 바로 걸으며 / 주님을 옆에 모시고 / 경건히 살게 하소서"입니다. 성령님은 온유하지만, 진리 앞에서 우리를 담대하게 하십니다. 척 스미스 목사님은 "우리가 진실을 타협할 때 하나님은 역사하시지 않는다."라고 했습니다. 성령님이 우리에게 임하시면 온유하면서 담대해지는 양면성을 갖게 됩니다.

여섯째, 성령님은 기름 부음으로 임하십니다. '그리스도'(히브리어 '메시야'란 '기름을 부었다'라는 뜻입니다. 구약에서 기름은 왕, 선지자, 제사장에게 부어졌습니다. 예수님은 왕, 선지자, 제사장으로 기름 부음 받으신 구세주이십니다. 우리도 성령의 기름 부음을 받으면 왕 같은 제사장이 됩니다(벧전 2 : 9). 선지자같이 앞날을 내다봅니다(행 2 : 17). 그리고 제사장같이 죄를 태우고 하나님께 나아갑니다(히 12 : 29). 우리가 성령을 받으면 예수님 안에서 교통할 수 있을 뿐만 아니라 타인을 위한 기도도 가능합니다.

일곱째, 성령님은 인(도장)과 같습니다(엡 1 : 13). 인(도장)은 하나님의 소유를 뜻합니다(엡 4 : 30). 에스겔 9 : 4~6에 나오는 구원의 표(mark)와 흡사합니다.

"여호와께서 이르시되 너는 예루살렘 성읍 중에 순행하여 그 가운데에서 행하는 모든 가증한 일로 말미암아 탄식하며 우는 자의 이마에 표를 그리라 하시고 그들에 대하여 내 귀에 이르시되 너희는 그를 따라 성읍 중에 다니며 불쌍히 여기지 말며 긍휼을 베풀지 말고 쳐서 늙은 자와 젊은 자와 처녀와 어린이와 여자를 다 죽이되 이마에 표 있는 자에게는 가까이하지 말라 내 성소에서 시작할지니라 하시매 그들이 성전 앞에 있는 늙은 자들로부터 시작하더라"(겔 9 : 4-6).

여덟째, 성령님은 보혜사이십니다(요 14 : 16). 원어로는 '파라클레토스'로 옆에서 돕는 것을 의미합니다. 성령님께서 함께하시면 무슨 일이든지 할 수 있습니다. 원래 의미에는 '변호사'라는 법정 의미가 내포되어 있습니다. 성령님은 우리를 대변해 주시는 분입니다. 우리의 상담자(counselor)이십니다. 어렵고 힘들 때 성령님께 상의하십시오. 선한 길로 인도해 주실 것입니다. '파라클레토스'의 복합적 의미 전달이 수월치 않아 한글 성경은 '보혜사'(保惠師)라고 번역했습니다. 성령은 우리를 보호하시고, 우리에게 은혜를 베푸시며, 가르치시는 하나님입니다.

아홉째, 성령님은 힘을 공급해 주십니다(창 1 : 2).

"땅이 혼돈하고 공허하며 흑암이 깊음 위에 있고 하나님의 영은 수면 위에 운행하시니라"(창 1 : 2).

이 말씀은 하나님의 영이신 성령이 모든 에너지의 근원이 되시며, 만물 위에 다니며 힘을 공급하신다는 뜻입니다. 성령님에 대한 이러한 이해는 사도행전 1 : 8의 말씀과 맥락을 같이합니다. "성령이 너희에게 임하시면 너희가 권능(두나미스)을 받고"에서 '다이너마이트'란 말이 나왔습니다. 견고한 진을 파괴하고 복음을 전도하는 강력한 힘이 성령의 임재 속에 내장되어 있습니다. 이 힘은 생명을 살리는 힘이요, 지옥 권세를 무너뜨리는 힘입니다.

우리가 하나님의 종으로서 마지못해 순종하느냐 즐거운 마음으로 감당하는가는 성령 충만에 달려 있습니다. '충만'의 원어는 '플레로마'로 '차고 넘친다'라는 의미입니다. 성령 충만이란 완전히 사로잡힌 상태로 주님에게 집중한 상태를 말합니다. 성령 충만할 때 기쁨으로 사명을 감당할 수 있습니다.

3. 성령 충만의 결과

성령을 받은 제자들은 예수 그리스도의 십자가의 의미를 깨달았고, 예수님의 부활이 자신의 부활임을 명확히 인식했습니다. 베드로는 갈릴리바다의 평범한 어부로서 단역과도 같은 인생을 살고 있었습니다. 예수님의 제자로 부르심을 받은 후에도 자주 넘어졌습니다. 그러나 성령 세례를 받은 후 그는 놀랍게 변화되었습니다. 베드로는 단역의 인생에서 영적인 주인공이 되었습니다. 성령의 권능을 받은 베드로의 설교에 3천 명이나 회개하고 돌아왔습니다(행 2 : 37-42). 그와 사도들을 통해 초대교회에 기사와 표적이 일어났습니다(행 2 : 43-47). 성전 미문에서는 태어나면서부터 걷지 못하던 사람을 일으켰으며(행 3 : 1-10), 제사장, 성전 맡은 자, 사두개인, 산헤드린 공회 앞에서도 두려움 없이 예수 그리스도의 복음을 전했습니다(행 4 : 1-22). 영적으로 민감하여 아나니아와 삽비라의 죄를 간파했습니다(행 5 : 1-11). 능욕을 받아도 말씀 선포와 전도하기를 쉬지 않았습니다(행 5 : 40-42). 그가 사마리아에서 전도하면서 안수하자 성령이 임했습니다(행 8 : 16-17). 룻다에 사는 8년 된 중풍병자 애니아를 고치고, 욥바에 사는 애제자 다비다를 살렸습니다(행 9 : 32-43). 그가 이방인 고넬료 가정에서 부흥회를 인도할 때는 성령께서 가족들에게 임하셨습니다(행 10장).

우리 교회에, 여러분에게 성령님이 임하셔서 우리도 베드로처럼 담대한 증인이 되어 하나님의 나라를 확장하는 일에 힘써 승리의 면류관의 주인공이 되길 소망합니다.

기도하는 행복을 아십니까?

9월 둘째 주 김영일 목사
천안동산교회

엡 6 : 18~20

예배로 부름
빌 4 : 6~7
"아무것도 염려하지 말고 다만 모든 일에 기도와 간구로, 너희 구할 것을 감사함으로 하나님께 아뢰라 그리하면 모든 지각에 뛰어난 하나님의 평강이 그리스도 예수 안에서 너희 마음과 생각을 지키시리라"

입례 찬양
96장 "예수님은 누구신가"

결단 찬양
361장 "기도하는 이 시간"

길거리를 지나다 보니 이런 현수막이 붙어 있었습니다. "로또 복권 1등 당첨 5회." 사람들이 복권을 구입하기 위해 현수막이 붙은 상가를 연신 드나들었습니다. 그들은 '한 방'을 꿈꾸는 사람, '일확천금'(一攫千金)을 기대하는 사람들입니다. 그런데 세상에서 한 방, 한순간에 이뤄지는 일은 드뭅니다. 거의 없다고 생각하며 사는 게 좋습니다. 무슨 일이든 순리에 맞게, 차근차근, 한 걸음 한 걸음 밟아 나가야 합니다.

그렇게 살아가는 우리에게 가장 좋은 것이 있습니다. 바로 우리가 예수님을 구세주로 믿고 죄 용서를 구하면 하나님께서 우리의 죄를 사하신다는 것입니다. 하나님께서는 우리를 모든 불의에서 깨끗하게 하십니다(요일 1:9). 예수님을 구세주로 믿는 믿음이면 구원을 받습니다. 그 믿음이면 영생의 복을 누리고 하늘나라의 시민권자가 되고, 하나님을 아버지라 부르는 자녀가 됩니다.

하나님을 아버지라 부르는 것은 세상의 어떤 것과도 비교할 수 없는 복입니다. 왜 그렇습니까? 이제부터 의지할 분이 생긴 것이기 때문입니다. 아버지는 자녀의 어떤 문제도 도와줄 수 있는 분입니다. 그런 아버지와 함께 살아가는 방법이 무엇입니까? 바로 기도입니다. 기도하는 행복을 누리고 있습니까? 본문에서 사도 바울은 에베소 교인들에게 기도하는 행복을 누리기를 권면하고 있습니다. 어떻게 기도하면 좋겠습니까?

1. 항상 성령 안에서 힘써 기도해야 합니다

마귀가 하나님의 자녀들을 유혹하기 위해 이 세상에서 권세를 부리고 있습니다. 에베소서 6:11은 "마귀의 간계를 능히 대적하기 위하여 하나님의 전신갑주를 입으라"라고 말씀합니다. 그렇습니다. 마귀는 사람들을 유혹하고 넘어뜨리고 있습니다. 이를 대적하기 위하여 하나님의 전신갑주를 입으라고 권면합니다.

이렇게 하나님의 전신갑주로 온몸을 무장했다면 그다음에는 무엇이 필요합니까? 마귀와의 싸움에서 적절하게 방어하고 공격하기 위해 하나님의 능력이 필요합니다. 그 하나님의 능력은 무엇으로 공급받습니까? 바로 기도입니다.

본문 에베소서 6 : 18은 "모든 기도와 간구를 하되"라고 말씀하고 있습니다. '모든 기도와 간구'는 여러 가지 형태의 기도를 말하는 이중적인 표현입니다. 본문에는 기도의 여러 가지 수식어가 함께 기록되어 있습니다.

먼저 항상 기도하라고 합니다. 기도는 필요할 때만 하는 것이 아닙니다. 기도는 언제나 하는 것입니다. 심지어는 항상 깨어 기도하라고 말씀합니다. 기도하는 일에 나태함이 찾아올 수도 있기에 우리는 항상 깨어 있어 하루 일터에서 부지런히 일하는 것처럼 그렇게 기도하라고 강조합니다.

또한 기도는 성령 안에서 해야 합니다. 성령의 능력을 힘입어 기도할 줄 알아야 합니다. 때로는 기도하는 것이 힘들기도 합니다. 우리는 기도해야 한다는 것을 알고 있지만 막상 기도하는 시간을 갖기가 쉽지 않습니다. 그래서 성령의 도우심으로 기도하는 것입니다.

무엇보다도 기도는 노동과 같습니다. 기도는 결코 쉽지 않습니다. 한순간에 나태함이 찾아오고, 무료함과 허탈함도 찾아옵니다. 항상 기도의 시간을 갖기가 쉽지 않습니다. 힘써서 노력하지 않으면 할 수 없는 것이 기도입니다.

마귀의 유혹에서 승리하기 위해 우리는 하나님의 전신갑주를 입어야 합니다. 마귀와의 싸움은 한 번에 끝나지 않습니다. 이 땅에서 살아가는 내내 마귀는 우리를 유혹하고 넘어뜨리려 합니다. 이런 마귀와의 싸움은 하나님의 전신갑주를 입고 기도하지 않으면 이겨 낼 수 없습니다. 어제 마귀의 유혹을 이겼다 할지라도 기도하지 않는 사람은 오늘을 장담할 수 없고, 미래는 더더욱 보장할 수 없습니다. 그래서 기도 앞에는 많은 수식어가 따라옵니다. '항상, 깨어서, 성령 안에서, 힘써서' 기도해야 합니다. 이렇게 기도하면서 살다 보면 '기도하는 삶은 행복하구나!' 하고 반드시 고백할 날이 올 것입니다. 여러분, 꼭 기도의 행복을 누려 볼 수 있기를 바랍니다.

2. 여러 성도를 위하여 기도해야 합니다

에베소서 6 : 18 하반절은 "여러 성도를 위하여 구하라"라고 하며 중보적 기도를 말씀하고 있습니다. 이 기도는 전방의 군인들을 위한 후방의 지원 사격과 같습니다. 나는 약하여 패배할 수 있지만 후원군이 오면 적의 공격을 막고 피할 수 있습니다.

본문을 기록한 사도 바울도 지금 감옥에 갇혀서 인간적으로는 좌절하고 포기하고 싶은 유혹과 시험을 받고 있습니다. 그때마다 새롭게 용기를 갖고 어두운 세력을 물리치며 새로운 힘을 얻게 되는 것은 교인들의 기도 덕분이었습니다. 중보적 기도는 묶인 것을 풀고 힘을 회복시키는 능력이 있습니다. 또 어려운 주변 환경을 이겨 내어 지속적으로 싸울 힘을 주고, 우리를 방해하며 공격하던 힘을 무너뜨립니다. 그것이 영적인 역사입니다.

우리가 겸손한 마음으로 가정과 자녀들과 교회와 선교를 위하여 드리는 기도는 절대로 헛되지 않습니다. 하나님께서 불순종하는 이스라엘을 쓸어 버리려 하실 때, 모세는 하나님께 민족을 위하여 "차라리 내 이름을 생명책에서 제하여 주시고 이 백성을 구하여 주옵소서."라고 기도함으로 민족을 구했습니다. 아브라함이 소돔과 고모라의 의인 열 명을 위하여 기도하였기에 조카 롯과 그의 가족을 구할 수 있었습니다. 또한 주님이 기도해 주신 덕분에 베드로는 다시 회복했습니다.

"시몬아, 시몬아, 보라 사탄이 너희를 밀 까부르듯 하려고 요구하였으나 그러나 내가 너를 위하여 네 믿음이 떨어지지 않기를 기도하였노니 너는 돌이킨 후에 네 형제를 굳게 하라"(눅 22 : 31-32).

그렇습니다. 특별히 복음을 전하는 일꾼들을 위하여 기도하는 것은 복음으로 신앙의 역사를 이루는 일에 절대적인 요소로 작용합니다. 그래서 바울은 항상 자신을 위해 기도해 주기를 부탁합니다. 자신이 "복음을 담대히 전할 수 있도록 기도해 달라."라고 요청했습니다.

이 땅에 하나님의 나라가 이루어지도록, 다시 부흥의 불길이 일어나도록 중보적 기도가 시작되어야 합니다. 복음을 위해 수고하는 많은 사람을 기도로 후원해야 합니다.

중보적 기도는 상상 이상으로 많은 역사가 일어나게 합니다. 하나님께서는 이 땅에 기도하는 자들의 음성을 들으시고 역사를 일으키십니다. 하나님의 백성들의 기도가 하나님께 닿을 때 하나님의 기적이 일어난 이야기가 성경에 수없이 기록되어 있습니다.

이런 중보적 기도의 사역을 펼치다 보면 기도의 능력을 체험하게 되고, 하나님의 임재를 체험하는 행복도 누리게 됩니다. 이것은 경험한 사람만 할 수 있는 고백입니다. 기도의 행복을 아십니까? 아니, 기도의 행복을 누려 보고 싶습니까? 바디매오는 예수님의 시선을 끌기 위하여 오랫동안 큰 소리로 외쳤습니다. 옆에 있는 사람들이 잠잠하라고 꾸짖을 정도로 소리를 쳤습니다(막 10 : 46-52). 수로보니게 여인이 딸을 고쳐 달라고 했을 때 주님은 그녀의 말을 못 들은 척하고 모욕적인 말씀을 하셨지만 여인은 끝까지 요청했고, 딸은 고침을 받았습니다(마 15 : 21-28). 회당장 야이로는 자기 딸을 위해 예수님께 나오는 기민함을 보였고, 혈루증을 앓던 여인은 예수님이 그녀를 주목하기 전에 치유받고자 하는 열망으로 먼저 예수님의 옷자락을 만졌습니다.

그렇습니다. 주님이 약속하셨습니다.

"너희가 내 이름으로 무엇을 구하든지 내가 행하리니 이는 아버지로 하여금 아들로 말미암아 영광을 받으시게 하려 함이라 내 이름으로 무엇이든지 내게 구하면 내가 행하리라"(요 14 : 13-14).

예수님은 "네가 그 일을 하도록 돕겠다."라고 말씀하지 않고 "내가 시행하리라."라고 말씀하십니다. 주님께서는 우리가 구할 때 들어주겠다고 약속하셨습니다. 기도하면 주께서 행정을 집행하신다는 것입니다. 그러니 항상 기도합시다. 여러 성도를 위하여 기도합시다. 기도는 오늘날에도 큰 역사를 일으킬 수 있습니다. 여러분 모두 기도가 행복이 되는 신앙생활을 하기를 바랍니다.

다시 복음 앞에

9월 셋째 주   김한호 목사
             춘천동부교회

빌 1 : 12~14

예배로 부름
요 1 : 12~14
"영접하는 자 곧 그 이름을 믿는 자들에게는 하나님의 자녀가 되는 권세를 주셨으니 이는 혈통으로나 육정으로나 사람의 뜻으로 나지 아니하고 오직 하나님께로부터 난 자들이니라 말씀이 육신이 되어 우리 가운데 거하시매 우리가 그의 영광을 보니 아버지의 독생자의 영광이요 은혜와 진리가 충만하더라"

입례 찬양
380장 "나의 생명 되신 주"

결단 찬양
499장 "흑암에 사는 백성들을 보라"

독일의 한 시골 마을에 아이가 태어났습니다. 아이가 태어난 가정은 매우 가난했기에 아이는 정식 교육을 받을 기회가 없었습니다. 하지만 그 아이는 목사가 되는 꿈을 꾸며, 혼자 있을 때면 의자에 올라가 설교하는 흉내를 내곤 했습니다. 노래에 천부적인 소질이 있었던 아이는 성악 레슨을 받지 않았는데도 합창단원이 되었습니다. 성인이 되었을 때 그의 나라에 전쟁이 일어나자 그는 군대에 자원 입대하여 큰 공을 세우고 훈장도 받았습니다. 그가 군대에서 근무할 때 참호 속에 강아지 한 마리가 들어왔습니다. 그는 강아지와 자신의 야전식을 나눠 먹기도 했고, 아이들을 좋아해서 자기 마을 어린이들에게 예쁜 연을 만들어 주기도 했습니다.

그는 29세에 군대에서 제대했지만, 나라를 위해서 계속 일하고 싶었습니다. 다른 사람을 도우며 그들을 위해서 자기가 할 수 있는 일이 무엇인지 늘 생각했습니다. 34세 때 자기 어머니에 대해서 아름다운 시를 쓰고, 사람들에게 "어머니를 사랑하라."라고 권면할 정도로 착한 사람이었습니다. 폭력적이고 엄했던 아버지가 돌아가셨을 때는 장례식 내내 펑펑 울 정도로 마음이 여렸습니다.

여러분! 이 사람이 누군지 짐작이 가십니까? 바로 2차 세계대전을 일으킨 아돌프 히틀러입니다.

그는 너무나 평범한 사람이었습니다. 처음부터 학살자가 아니었습니다. 오히려 보통 사람보다 더 여리고 정이 많았습니다. 그런데 자신의 꿈을 짓밟은 아버지에 대한 반항과 자기 민족을 괴롭게 하는 유대인들에 대한 증오 등이 쌓여 그는 전혀 다른 사람으로 변하고 말았습니다. 그의 인생의 목표는 유대인을 학살하는 것이었습니다. 히틀러와 보통 사람들의 차이는 불과 종이 한 장입니다. 어떤 차이입니까? "무엇을 목표로 했느냐."입니다.

1. 바울의 상황

본문은 사도 바울이 처한 상황을 말하고 있습니다. 본문에는 "내가 당한 일"(빌 1 : 12)이라는 표현이 나오는데 바울에게 어떤 일이 일어났습니까? 바울은 언제 죽을지 모르는 삶을 살았습니다. 극렬한 유대주의자들이 그의 목숨을 위협했습니다. 유대인 40여 명이 바울을 죽이기로 동맹하여 그를 죽일 기회를 엿보고 있었습니다(행 23 : 12-14). 또 그는 '매여' 있습니다(빌 1 : 13). 재판도 없이 2년이나 가이샤랴 빌립보에서 옥에 갇혀 있었습니다. 로마 시민권이 있던 바울은 로마 황제에게 상소하여 로마로 압송되었습니다. 그러나 로마로 가는 길 역시 평탄치 않았습니다. 사도행전 27장에는 그가 로마로 압송되어 가는 중에 일어난 일들이 기록되어 있습니다. 유라굴로라는 폭풍을 만나서 거의 죽다가 살아납니다. 그러나 바울은 그 길을 계속 갑니다. 마지막으로 사도 바울이 세운 교회가 하나는 유대인으로 그리스도인이 된 이들과 다른 하나는 이방인 가운데 그리스도인 된 이들로 나뉘었습니다. 그 이유는 할례, 정한 음식과 부정한 음식 때문입니다. 유대인에게 주어진 율법을 이방인도 동일하게 지켜야 하는지에 관해 분쟁이 일어났는데 이것은 다름의 문제이지 틀림의 문제가 아닙니다. 그러나 그 당시 기독교인들은 서로 다르면 분쟁을 일으켰습니다. 이러한 상황에서 바울은 가슴을 치며 울어도 시원치 않을 텐데 전혀 우울하지 않은 문체로 편지를 써 내려갑니다. 빌립보서에 유난히도 많이 나오는 단어가 무엇입니까? '기쁨'입니다(빌 1 : 18, 25, 2 : 4). 바울은 어떻게 이렇게 기뻐할 수 있었습니까?

2. 바울의 목표

바울의 인생 목표는 복음 전파입니다. 이를 위해 자신의 모든 삶을 드리며 영혼 구원을 위해 힘을 다했습니다. 본문 12절에서 바울은 "형제들아 내가 당한 일이 도리어 복음 전파에 진전이 된 줄을 너희가 알기를 원하노라"라고 빌립보교회에 전하고 있습니다. 사도 바울이 당한 어려운 일이 도리어 복음 전파하는 일에 도움이 되고 진전하는 이유가 되었다고 말합니다. 어떠한 진전입니까?

첫째, 빌립보서 1 : 5에 등장하는 '처음부터 복음에 참여한 이들'은 빌립보교회의 교인들입니다. 이들은 바울이 옥에 갇히자, 돈을 모금하여 바울에게 보내 주었습니다. 처음부터 그때까지 변하지 않고 동일한 마음으로 사도 바울을 섬겼습니다. 빌립보 교인들은 바울을 위하여 쉬지 않고 주의 일에 동역하였습니다.

둘째, 빌립보서 1 : 15~17에 시기하고 다투던 사람들은 둘로 나뉘어 바울의 복음 사역에 도움이 되지 않았습니다. 그런데 바울이 옥에 갇히자 놀라운 변화가 일어납니다. 오히려 그들이 마음을 합하여 열심을 내며 사역을 도운 것입니다.

셋째, 본문 13절에서 바울이 복음을 전할 수 있는 지경이 넓어졌다고 말합니다. 비록 옥 안에 갇혀 있지만, 그 덕분에 바울은 자신을 지키기 위해 24시간 곁에 머물러 있는 시위대에 복음을 전할 수 있었습니다. 시위대는 로마 황제의 경호를 맡고 있는 황제의 친위 부대로 대부분이 유력한 집안의 자식들이었습니다. 그들 가운데 사도 바울이 있었습니다. 사도행전 28 : 20에서 바울이 쇠사슬에 매여 있었음을 알 수 있습니다. 그 당시 로마는 중한 죄수를 가둘 때는 간수 두 사람이 죄수의 양쪽 팔에 각각 손을 같이 묶어 두었습니다. 한 사람의 중죄인을 지키기 위해서 네 사람의 시위대 병사들이 배당되는 셈입니다. 근무는 하루에 여섯 시간씩 4교대였습니다. 그러니까 바울 곁에는 하루 최소한 16명이 지키고 있었습니다. 복음 전파가 인생의 목표였던 바울은 시위대에게 복음을 들려주며 하나님 나라를 전파하였습니다.

빌립보서 4：22을 보면 바울이 가이사의 집 사람들에게 문안합니다. '가이사 집'은 황제의 가족이나 친족들을 의미하는 것이 아니라 황제의 궁에서 일하는 사람들, 오늘날로 말하면 청와대에서 근무하는 공무원에 해당하는 그리스도인들을 가리키는 말입니다. 감옥에 갇혀 있으면서도 복음 전파에 최선을 다하였던 까닭에 이들이 예수님을 믿게 되었습니다.

바울이 옥중에 있는 것은 분명히 힘들고 어려운 일이지만, 그 일은 오히려 복음 전파를 진전시켰습니다. 본문 12절의 '진전'이라는 말은 헬라어로 '프로코페'인데, 그 뜻은 '나무를 찍어 가면서 전진한다'입니다. 이 말은 군대에서 공병대가 다른 부대에 앞서 가면서 장애물을 제거하고 길을 놓거나 다리를 놓을 때 주로 쓰는 단어입니다. 바울은 감옥 안에 있으니 아무것도 할 수 없었을 것 같았지만, 그렇지 않았습니다. 오히려 장애물이 제거되면서 복음이 전파되었습니다. 만약 바울이 감옥에 갇히지 않았다면 이런 일은 절대로 생길 수 없었을 것입니다.

"그리스도를 위하여 너희에게 은혜를 주신 것은 다만 그를 믿을 뿐 아니라 또한 그를 위하여 고난도 받게 하려 하심이라"(빌 1：29).

이 말씀은 "우리에게 은혜를 주시는 것은 그리스도를 위하여 고난이 있다."라는 뜻입니다. 옥중생활에서도, 죽음의 문턱에서도, 매를 맞으면서도, 풍랑을 만나도, 사랑하는 이들이 떠나가도 고난이 은혜라는 것입니다.

바울은 기준이 분명합니다. 복음적 삶이라면 옥에서도 복음을 위해 살아가야 합니다. 우리 판단의 기준은 무엇입니까? 그 일이 고난이 되더라도 복음에 합당한가를 기준으로 해야 합니다. 만약 이 일이 복음에 합당하면 아무리 두렵고 힘든 고난이 있어도 그 삶을 살아 내야 합니다. 그것이 하늘의 시민 의식을 갖고 생활하는 그리스도인의 참된 자세입니다.

다시 복음 앞에서 우리의 삶을 점검해 보기 바랍니다. 복음이 우리에게 찾아와 우리를 변화시켜 하나님 나라의 백성이 되게 하고 그리스도인의 증인으로 불렀다면, 이제 우리는 전도자의 삶, 증인의 삶을 살아야 합니다. 여러분 모두 복음을 들고 세상을 향해 나아가 주의 이름을 전파하고 잃어버린 영혼을 주님께로 인도하는 복음에 합당한 삶을 살아가기 바랍니다.

모두 태워 갑시다

9월 넷째 주 이상천 목사
        강릉교회

창 7 : 1~24

예배로 부름
딤후 4 : 2
"너는 말씀을 전파하라 때를 얻든지 못 얻든지 항상 힘쓰라 범사에 오래 참음과 가르침으로 경책하며 경계하며 권하라"

입례 찬양
96장 "예수님은 누구신가"

결단 찬양
500장 "물 위에 생명줄 던지어라"

미국에 사시는 고모에게 아들이 한 명 있습니다. 지금은 마흔이 넘었는데, 초등학교 1학년 때 미국 플로리다 탬파(Tampa)라는 도시로 이사를 갔습니다. 미국으로 간 후 초등학교 저학년 때는 한국말을 잘 따라 하다가, 고학년으로 올라가면서부터 한국말을 아예 하지 않았습니다. 고모가 한국말을 잊어버리지 않게 하려고 집에서는 한국말만 하라고 시켜도, 영어로만 대답했습니다. 엄마 나라의 말은 친구들이 아무도 쓰지 않으므로 자기는 필요가 없으니 억지로 가르치지 말라고 거부했습니다.

결국은 한국말을 잊어버리고 말았습니다. 듣는 것은 조금 알아듣기는 하지만 말은 전혀 하지 못합니다. 외갓집인 한국을 방문하거나 삼촌, 사촌들을 만날 때면 의사소통이 원활하지 않아서 무척 갑갑해 합니다. 그러면서 왜 엄마는 자기에게 한국말을 가르치지 않았느냐며 원망합니다. 고모가 "내가 그렇게 한국말을 하라고 해도 엄마를 놀리면서 귀를 틀어막고 배우지 않더니, 이제 와서 누굴 원망하니?"라고 하자 "엄마는 다른 것은 강제로 하게 하고 왜 한국말은 강제로 하지 않았어요?"라며 후회와 아쉬움을 가득 담은 투정을 합니다. 얼마나 갑갑했으면, 어린 시절 한국말을 강제로라도 가르쳐 주지 않은 엄마를 나이 마흔이 넘어서 원망하겠습니까? 결국은 제대로 배우지 않은 지난날의 자신이 후회스러워 남을 탓하는 것입니다.

남을 탓하는 사람은 무책임한 사람입니다. 내게 일어나는 모든 일들은 부모, 형제, 친구, 세상 때문이 아닙니다. 하나님 아버지 때문에 내 인생이 괴롭고 힘든 것이 아닙니다. 나 자신이 책임 있게 살지 않은 결과가 오늘의 나입니다. 그때의 내가 최선을 다하지 않았기에 바로 오늘 내가 그 열매를 맛보고 있는 것입니다. 그때 제대로 준비하고, 배우고 훈련을 받지 않은 결실이 오늘입니다.

봄이 되어 씨앗을 뿌릴 때는 사실 귀찮고 힘이 듭니다. 거름을 주고, 여름에 김을 매지 않으면 열매를 거두어들이기 어렵습니다. 이처럼 우리는 꼭 해야만 하는 힘든 일이 앞으로 내 인생에 어떤 영향을 미칠지 미처 알지 못하기 때문에 종종 게으름을 피우고, 불평하며, 최선을 다하지 않습니다.

지금 여러분의 인생은 어떤 때입니까? 심을 때입니까? 심은 것을 가꾸고 돌보는 때입니까? 아니면 심은 것을 거두는 때입니까? 지금이 어떤 때이든 오늘 내가 해야 할 일은 최선을 다해 경주해야 합니다. 게으름을 피우면 안 됩니다. 지금 내 인생은 내가 뿌린 씨앗의 열매이며 과정이자, 결과이기 때문에 그 누구도 원망하지 말아야 합니다. 부지런히, 열심히, 성실하게 땀과 눈물과 시간과 물질을 투자하시기 바랍니다. 그리고 나의 애씀과 수고와 땀과 눈물 위에 하나님 아버지가 주시는 은혜와 복을 받아 누리는 교회와 여러분이 되기를 간절히 원합니다.

1. 죄악을 심는 인간

창조 때 하나님께서 피조물에게 '심은 대로 거두는 법'을 심어 놓으셨습니다. 예수님도 "심은 대로 거둔다."라고 가르쳐 주셨습니다. 이것은 하나님의 법칙이며, 동시에 세상의 법칙이기도 합니다.

본문 말씀은 노아 시대의 홍수에 관한 이야기입니다. 하나님께서는 에덴에서 추방된 인간들의 죄가 세상에 차고 넘침을 보시고, 그들이 회개하여 돌아오기를 기다리다가 마침내 물로 심판하기로 결정하셨습니다.

사랑과 은혜의 하나님께서는 예고 없이 즉각 심판하지 않으십니다. 언제나 하나님의 사람들을 통해서 예고하십니다. 이는 우리에게 회개하고 돌아올 기회를 주시기 위해서입니다. 노아 시대 물의 심판에서도 하나님께서는 회개하고 돌아올 기회를 주셨습니다. 하나님께서는 의인이며, 당대의 완전한 자요, 하나님과 동행한 노아를 부르셨습니다. 그리고 하나님의 심판에서 구원받을 수 있는 방주를 만들게 하셨습니다. 노아는 하나님의 말씀에 순종하여 오랜 시간 동안 방주를 만들었습니다. 그리고 노아가 방주를 만드는 모습은 다른 이들에게 심판과 구원의 메시지가 되었습니다.

"전능하신 여호와 하나님께서 40주야로 하늘의 비를 다 쏟아부으시고 땅속의 물을 다 솟아나게 해서서 대홍수로 심판하실 것입니다!"

하지만 노아와 그의 가족이 수십 년에 걸쳐 방주를 만드는 동안 사람들은 조롱하고, 비판하며, 욕하고 비웃었습니다. 판자 하나를 옮겨 주는 사람이 없었고, 냉수 한 그릇을 떠다 주며 격려하고 위로하는 사람이 없었습니다. 그럼에도 불구하고 노아는 사람들이 뭐라고 하든 말든 방주를 만드는 사역에만 몰두하고 집중했습니다. 하나님께서 주신 설계도에 따라 방주를 만드는 일에만 전심전력을 다하여 드디어 방주를 완공했습니다. 그러고는 하나님의 말씀을 따라 짐승들을 선택해서 태웠습니다. 노아의 가족과 짐승들이 방주에 오르자, 하나님께서 방주의 문을 닫으셨습니다.

2. 심은 대로 거두는 인류

드디어 비가 오기 시작했습니다. 처음에는 사람들이 늘 내리던 그런 비라고 생각했을 것입니다. 그런데 비가 양동이로 퍼붓듯이 일주일 내내 내렸습니다. 혹시나 하는 두려움이 생기기 시작한 사람들도 있었을 겁니다. 점점 물이 차오르는 것을 보고 사람들은 더 높은 곳으로 피난을 가기 시작했을 것입니다. 예전에 살던 집과 그동안 즐기던 모든 것이 전부 수장되었습니다. 피난을 간 산도 물이 계속 차올라 매일매일 더 높은 곳, 더 높은 산꼭대기로 갔지만 비는 멈추지 않고 쏟아지며, 물은 계속 차올랐습니다. 사방에 짐승의 사체가 떠돌아다니고, 사람들의 시체도 떠돌아다닙니다. 두려움 정도가 아니라 죽음의 공포 가운데 피난길에 올랐습니다. 아니, 이미 지옥 자체였습니다. 매일 수장되는 이웃을 눈으로 목격하면서 자신의 죽음을 기다려야 했습니다. 죽음은 피할 수 없는 사실이었습니다.

"홍수가 땅에 사십 일 동안 계속된지라 물이 많아져 방주가 땅에서 떠올랐고 물이 더 많아져 땅에 넘치매 방주가 물 위에 떠다녔으며 물이 땅에 더욱 넘치매 천하의 높은 산이 다 잠겼더니 물이 불어서 십오 규빗이나 오르니 산들이 잠긴지라 땅 위에 움직이는 생물이 다 죽었으니 곧 새와 가축과 들짐승과 땅에 기는 모든 것과 모든 사람이라 육지에 있어 그 코에 생명의 기운의 숨이 있는 것은 다 죽었더라"(창 7 : 17-22).

지금까지 성경을 아무리 읽고 읽어도 이 장면이 상상이 되지 않았습니다. 하지만 요즘 돌변한 기후 위기로 세계 여러 나라에서 일어나는 기상이변 현상을 보니 조금은 상상이 됩니다. 천재지변으로 인한 아비규환, 재난에서 살아남기 위해서 안간힘을 쓰는 사람들의 모습을 방송으로 보면서 노아 홍수 심판 때는 저들과 비교할 수 없을 것이란 생각이 들었습니다. 노아 시대의 홍수 심판을 소재로 한 영화나 장면을 보면서, 그것이 오늘 우리의 현실이 아닐까 생각합니다. 아니, 예수님이 재림하실 때 이 땅의 모든 인간의 모습이 이와 같을지도 모르겠습니다.

3. 건지시는 하나님의 은혜

죽음의 공포 앞에서 사람들은 뒤늦게나마 방주의 문을 두드렸을 것입니다. 그러나 문이 닫힌 후에는 아무도 태울 수 없습니다. 태우고 싶어도 태워 줄 수 없습니다. 비가 억수로 내리는 상황에서 방주의 문을 열었다가 물이 들어차면 그 무게를 이기지 못하고 방주가 침몰할 수 있기 때문입니다. 방주의 이런 모습은 전적인 하나님의 은혜를 잘 보여 줍니다. 물이 차오르자 그제야 방주에 태워 달라고, 지금에라도 방주에 타기 위해서 사람들은 잡을 것 하나 없는 방주를 붙들고 아우성쳤을 것입니다. 그 소리를 듣고, 그 모습을 보고 있는 노아의 가족들은 이제 그들을 어떻게 도와줄 방법이 없기에 안타깝고 괴로웠을 것입니다.

우리 주변에 복음을 전할 때마다 결사반대하며 거부하는 사람들이 많이 있습니다. 머릿속에 주변 사람들을 떠올려 보십시오. 부모님, 형제자매, 친구, 직장 동료 등 매일 만나거나 자주 만나는 사람, 가까운 사람들입니다. 그들과 천국에 함께 가고 싶어서 복음을 전하지만 거절당하기 일쑤입니다. 이렇게 복음을 거부하는 이들을 볼 때마다 너무나 안타깝고, 긍휼한 마음이 듭니다. 그런데 이들을 보며 마음 아파하는 우리보다 예수님이 더 안타깝고 마음 아파하십니다. 이런 예수님의 마음을 우리에게 가장 잘 예시하는 것 중의 하나가 영화 "쉰들러 리스트"가 아닐까 합니다. 쉰들러가 한 사람, 한 생명이라도 더 구출하려고 애를 쓰다가 더 이상 할 수 없을 때, 그는 손가락에 끼워져 있던 금반지를 집어 던지면서 "한 명이라도 더 데려올 수 있었는데!" 하며 애통해합니다. 그의 비통한 탄식이 오늘 이 땅의 교회와 성도들을 향한 예수님의 탄식입니다.

그렇습니다. 우리는 반드시 복음을 전해야 합니다. 복음을 거절하여 죽어 가는 영혼들이 예수님을 믿고 영원한 생명을 얻을 수 있도록 우리는 간절한 마음으로 끊임없이 예수 그리스도를 전해야 합니다. 때를 얻든지 못 얻든지 말씀을 전파하여 모두 구원의 방주에 태워 가야 할 것입니다.

2025 MINISTRY RESOURCE
MANUAL BOOK

목회와 설교자료

영적 담력을 가집시다

10월 첫째 주   정해우 목사
              신양교회

히 10 : 19~25

예배로 부름
수 1 : 9
"내가 네게 명령한 것이 아니냐 강하고 담대하라 두려워하지 말며 놀라지 말라 네가 어디로 가든지 네 하나님 여호와가 너와 함께하느니라 하시니라"

입례 찬양
499장 "흑암에 사는 백성들을 보라"

결단 찬양
495장 "익은 곡식 거둘 자가"

미국 인디언 가운데 '나바호'라는 부족이 있습니다. 이 부족의 남자 아이는 만 13세가 되면 성인식을 치르고 어른으로 인정받습니다. 하지만 일찌감치 어른이 되는 만큼 이들은 아주 혹독한 성인식을 치러야 합니다. 만 13세가 된 아이는 아버지를 따라 깊은 계곡으로 들어갑니다. 들짐승도 있고 사나운 맹수도 있는 계곡에서 홀로 하룻밤을 보내야 합니다.

한 소년이 만 13세가 되었습니다. 때가 되자 소년의 아버지는 아들의 손을 끌고 깊은 계곡으로 들어갔습니다. 깊이 들어갈수록 호랑이인지 곰인지 모를 맹수들의 울부짖는 소리가 사방에서 울리며 계곡 전체를 덮었습니다. 깊숙한 계곡 한가운데 도착한 후 아버지는 아이를 두고 무심히 돌아서서 가 버렸습니다. 아이가 얼마나 무서웠겠습니까? 아이는 아버지에 대한 분노, 맹수들에 대한 두려움과 공포에 사로잡힌 채 뜬눈으로 밤을 지새웠습니다. 그리고 드디어 아침이 밝았습니다. 집으로 돌아가기 위해 짐을 챙기던 아이는 어디선가 '부스럭' 하는 소리를 들었습니다. 온 신경이 곤두서는 순간 아이는 얼마 떨어지지 않은 곳에 있는 아버지의 모습을 보았습니다. 매정하게 떠난 줄 알았던 아버지는 아이가 있던 자리에서 얼마 안 되는 거리에 숨어 밤새도록 활시위를 당기고 있었던 것입니다.

성인이 되기 위한 통과 의례를 통해 담력을 키우는 인디언 부족의 이야기를 들으면서, 여러분은 어떤 생각이 듭니까? 이 이야기의 핵심은 아이가 홀로 공포에 맞서 담력을 키우는 것이 아니라, 아이 뒤에서 아이를 지키고 보호한 부모의 존재로 말미암아 아이가 공포를 감당하고 맞설 수 있었다는 것이 아닐까 생각해 봅니다.

그리스도인도 세상을 살아가면서 영적 담력을 지녀야 합니다. 그리스도인의 삶에는 영적인 결단과 담력이 나타나야 합니다. 이러한 영적 담력은 우리의 중보자 되신 예수 그리스도로만 가능합니다.

본문을 담고 있는 히브리서 10장은 다시금 그리스도인의 정체성에 대해 전하여 줍니다. 우리가 하나님의 자녀가 되고 그리스도인이 된 것은 우리의 의나 능력 때문이 아니라 하나님의 은혜임을 전합니다. 무엇보다 우리가 영적인 담력을 지닌 이유에 대해 분명히 고백합니다. 바로 우리의 대제사장이신 예수 그리스도를 통하여 담력을 얻었음을 천명합니다. 성경은 죄인이었던 우리를 위해, 예수님께서 큰 대제사장이 되셔서 그 피로 말미암아 휘장을 넘어 하나님께로 나아갈 수 있는 길을 만들어 주셨다고 말씀합니다. 그러하기에 참 마음과 온전한 믿음으로 하나님께 나아가자고 독려하고 있습니다.

그렇습니다. 하나님은 예수 그리스도를 통하여 우리에게 영적 담력을 주셨습니다. 우리는 능력이 없지만, 예수 그리스도가 우리의 든든한 후원자가 되시기에 우리는 담대히 하나님께 나아갈 수 있음을 고백합니다.

1. 영적 담력이란?

여러분, 영적 담력이 무엇입니까? 본문 19절에 나오는 '담력'의 헬라어는 '파르레시안'(παρρησίαν)입니다. 이 단어는 헬라 문화 속에서 헬라 시민들 상호 간의 개방적이고도 솔직한 관계를 의미합니다. 이런 헬라 문화의 영향을 받은 유대인들은 이 단어를 하나님 앞에서 개인 신앙의 '확신과 담대함'을 뜻하는 말로 사용하고 있습니다. 다시 말해 하나님 앞에 자유롭게 나아갈 수 있는 권리를 의미합니다.

중요한 것은, 이 권리는 우리의 선택이 아니라 하나님의 은혜라는 사실입니다. 그리고 우리는 이 은혜를 믿음으로 누릴 뿐입니다.

여러분, 우리가 하나님께 나아갈 수 있는 유일한 이유는 우리 주님께서 우리 죄를 대신 담당하셨기 때문입니다. 우리는 '예수의 피를 힘입어 성소에 들어갈 담력'을 얻습니다. 담력을 얻었다는 것은 자신 있게 들어간다는 말입니다. 왜 자신이 있습니까? 예수의 피가 우리의 죄를 다 씻었기 때문입니다. 과거에 막혀 있던 휘장이 예수님의 십자가 사건으로 열렸습니다. 큰 제사장이신 예수님께서는 죄인이 완전하게 용서받고 하나님께 나아갈 수 있는 새로운 길, 생명의 길을 열어 주셨습니다.

예수님을 믿는 자에게는 하나님의 자녀가 되는 특권이 주어집니다(요 1 : 12). 하나님의 자녀라는 특권과 함께 언제라도 하나님 아버지께 나아갈 수 있는 권한도 주어집니다. 구약 시대에는 오직 대제사장만이 중보자로서 하나님의 임재의 장소인 지성소에, 그것도 1년에 한 번만 들어갈 수 있었습니다. 그러나 예수 그리스도의 십자가 보혈로 우리가 성소에 들어갈 담력을 얻었습니다(히 10 : 19). 이것은 하나님의 자녀로서 누리는 놀라운 특권입니다.

오늘 본문에서는 예수님의 '찢긴 몸'과 '찢어진 휘장'을 통해 '살길'이 열렸다고 말씀합니다. 예수님을 통하여 하나님께로 나아갈 수 있는 '살길'(living way)이 열렸다는 말씀입니다. 우리가 하나님께 나아가는 데는 그 어떠한 다른 대제사장의 중보도 필요하지 않습니다. 우리는 오직 완전하고 큰 대제사장이신 예수님을 통해 하나님께 나아갈 수 있습니다.

2. 영적 담력의 필요성

예수 그리스도를 통하여 우리는 영적 담력을 얻었습니다. 그리고 담대히 하나님께 나아갈 수 있게 되었습니다. 그러나 우리의 신앙과 삶의 사이에 영적인 '틈'이 있음을 고백합니다. 우리 안에 있는 영적 불안감과 낮은 영적 자존감으로 하나님의 은혜를 신뢰하지 못할 때가 많습니다.

한별 목사님의 『흔드심』(넥서스CROSS, 2016)이라는 책에서는 '영적 담력'을 그리스도인에게 꼭 있어야 할 영적 전제(前提)라고 말합니다. 시대나 상황에 따라 변하지 않고 항상 필요한 영적 진리이기 때문입니다. 영적 담력은 믿음이 있을 때 생깁니다. 이 땅에서 얻은 담력은 '깡'이지만 믿음의 담력은 하늘에서 내려옵니다. 하나님이 하늘에서 말씀으로 주신 믿음이 곧 영적 담력임을 설명합니다. 그렇습니다. 영적 담력은 우리의 힘과 능력으로 채워지는 것이 아니라, 하나님께서 주신 또 다른 믿음의 표현입니다.

우리가 세상을 살면서 아무리 답답한 환경을 만나도 근심하거나 두려워하지 않을 수 있는 것은, 우리가 상속자이기 때문입니다. 믿음의 사람은 어느 날 갑자기 쓰나미처럼 고난이 밀려와도 평안과 감사로 돌파할 힘이 있습니다. 그러하기에 히브리서 기자는 다시금 은혜의 보좌로 담대히 나아가도록 권면합니다.

"그러므로 우리는 긍휼하심을 받고 때를 따라 돕는 은혜를 얻기 위하여 은혜의 보좌 앞에 담대히 나아갈 것이니라"(히 4 : 16).

3. 영적 담력을 가지는 방법

그렇다면, 우리는 '영적 담력'을 얻기 위해 어떻게 살아야 합니까?
첫째, 온전한 믿음으로 나아가라고 말씀하십니다.

"우리가 마음에 뿌림을 받아 악한 양심으로부터 벗어나고 몸은 맑은 물로 씻음을 받았으니 참 마음과 온전한 믿음으로 하나님께 나아가자"(히 10 : 22).

여기서 말씀하는 '온전한 믿음'이란 예수 그리스도를 나의 구원자로 믿어 그리스도의 장성한 분량에까지 이르는 믿음을 말합니다. 에베소서 4 : 13은 "우리가 다 하나님의 아들을 믿는 것과 아는 일에 하나가 되어 온전한 사람을 이루어 그리스도의 장성한 분량이 충만한 데까지 이르리니"라고 말씀합니다.

둘째, 우리가 믿는 소망을 붙들라고 말씀하십니다.

"또 약속하신 이는 미쁘시니 우리가 믿는 도리의 소망을 움직이지 말며 굳게 잡고"(히 10 : 23).

믿음으로 살아가는 삶의 증거는 어디에 소원을 두고 살아가느냐, 무엇에 소망을 두고 살아가느냐입니다. 성도는 하나님의 언약이 때가 되면 하나님께서 반드시 이루신다는 믿음과 소망을 갖고 살아가야 합니다.

우리가 믿는 도리의 소망을 굳게 잡는 것은 선택이 아니라 필수입니다. 그러므로 하나님 아버지를 믿는 믿음, 주 예수 그리스도를 믿는 소망을 굳게 잡아 흔들리지 않고 움직이지 않는 견고한 반석 같은 믿음으로 살아가야 하겠습니다.

셋째, 서로 세워 주는 사역을 감당해야 합니다.

"서로 돌아보아 사랑과 선행을 격려하며"(히 10 : 24).

'서로 돌아보아'라는 것은 히브리서 3 : 1에서 언급한 "깊이 생각하라"는 강조와 같은 단어입니다. 건성으로 돌아보는 것이 아니라 진심으로 사랑하는 마음과 깊은 관심을 가지고 지속적으로 돌아보라는 말씀입니다. 하나님은 사람을 통하여 일하십니다. 사람을 통하여 역사하십니다. 사람을 통하여 기적을 이루십니다. 서로 돌아보아 사랑과 선행을 격려하는 그 자리, 그 시간에 성령이 함께하시고 주님이 함께하십니다.

사랑하는 여러분, 우리는 예수 그리스도를 통하여 하나님께 나아갈 영적 담력을 얻은 자들입니다. 예수 그리스도를 통하여 하나님께 나아갈 영적 담력을 얻은 우리는 예배의 자리를 사모하며 살아가게 됩니다.

"모이기를 폐하는 어떤 사람들의 습관과 같이 하지 말고 오직 권하여 그 날이 가까움을 볼수록 더욱 그리하자"(히 10 : 25).

본문에 나오는 '모임'은 단순한 모임이 아니라 회중들의 모임, 즉 교회를 의미합니다. 교회는 영적 담력을 가지고 온전한 믿음과 굳건한 소망, 그리고 신실한 사랑을 나타내어야 합니다. 여전히 세상 사람들은 자신의 담력을 의지하며 살아갑니다. 그들의 담력은 두려움의 표지입니다. 오직 그리스도인은 예수 그리스도를 통하여 영적 담력을 누리며 살아갈 수 있습니다.

우리 모두 주님이 주신 담력을 가지고 담대히 세상에 그리스도인으로 살아가길 원합니다.

2025 MINISTRY RESOURCE
MANUAL BOOK

목회와
설교자료

어리석은 결혼 설계사

10월 둘째 주   조민상 목사
구미시민교회

고후 11 : 1~2

예배로 부름

고전 1 : 21

"하나님의 지혜에 있어서는 이 세상이 자기 지혜로 하나님을 알지 못하므로 하나님께서 전도의 미련한 것으로 믿는 자들을 구원하시기를 기뻐하셨도다"

입례 찬양

287장 "예수 앞에 나오면"

결단 찬양

505장 "온 세상 위하여"

성경에는 신부를 찾고 있는 엄청난 분이 있습니다. 그 신랑은 재산이 수백억, 수천억 정도가 아닙니다. 천하가 다 그의 것이라 도저히 계산할 수 없습니다. 성품도 세상에 그런 분이 없다고 할 만큼 흠이 없고 완벽합니다. 세상에 끼치는 선한 영향력도 그 누구와 비교할 수 없습니다. 그런데 신부에 대한 조건은 아무것도 없습니다. 집안을 따지지 않겠다고 합니다. 직업이 무엇인지 묻지 않고, 외모도 보지 않겠다고 합니다. 똑똑하지 않아도 되고, 심지어 성품이 나빠도 상관없답니다.

그가 누구입니까? 바로 예수 그리스도입니다.

기독교와 다른 종교 사이의 차이를 한마디로 말하면 '하라'(do)와 '했다'(done)라고 할 수 있습니다. 일반 종교는 '하라'입니다. 이런저런 것을 하고, 노력하며, 희생하고, 행실을 똑바로 고쳐야 하고 약속을 지켜야 하는 등 결국 신의 은총을 입으려면 최대한 많은 선행을 베풀라는 것입니다.

반면에 기독교는 '했다'입니다. 성경은 예수님이 십자가 위에서 하신 일만으로 충분하다고 말합니다. 예수님은 우리가 결코 할 수 없는 일을 하셨습니다. 우리의 과거와 현재 그리고 미래의 죄를 도말하기 위해 예수님이 우리의 죄를 대신하여 십자가에서 흘리신 보혈만이 하나님의 기준을 만족시킬 수 있습니다. 그분이 하신 일을 믿고 받아들이기만 하면 우리는 '하나님의 선한 은혜' 안에 놓일 뿐 아니라 우리 삶이 완전히 새로워집니다. 이제 우리는 용서를 받고, 하나님의 거룩한 신부가 되었습니다.

이 놀라운 진리를 깨닫고, 구원의 비밀을 경험한 사도 바울은 중매하는 사람으로 나섭니다. 그가 선언합니다.

"너희를 정결한 처녀로 한 남편인 그리스도께 드리려고 결혼 설계사로 나섰다."

젊은이들을 중매하여 그들이 결혼해서 행복하게 잘 사는 모습을 보면 참 기쁩니다. 그런데 이런 기쁨도 좋지만, 젊은이들에게 예수님을 소개하는 중매인이 되어 그들이 예수님을 믿고 예수님의 신부가 되게 하는 기쁨은 더욱 큽니다. 이러한 기쁨을 알았던 사도 바울은 자신의 생명을 조금도 아끼지 않고 결혼 설계사로 삶을 바쳤습니다.

그런데 놀랍게도 신랑 되신 예수님께서는 어떤 신부를 데리고 와도 기뻐서 춤을 추십니다. 예수님의 신부가 될 자들은 죄로 인해 죽을 수밖에 없어 이 세상에서 허무하게 끝날 조연이었으나 구원자이신 예수님을 믿기만 하면 영생을 누리며 주님 안에 살게 되는 엄청난 은총의 주인공이 되기 때문입니다. 저와 여러분도 이 복음의 비밀을 누리며 사도 바울처럼 영적인 결혼 설계사가 되기를 바랍니다.

그렇다면 결혼 설계사에게 필요한 것은 무엇입니까?

1. 어리석음

이 세상에서 결혼 설계사가 되려면 똑똑해야 합니다. 그러나 영적인 결혼 설계사는 어리석어야 합니다. 왜냐하면 말도 안 되는 결혼을 성사시켜야 하기 때문입니다. 그래서 사도 바울은 애원하듯이 간청합니다.

"원하건대 너희는 나의 좀 어리석은 것을 용납하라 청하건대 나를 용납하라"(고후 11 : 1).

그러고 나서 조금 자랑하겠다고 합니다. 그 자랑으로 처음에는 히브리인으로서 아브라함의 후손이고 그리스도의 일꾼임을 말합니다. 그러나 곧바로 맞아 죽을 뻔하고, 위험을 당하며, 수고하며 애쓰고, 여러 번 자지 못하며, 주리고 목마르며 여러 번 굶고 추위에 헐벗었던 것을 자랑합니다. 그야말로 어리석은 자랑입니다.

복음을 전하기 위해서 자기의 지혜와 지식을 내려놓고 겸손하게 하나님만 의지하며 기쁨으로 대가를 지급하는 삶을 사는 바울을 통해 하나님께서 놀라운 역사를 이루었습니다. 그는 자신의 지혜와 지식으로 변론하여 복음을 증거하지 않고 예수 그리스도의 십자가의 능력을 의지하며 복음을 선포했습니다.

"형제들아 내가 너희에게 나아가 하나님의 증거를 전할 때에 말과 지혜의 아름다운 것으로 아니하였나니 내가 너희 중에서 예수 그리스도와 그가 십자가에 못 박히신 것 외에는 아무것도 알지 아니하기로 작정하였음이라"(고전 2 : 1-2)

사람의 그 어떤 말과 지혜보다 예수 그리스도와 십자가 복음이면 충분하다는 고백입니다. 전도의 미련한 방법으로 구원하기를 기뻐하시는 하나님이기 때문입니다.

윌로우크릭교회의 빌 하이벨스 목사님은 자신의 책 『사랑하면 전도합니다』(두란노, 2006)에서 전도에 관한 이야기를 소개합니다.

윌로우크릭교회의 성도들은 교회 강당 앞 로비 벤치를 '바보들의 벤치'라고 부른다고 합니다. 매주 그곳에서 자신이 전도한 사람들이 올지 안 올지 노심초사 기다리는 성도들이 있기 때문입니다. 성도들은 주변의 친구, 가족, 직장 동료 등에게 용기 내어 예수님을 전하고, 전도한 사람들이 교회에 오겠다고 하면 뛸듯이 기뻐하며 그들을 기다립니다. 주일에 그들과 만나기로 약속한 시간이 지나고, 그들이 오지 않아도 하염없이 벤치에 앉아 전도한 사람들을 기다리는 성도들은 바보 성도들입니다.

이 글에서 빌하이벨스 목사님은 전도는 '일'이라고 합니다. 고되기 짝이 없는 일이지만 온 정성을 쏟아 하나님의 은혜와 사랑을 베푸는 것이 전도라고 했습니다. 힘을 다하여 전도의 씨앗을 뿌려야 한다고 합니다. 아무리 전도해도 오지 않는 사람들을 바보처럼 계속 기다릴지라도 언젠가 전도의 씨앗이 자라나 싹이 돋아날 것을 믿으며 전도하는 일을 멈추지 않는 특별한 바보가 되어야 한다고 말합니다.

저는 우리 교회에도 '바보들의 벤치'가 있기를 소원합니다. 그 의자에서 안절부절못하지만 하나님의 기쁨이 되는 바보들이 저와 여러분이길 바랍니다.

2. 하나님의 열심

요즘에 중매를 전문으로 하는 회사가 많습니다. 어느 일이나 마찬가지이지만, 커플 매니저나 결혼 설계사로 성공하는 사람의 특징은 열심히 일한다는 것입니다. 단순히 자료만 넘겨주는 것이 아니라 상대방에 대한 눈높이를 조정하는 일부터 합니다. 대화하는 요령을 가르치고, 데이트 방법에 대해서도 조언을 아끼지 않습니다. 결혼 계획까지도 코치하여 결혼을 성사시키려고 엄청난 노력을 합니다.

영적인 결혼 설계사로서의 사명을 감당하기 위해서는 더 큰 열심이 있어야 합니다. 사도 바울은 예수 그리스도의 중매인 노릇을 할 때 하나님의 '열심'을 낸다고 고백합니다. 영어 성경(NIV)에서는 하나님의 열심을 '경건한 질투'로 표현합니다. 사람의 질투는 파괴를 가지고 오지만, 하나님의 질투는 회복을 가져오는 은혜입니다. 이러한 하나님의 '열심'으로 사도 바울이 복음을 전하니 놀라운 복음의 역사가 일어났습니다. 사람들이 이렇게 말할 만큼 말입니다.

"우리가 보니 이 사람은 전염병 같은 자라 천하에 흩어진 유대인을 다 소요하게 하는 자요 나사렛 이단의 우두머리라"(행 24 : 5).

모든 사람이 구원받기를 원하는 하나님의 마음을 가졌던 사도 바울은 그의 사랑하는 아들 디모데에게 강력하게 명령합니다.

"하나님 앞과 살아 있는 자와 죽은 자를 심판하실 그리스도 예수 앞에서 그가 나타나실 것과 그의 나라를 두고 엄히 명하노니 너는 말씀을 전파하라 때를 얻든지 못 얻든지 항상 힘쓰라"(딤후 4 : 1-2).

오래전 중국에 전도를 많이 하는 사람이 있었습니다. 그는 부자였지만 땅의 것을 자랑하기보다는 예수님을 자랑하여 별명이 '송전도'였다고 합니다. 그렇게 전도를 많이 하고 예수님을 잘 믿던 사람이 젊은 나이에 그만 3남매를 남겨 놓고 죽었습니다. 그러자 사람들이 수군거리며 말합니다. "저렇게 예수님을 잘 믿고 전도를 많이 하는 사람이 왜 빨리 죽었을까?"

후에 그 3남매는 중국에 엄청난 영향을 미쳤습니다. 그의 맏딸 송경령(쑹칭링)은 중국의 아버지라고 불리는 손문(쑨원)의 아내가 되었고, 그의 아들 송자문(쑹쯔원)은 경제학자로서 중국의 경제장관이 되었으며, 막내딸인 송미령(쑹메이링)은 장개석(장제스) 총통의 아내가 되었습니다. 그 시절에는 송전도의 3남매가 중국 전 영토를 다 통치하는 것이나 마찬가지였습니다.

중국이 공산화되면서 선교사들이 모두 추방되고 교회의 문을 닫았습니다. 서양교회에서는 이런 상황에 중국교회가 다 무너졌다고 생각했습니다. 하지만 중국이 개방되어 살펴보니 생명을 걸고 예배하는 가정교회로 바뀌어 오히려 믿는 사람들이 더 늘어나 있었습니다. '전도'라고 불리는 별명을 가진 자들이 뿌린 씨앗이 척박한 환경에서도 싹이 나고, 꽃을 피우며, 열매를 맺었습니다.

사도 바울과 같이 예수 그리스도와 십자가를 증언하며 오늘 저와 여러분에게도 이런 별명이 생기기를 원합니다. 김전도, 조전도, 이전도, 박전도, 결혼 설계사 김 장로, 예수님의 중매인 조 권사 등 이런 별명을 가지고 복음의 어리석은 자가 되어 하나님의 열심에 귀하게 쓰임받길 간절히 기도합니다.

2025 MINISTRY RESOURCE
MANUAL BOOK

목회와 설교자료

오직 예수

10월 셋째 주 　남정우 목사
　　　　　　　　하늘담은교회

요 14 : 6~7, 행 4 : 12

예배로 부름

빌 1 : 2

"하나님 우리 아버지와 주 예수 그리스도로부터 은혜와 평강이 너희에게 있을지어다"

요 4 : 24

"하나님은 영이시니 예배하는 자가 영과 진리로 예배할지니라"

입례 찬양

31장 "찬양하라 복되신 구세주 예수"

결단 찬양

94장 "주 예수보다 더 귀한 것은 없네"

1. 산에 올라가는 여러 가지 방법

"예수님을 믿어야 구원을 받을 수 있다!"

이것은 기독교의 절대적인 진리입니다. 사랑하는 성도 여러분, 이러한 주장이 이해됩니까? 이 세상 사람들은 이해할 수 없는 말입니다. '예수님을 믿는 사람들이 너무 독단적으로 하는 말이 아닌가?'라고 생각합니다. "예수님을 믿어야만 구원을 받는다!" 이렇게 말하면 매우 기분 나쁘게 생각하는 사람들도 있습니다. 무례하다고 생각하는 사람들도 있습니다. '예수님을 믿는 사람은 싫다. 마음이 이렇게 넓어야지. 다른 종교도 좀 수용하고 함께 나아가야지. 자기들만 옳다고 해서 갈등이 일어나고 불편한 사회가 만들어지는 것 아닌가?' 많은 사람이 이렇게 생각합니다.

또 '종교 간에 갈등이 심해지면 전쟁이 일어나는 것은 아닐까?' 하고 걱정하는 사람들도 있습니다. 이슬람에도 근본주의자가 있고, 우리 기독교에도 근본주의자가 있습니다. 근본주의자들은 자기들의 주장에 목숨을 겁니다. 그러다 보면 충돌이 일어나고 평화가 깨지는 일들이 일어나지는 않을까 걱정하는 것입니다.

그러면서 종교 평화주의를 말하기도 합니다. '세계 종교가 다 비슷한 목적을 가지고 있지 않은가?', '궁극적인 목적은 결국 다 같은 것이 아니겠는가?'라고 생각하면서 기독교의 진리도 그렇게 해석해 보려는 신학자들이 있습니다.

인도의 파니카(R. Panikkar) 목사님은 힌두교 배경에서 자란 신학자로 이렇게 주장했습니다. "큰 산에는 정상으로 올라가는 길이 하나가 아니다. 여러 개가 있지 않은가?" 실제로 제가 사는 대구광역시 수성구 지산동의 용지봉만 봐도 그렇습니다. 628m 정상으로 올라가는 길은 하나가 아닙니다. 진밭골을 따라 올라가다가 백련사를 통하여 올라가는 길도 있고, 수성못에서 산으로 올라가 능선을 타고 용지봉 쪽으로 가는 길도 있습니다. 이렇게 올라가는 길도 있고, 저렇게 올라가는 길도 있습니다. 결국 파니카 목사님의 말은 '각 종교가 가는 길이 달라도 모두 정상으로 올라가는 동일한 구원의 길이 아닐까? 이렇게 올라가는 것은 기독교적으로 구원을 받는 길이고, 저렇게 올라가는 것은 불교적으로 구원을 받는 것이 아닐까?'라는 뜻입니다. 그럴듯한 주장입니다.

한국에서는 변선환 교수가 이러한 주장을 했습니다. 감리교신학대학교에서 오랫동안 가르친 유명한 신학자인데 그를 '종교다원주의 신학자'라고 부릅니다. 변선환 교수님은 신학 강연을 할 때마다 칠판에 큰 산을 하나 그려 놓았습니다. 일반인들이 들으면 굉장히 납득이 잘 되는 비유입니다. "너만 옳다고 하지 말아라. 정상으로 올라가는 길은 하나가 아니다." 이런 주장을 듣다 보면 자연스럽게 '기독교만 절대적인 진리라고 주장하지 말고 종교 간에 서로 대화해야 하지 않겠는가?'라는 생각이 듭니다. '모든 종교가 어떤 궁극적인 실재를 설명하려고 하는 것이다. 기독교는 이쪽 차원을 이야기하는 것이고, 불교는 저쪽 차원을 이야기하는 것이니 서로 대화를 하면서 평화롭게 살아야지. 그러다 보면 서로 다른 차원을 배우고 궁극적인 실재에 대하여 더 깊은 이해도 생길 것이다. 그러니까 종교 간에 대화하면서 평화롭게 함께 가는 것이 바람직하지 않겠는가?'라는 생각이 들기도 합니다. 이런 생각을 하는 사람들이 많습니다. 여러분은 어떻게 생각하십니까? 상당히 일리가 있어 보입니다. 그렇게 생각하는 이들도 있을 것입니다.

2. 구원을 받는 유일한 길

여기서 우리는 정신을 바짝 차리고 이 문제의 본질에 조심스럽게 접

근해 가야 합니다. 먼저 깊이 생각해 보아야 할 부분은 '하나님의 구원을 받는 길'이 '산 정상으로 올라가는 길'과 같은 것이냐 하는 물음입니다. 둘은 같지 않습니다. 구원을 받는 길은 산에 올라가는 것 같은 그런 길이 아닙니다. 산 정상은 사람이 마음먹고 노력하면 어느 길로든 갈 수 있습니다. 그러나 죄인인 인간이 하나님의 구원을 받는 길은 등산로 같은 그런 길이 아닙니다. 에베레스트산 정상에 올라가는 것이 아닙니다. 사람의 힘으로는 다다를 수 없는 길입니다. 하나님의 구원은 인간의 노력으로 쟁취할 수 있는 등산로가 아닙니다. 모든 사람은 죄인이기에 하나님의 영광과 하나님의 의에 도달할 수 없기 때문입니다. 그러므로 '하나님의 구원을 받는 것'을 '산 정상에 도달하는 것'에 비유하는 자체가 잘못입니다.

그러면 길이 전혀 없습니까? 아닙니다. 있습니다. 그 길은 사람이 만든 길이 아닙니다. 사람이 만들 수 있는 길도 아닙니다. 하나님이 친히 마련하고 열어 주신 길입니다. 그 길은 바로 하나님의 아들 예수 그리스도이십니다. 예수님이 친히 말씀하셨습니다. "내가 그 길이다(I am the Way). 나로 말미암지 않고는 하나님 아버지께로 올 자가 없다. 내가 하나님 아버지의 구원으로 인도하는 유일한 길이다."

예수님이 구원의 유일한 길이 되시는 이유가 바로 여기에 있습니다. 오직 예수님만이 "내가 그 길이다."라고 가르쳐 주셨기 때문입니다. 인류 역사 가운데 길에 관하여(about a way) 가르친 훌륭한 스승이 여럿 있습니다. 그러나 "내가 그 길이다."라고 말한 분은 예수님이 유일합니다. '길에 관하여' 말하는 것과 '내가 길이다'라고 말하는 것은 천지(天地) 차이입니다. 구원의 길은 하나님이 만들고 열어 주신 길입니다. 하나님은 세상을 이처럼 사랑하사 인간 스스로의 힘으로 도무지 구원 받을 수 없는 저와 여러분을 구원하시기 위하여 하나님의 독생자 예수 그리스도를 이 세상에 보내 주셨습니다. 예수님은 하나님 아버지가 만들어 주신 구원의 길입니다.

이제 우리가 할 일은 하나님 아버지께서 보내 주신 예수님을 마음에 영접하는 것입니다. 예수님을 영접하기만 하면, 하나님 아버지는 하나님의 구원을 베풀어 주시고 우리를 하나님의 자녀로 삼아 주십니다. 이 얼마나 큰 사랑이며 자비입니까! 이런 말을 듣고서도 예수님을 영접하지 않으려는 것은 교만입니다. 고집입니다. '예수님이 필요 없다.'라고 생각하는 것은 교만입니다. 우리에게는 예수님이 꼭 필요합니다.

성경은 "천하 사람 중에 구원을 받을 만한 다른 이름을 우리에게 주신 일이 없음이라"(행 4 : 12)라고 증언합니다. 그런데 예수님 밖에도 하나님의 구원이 있을 수 있다고 생각하거나 말하는 것, 예수님 이외에 다른 이름이 있을 수도 있다고 하는 것은 기만(속임수)입니다. 그리고 하나님이 보내 주신 예수님의 가르침을 듣지 않고 배우지 않는 것은 태만(게으름)입니다. '바쁘다', '힘들다' 핑계를 대며 예수님의 말씀을 듣지 않고 믿으려 하지 않는 게으름은 큰 죄입니다. 교만, 기만, 태만, 이 세 가지는 모든 죄악의 뿌리가 되는 원죄, 구원을 못 받게 만드는 큰 죄입니다. 교만, 기만, 태만에서 모든 불행과 비극이 나옵니다.

오직 예수! 예수님이 신앙생활의 알파와 오메가입니다. 행복한 삶의 알파와 오메가이기도 합니다. 그러므로 예수님 앞에서는 겸손해야 하고, 정직해야 하며, 성실해야 합니다. 그러면 누구든지 하나님의 은총을 입을 수 있고, 잘 살 수 있습니다. 그러므로 복음을 힘써 증거해야 합니다. 예수님만이 유일한 구원자이시기 때문입니다.

3. 예수 그리스도를 전파하라

온누리교회의 박인숙 권사의 간증을 들었습니다. 박 권사님은 온누리교회의 전도 왕으로, 어느 초겨울에 공원에서 한 아주머니를 만났습니다. 남편과 사별한 후, 40대 후반부터 두 딸을 혼자서 키우고 있는 씩씩한 분이었습니다. 어려운 길을 걸어왔으면서도 무척 밝고 긍정적인 모습에 전도하려고 하니까 바로 눈치를 채고 딱 잘라 말했습니다. "저는 평소에 유튜브를 즐겨 봐요. 법륜 스님, 장경동 목사님, 이시형 박사님 등의 강의를 들으며 좋은 것만 받아들이면서 행복하게 살고 있어요. 그게 제 인생관이에요." 눈치 빠른 박 권사님은 "그렇지요. 그런 강의는 유익한 점이 참 많지요." 하며 일단 공감해 주고서는 기분 좋게 헤어졌습니다.

그리고 매일 공원에서 만나 함께 걸으면서 대화를 나누었습니다. 그러면서 그분도 박 권사님이 교회 다니는 것을 자연스럽게 알게 되었습니다. 마음이 좀 열렸는지 "교회 다니는 사람들은 대체로 자기 종교만 옳다고 주장하는데, 형님은 그러지 않아서 참 좋네요."라고 말하곤 했습니다. 박 권사님은 기도하며 그녀를 기다려 주었습니다.

그러다 하루는 박 권사님이 "좋은 말씀도 좋지만, 생명을 살리는 말씀이 더 중요하지 않을까요?"라고 했더니, 눈치 빠른 아줌마는 사실 과거에 교회에 다녔다고 했습니다. 그러면서 "하나님을 믿지는 않지만 양심껏 올바르게 살았다고 자부하니, 나중에 천국에 들어가지 않을까요?" 하고 되물었습니다. 그때 박 권사님이 대답했습니다.

"그렇게 생각할 수도 있겠네요. 그런데 우리 집에 망나니 같은 자식이 있다고 생각해 봐요. 밤 12시가 넘어도 자기 마음대로 우리 집에 들어올 수 있어요. 옆집 아이는 매우 착하고 모범생이에요. 그럴지라도 그 아이는 우리 집에 마음대로 들어올 수 없지요. 한밤중이나 새벽에 들어오려 하다가는 도둑으로 몰릴 거예요. 그 아이는 내 자식이 아니니까요. 내 자식이 아무리 망나니 같은 행동을 해도 우리 집에 아무 때나 들어올 수 있고, 내 유산도 그 아이가 다 받을 거예요. 천국은 바른 양심의 소유자가 아니라 하나님의 자녀가 가는 곳이에요. 바르게 사는 것도 필요하지만, 더욱 중요한 것은 하나님의 자녀가 되는 것이에요."

그녀는 충격을 받은 듯했습니다. 어떻게 하면 하나님의 자녀가 되는지 설명해 달라고 했습니다. 박 권사님은 호주머니에 가지고 다니던 사영리 소책자를 꺼내어 15분 정도 차근차근 설명해 주었습니다. 그녀는 예수님을 진심으로 영접한다고 했습니다. 할렐루야! 이렇게 '오직 예수'라고 외치고, '오직 예수'라고 고백하며, '오직 예수'를 영접하도록 전도하는 것은 옳은 일입니다. 하나님이 기뻐하시는 일입니다.

4. 구원의 길을 걷는 삶

예수님을 전하며 사는 우리에게 주어진 일이 하나 더 있습니다. 바로 '오직 예수'라고 고백한 대로 사는 것입니다. 요즘 한국교회가 왜 어려움을 당하고 불신을 받습니까? "오직 예수!"라고 주장하기 때문이 아닙니다. 입으로는 '오직 예수'라고 외치지만, 결정적인 순간에 '오직 내 자녀', '오직 돈', '오직 내 명예'를 선택하기 때문입니다. 이런 삶의 모습을 보이기 때문에 진짜 '오직 예수'를 믿는 사람이 맞는지 의구심을 불러일으키고, 이렇게 언행일치되지 않는 모습 때문에 손가락질과 불신을 받는 것입니다.

그런데 사도 바울은 그러지 않았습니다. 예수님을 몰랐을 때는 예수님이 악한 자이며, 그를 따르는 자들은 어리석은 자들이라고 생각했습니다. 그래서 예수님을 믿는 자들을 때리고, 감옥에 가두며, 심지어 죽이는 일에 가담하였습니다. 그러나 예수님을 인격적으로 만나 예수님을 알고 믿게 된 다음에는 복음을 위하여 목숨을 걸었습니다. 바울은 13개의 편지를 신약성경 속에 남겼는데, 핵심은 '오직 예수'입니다. 그는 말과 글로만 '오직 예수'를 외친 것이 아닙니다. 그의 마음과 소원과 꿈이 '오직 예수'였습니다. 그의 삶 또한 그랬습니다.

"그러나 무엇이든지 내게 유익하던 것을 내가 그리스도를 위하여 다 해로 여길 뿐더러 또한 모든 것을 해로 여김은 내 주 그리스도 예수를 아는 지식이 가장 고상하기 때문이라 내가 그를 위하여 모든 것을 잃어버리고 배설물로 여김은 그리스도를 얻고 그 안에서 발견되려 함이니"(빌 3 : 7-9).

"오직 예수!" 이 진리는 다른 사람들에게 선포하는 말씀인 동시에, 내 영혼에도 끊임없이 선포해야 하는 진리의 말씀입니다. '오직 예수'는 내 삶의 핵심 가치가 되어야 하고, 중요한 일의 선택 기준이 되어야 합니다.

오직 너 하나님의 사람아

10월 넷째 주

류철배 목사
보배로운교회

딤전 6 : 11~12

예배로 부름
시 33 : 1~2
"너희 의인들아 여호와를 즐거워하라 찬송은 정직한 자들이 마땅히 할 바로다 수금으로 여호와께 감사하고 열 줄 비파로 찬송할지어다"

입례 찬양
19장 "찬송하는 소리 있어"

결단 찬양
516장 "옳은 길 따르라 의의 길을"

사람에게는 이름이 있습니다. 대부분은 평생 그 이름으로 불립니다. 하지만 이름으로 불리지 않고 다른 수식어로 불리는 사람도 있습니다. 예를 들면 '천사 같은 사람', '법 없이도 살 사람', '닮고 싶은 사람' 등 좋은 표현이 있습니다. 반대로 '짐승 같은 인간', '버러지만도 못한 인간', '인간쓰레기' 등 나쁜 표현도 있습니다. 좋은 것이든 나쁜 것이든 그 사람의 행동에 따라붙는 수식어들입니다.

본문 11절 말씀을 보면 "오직 너 하나님의 사람아"라는 부름이 나옵니다. 사도 바울이 믿음의 아들 디모데를 부르는 말입니다. 바울은 디모데에게 교회로부터 거짓 교훈을 근절시키고 교회를 굳건하게 세워 나가는 사역을 위임하였습니다. 이로써 디모데는 영적 전쟁에 참여하는 영광스러운 자리에 서게 되었습니다. '하나님의 사람'은 '거짓 교사'와 대조를 이루며, 그들에게는 교회를 거룩하게 지켜야 할 책임이 있습니다.

거짓 교사들은 교만하며 다투기 좋아하고 탐욕스럽고 하나님보다는 세상을 더 좋아하는 사람들입니다. 이에 하나님의 사람은 자신의 태도를 분명히 해야 합니다. 바울은 하나님의 사람들이 갖추어야 할 네 가지를 소개하고 있습니다.

1. 피하라

'퓨고'는 '탈출하다, 도망가다'라는 뜻의 헬라어입니다. 하나님의 사람은 무엇을 피해야 합니까?

첫째로 돈을 피해야 합니다. 성경은 돈을 사랑하는 것이 일만 악의 뿌리가 된다고 하였습니다. 사람들은 돈이 부르는 곳이면 어디든지 가겠다고 합니다. 돈의 노예가 된 것입니다.

돈은 우리 삶에서 분명히 필요한 것이지만, 그렇더라도 사랑해서는 안 됩니다. 스승 엘리사를 속이고 돈을 쫓아간 게하시는 나병에 걸렸습니다. 돈을 요구했던 가룟 유다는 예수님을 팔고 나서 목매어 죽고 말았습니다. 뉴스를 보면 돈 때문에 일어나는 강력 사건들이 얼마나 많은지 모릅니다. 돈의 유혹을 피해야 합니다.

둘째로 음란을 피해야 합니다. 요셉은 하나님의 사람으로서 보디발 장군 아내의 유혹을 뿌리쳤습니다. 그로 인해 감옥에 가서 인생이 끝나는 줄 알았지만 하나님께서는 그를 높여 가족과 민족을 살리는 인물로 세워 주셨습니다. 음란의 영은 종교인들에게까지 마수를 뻗쳐 인생은 물론 종교계까지 먹칠하고 있습니다.

셋째로 세상 사랑을 피해야 합니다. 하나님의 사람으로 쓰임 받으려면 세상을 사랑하지 않아야 합니다. 바울의 동역자였던 데마는 세상을 사랑하여 복음 사역을 중단하고 세상으로 돌아가고 말았습니다. 이 세상이나 세상에 있는 것들을 사랑하지 말아야 합니다(요일 2 : 15).

2. 따르라

'따르라'에 해당하는 헬라어 '디오케'는 '추구하다, 계속 따라가다'라는 뜻을 가진 단어입니다. 복 있는 사람은 악인들의 꾀를 따르지 않고, 죄인들의 길에 서지 않으며, 오만한 자들의 자리에 앉지 말아야 합니다(시 1 : 1).

사람은 자기가 좋아하는 것을 따라가게 되어 있습니다. 유행을 따라가는 사람도 있습니다. 연예인만 따라다니는 사람도 있습니다. 성공과 권력만 따라가는 사람도 있습니다. 그러나 하나님의 사람은 첫째로 의를 따라야 합니다. 의는 하나님의 말씀에 합당하게 살아가는 삶을 말합니다. 둘째로 경건을 따라야 합니다. 경건은 하나님의 성품을 닮아 가는 것입니다. 셋째로 믿음을 따라야 합니다. 믿음은 하나님만을 신뢰하고 바라보며 순종하는 것입니다. 넷째로 사랑을 따라야 합니다. 자기의 목숨까지 버릴 정도의 사랑을 말합니다. 다섯째로 인내를 따라야 합니다. 인내란 어떠한 역경과 환경 속에서도 낙심하거나 굴하지 않고 온전히 믿음을 지키며 신앙의 도리를 다하는 것을 말합니다. 마지막으로 온유를 따라야 합니다. 온유란 항상 사람들을 이해하는 태도로 너그럽게 대하며 포용하는 것입니다.

3. 싸우라

'아고니주'는 '시합하다, 시합에서 이기기 위해 애쓰다'라는 뜻의 헬라어입니다. 바울은 본문에서 하나님의 사람에게 믿음의 선한 싸움을 싸우라고 합니다.

세상을 보면 온통 싸움판입니다. 정치계는 하루도 편할 날이 없이 싸우고 있습니다. 폭력배들은 영역을 확보하기 위해 싸우고, 돈 때문에 개인끼리 싸우고, 부부간에 싸우고, 자식과도 싸우고, 심하게는 교인 간에 싸우는 일도 있습니다. 그러나 하나님의 사람은 이런 육체적인 싸움이 아니라 영적인 싸움에서 승리해야 합니다.

첫째로 마귀와 싸워야 합니다. 우리의 씨름은 혈과 육을 상대하는 것이 아니요, 통치자들과 권세들과 이 어둠의 세상 주관자들과 하늘에 있는 악의 영들을 상대함이라고 했습니다. 마귀는 우리 주변을 두루 돌아다니면서 삼킬 자를 찾고 있습니다. 정신을 차리고 근신하여 깨어 있지 않으면 믿음을 도둑맞고 또다시 마귀의 종이 될 수 있습니다. 그러므로 영적 전신갑주를 입고 성령 안에서 무시로 기도하며 마귀를 대적해야 합니다.

둘째로 자신과 싸워야 합니다. 프랑스의 극작가 빅토르 위고는 "인생에는 세 가지 싸움이 있다. 자연과의 싸움, 이웃과의 싸움, 자신과의 싸움이 있는데 그중에서 가장 어려운 것은 자신과의 싸움이다."라고 했습니다. 자신과 싸워서 이겨야 할 대상이 무엇입니까? 게으름, 불순종, 인본주의, 혈기, 분노, 의지 등입니다. 이 싸움에서 이기지 못하면 어떤 곳에서도 결코 성공할 수 없습니다.

셋째로 하나님과 싸워야 합니다. 우리는 하나님과 영적으로 싸워야 합니다. 말씀을 붙잡고 씨름하고, 기도하는 시간에 하나님과 씨름해야 합니다. 이 싸움에서 이겨야 하나님의 사람이 될 수 있습니다. 야곱은 가나안으로 돌아가면서 얍복강 강가에서 하나님과 거룩한 싸움을 했습니다. 이 싸움에서 그는 비록 허벅지 관절을 얻어맞고 평생 불구의 몸으로 살게 되었지만, '야곱'(속이는 자)이 '이스라엘'(하나님과 겨루어 이김)로 거듭나는 은혜를 입었습니다.

4. 취하라

'취하라'에 해당하는 '에필라부'는 '꼭 붙잡다'라는 뜻의 헬라어입니다. 사도 바울은 하나님의 사람들에게 영생을 취하라고 합니다. 원어로 보면 영생을 꼭 붙잡으라는 뜻입니다. 우리가 살아가면서 반드시 붙잡아야 할 것이 있습니다.

첫째로 구원을 꼭 붙잡아야 합니다. 예수님을 믿고 구원받았다고 방심해서는 안 됩니다. 하나님의 은혜로 구원받았지만 이를 완성해 나가는 것은 내 몫입니다. 영생을 취하라는 말씀은 영원한 것을 취하라는 말입니다. 많은 그리스도인이 구원받았으면서도 세상의 복에 몰두해 있습니다. 자칫 기복 신앙으로 흘러갈 위험이 있습니다. 그러므로 구원과 성화와 영화의 단계를 묵상하면서 이것을 잃어버리지 않도록 꼭 붙잡아야 합니다.

둘째로 예배를 꼭 붙잡아야 합니다. 예배는 하나님과 영적으로 만나는 시간입니다. 이 시간을 소홀히 하면서 구원을 완성할 수 없습니다. 하나님은 영이시니 예배하는 자가 영과 진리로 예배해야 하고, 하나님은 이렇게 예배하는 자를 찾으신다고 했습니다. 지난 3년간 코로나19 팬데믹으로 인하여 많은 교회와 성도들이 예배를 잃어버렸습니다. 그렇게 공포를 주던 코로나19 팬데믹도 지나고 보니 별것 아니었는데, 그동안 우리는 너무 많은 것을 놓쳤습니다. 한 번 실수는 이해할 수 있습니다. 다시는 예배를 멈추는 우를 범해서는 안 됩니다. 이제 어떤 경우라도 예배를 놓쳐서는 안 됩니다.

셋째로 기도를 꼭 붙잡아야 합니다. 기도는 하나님과 교제요, 대화하는 시간입니다. 영적 호흡이라 하기도 합니다. 말씀과 기도는 신앙의 두 바퀴와 같습니다. 신앙이 잘 굴러가려면 두 바퀴는 크기도 같아야 하고, 도는 속도와 방향도 같아야 합니다. 그러므로 말씀을 한 시간 읽었다면 기도도 한 시간 해야 합니다. 말씀에만 치우치면 건조한 신앙이 되고, 기도에만 치우치면 자칫 신비주의로 빠질 위험이 있습니다. 예수님은 "무릇 내게 붙어 있어"(요 15 : 2)라고 말씀하셨습니다. 기도는 하나님께 붙어 있는 시간입니다.

우리는 무엇을 위해 그리도 바쁘게 삽니까? 그 일이 과연 하나님께서 기뻐하시는 일입니까? 심판대 앞에 섰을 때 상급 받는 일입니까? 하나님의 사람은 복음을 증언하는 일을 위하여 부르심을 받았다고 했습니다. 많은 사람 앞에서 복음을 외치고 증언해야 합니다. 피할 것은 피하고, 따를 것은 따르며, 싸울 것은 싸우고, 취할 것은 취하며 온전히 복음을 증언하는 하나님의 사람이 되기를 바랍니다.

2025 MINISTRY RESOURCE
MANUAL BOOK

목회와 설교자료

다시 시작하라

11월 첫째 주 황세형 목사
전주시온성교회

빌 1 : 3~8

예배로 부름
욥 23 : 10
"그러나 내가 가는 길을 그가 아시나니 그가 나를 단련하신 후에는 내가 순금같이 되어 나오리라"

입례 찬양
32장 "만유의 주재"

결단 찬양
325장 "예수가 함께 계시니"

얼마 전에 한 유명 가수가 음주 운전을 하다가 교통사고를 일으켰습니다. 처음에는 음주 사실을 감추고 부인했지만, 전부 밝혀지고 결국은 구속되는 안타까운 일이 일어났습니다. 이 가수는 불우한 환경을 극복한 사람이었습니다. 어느 예능 프로그램에 출연하여 큰 기대와 인기를 얻고, 대중적으로 성공한 가수가 되었습니다. 잘나갈 수 있었던 사람입니다. 그런데 한순간의 실수로 그동안의 모든 수고가 무너졌습니다. 왜 이런 실수를 하게 되었습니까? 시작이 잘못되었기 때문입니다.

무엇을 어떻게 시작하느냐에 따라서 삶의 방향과 결과는 완전히 달라질 수 있습니다. 그래서 시작이 중요합니다. 옛말에 "시작이 반이다", "천 리 길도 한 걸음부터" 등 시작과 관계된 말이 많이 있습니다. 시작이 좋으면 이미 절반은 성공한 셈이고, 시작이 잘못되면 인생의 절반은 실패한 것입니다. 아무리 좋은 일이라도 일단 시작해야 이룰 수 있습니다. 무엇이든지 시작을 잘해야 좋은 열매를 거둘 수 있습니다.

세상에는 좋은 시작과 나쁜 시작이 있습니다. 그 차이점이 무엇입니까? 나쁜 시작의 공통점은 누구나 쉽고, 가볍게 할 수 있다는 것입니다. 처음에는 어려운 것이 없이 시작은 쉽게 할 수 있지만 나중에는 엄청난 불행과 괴로움이 찾아옵니다. 뱀의 이빨은 안으로 휘어져 있습니다. 그래서 뱀에게 물리면 빠져나오기가 어렵다고 합니다. 발버둥 칠수록 입안으로 더 끌려 들어가게 됩니다. 이처럼 잘못된 시작을 하면 갈수록 내 의지와 상관없이 나쁘게 계속해서 끌려가게 됩니다. 쉽게 끊을 수 없습니다. 몸부림칠수록 더 깊은 수렁으로 끌려 들어갑니다.

반면에 좋은 시작은 처음에는 어렵습니다. 좁은 문으로 들어가는 것처럼 시작은 힘들지만, 일단 시작하면 좋은 일들이 생깁니다. 처음에는 좁고, 어렵고, 힘든 길이지만 갈수록 넓어지고 좋은 길이 열립니다. 우리는 좋은 시작을 할 수 있어야 합니다. 어떻게 좋은 시작을 할 수 있습니까? 좋은 시작을 하기 위해서는 어떻게 해야 합니까?

본문은 사도 바울이 빌립보 교회에 보낸 편지입니다. 바울은 로마의 감옥에 있으면서 빌립보 교회를 생각하면서 기대하고 격려하면서 편지를 보냈습니다. 빌립보서 1 : 6에서는 " 너희 안에서 착한 일을 시작하신 이가 그리스도 예수의 날까지 이루실 줄을 우리는 확신하노라"라고 했습니다. 사도 바울이 빌립보 교회의 성도들에게 "너희들이 착한 일을 시작했다."라고 격려하며, 앞으로도 계속해서 더 좋은 일들을 이룰 것이라고 믿고, 기대하며, 감사하고 있습니다. 본문을 통해서 몇 가지 기억해야 할 것이 있습니다.

1. 좋은 시작은 좋은 열매를 거둔다

1948년 7월 17일 우리나라 제헌국회는 기도로 개회되있습니다. 그 당시 임시의장 이승만 박사는 단상에 올라가 사회봉을 잡고 이렇게 말했습니다. "대한민국 독립 민주국 제1차 회의를 여기서 열게 된 것을 우리가 하나님께 감사해야 할 것입니다. 종교, 사상, 무엇을 가지고 있든지 오늘 우리나라가 세워진 것을 사람의 힘으로만 된 것이라고 자랑할 수 없을 것입니다. 그러므로 하나님께 감사를 드리지 않을 수 없습니다. 나는 먼저 우리가 다 성심으로 일어서서 하나님에게 감사를 드릴 터인데 이윤영 의원이 나오셔서 간단한 말씀으로 하나님에게 기도해 주시기 바랍니다."

그러자 제헌국회 의원들이 일동 기립한 가운데 이윤영 목사가 기도하고 제헌국회가 시작되었습니다. 우리나라는 기도로 시작한 나라입니다. 좋은 시작으로 첫걸음을 내디딘 나라입니다. 시작을 잘했기에 풍성하고 번영의 복을 받았습니다.

솔로몬은 지혜의 왕이라고 합니다. 솔로몬은 처음부터 지혜자가 아니었습니다. 다윗 왕이 나이가 많고 후계자를 거론할 때 어떤 사람은 아도니야 왕자가 그 뒤를 이어야 한다고 생각했고, 또 어떤 사람은 압살롬이 후계자가 되어야 한다고 생각했습니다. 아무도 솔로몬을 말하는 사람이 없었습니다. 여론 조사를 해도 솔로몬의 이름은 없었습니다. 솔로몬은 처음부터 뛰어난 사람이 아니었고 지혜의 왕도 아니었습니다. 그런 그가 왕이 된 다음에 가장 먼저 시작한 것은 기도였습니다. 하나님 앞에 나아가 일천번제를 쌓고 기도함으로 왕으로서의 행적을 시작했습니다. 왕이 된 다음에 해야 할 일이 얼마나 많았겠습니까? 인사, 외교, 국방, 경제 등 해결해야 할 일들이 많았을 것입니다. 그러나 그는 다른 것보다 먼저 기도했습니다.

솔로몬이 먼저 기도하고 시작했더니 참으로 엄청난 복이 그에게 임하였습니다. 하나님께서 좋은 것들을 부어 주셔서 지혜의 왕이 되었습니다. 기도로 시작했더니 나라가 안정되고, 나날이 부강해져 복을 받았다고 소문난 나라가 되었습니다. 솔로몬이 이렇게 좋은 시작을 했기에 자신도 복을 받고, 민족도 복을 받았습니다. 좋은 시작을 해야 좋은 열매를 거둘 수 있습니다.

2. 하나님은 우리가 좋은 시작을 하게 하신다

하나님은 우리가 좋은 시작을 하도록 하시지만 마귀는 언제나 안 좋은 것을 시작하게 합니다. 좋은 시작인 것처럼 우리를 미혹해서 안 좋은 것으로 시작하게 합니다. 마귀가 에덴동산에서 여자를 유혹할 때 먼저 선악과를 바라보게 했습니다. 마귀의 말을 들은 여자가 선악과를 바라보았습니다. 선악과를 바라보는 것은 잘못된 시작이었습니다. 결국 잘못된 시작 때문에 선악과를 따 먹는 죄를 지었고, 그 결과는 사망과 저주가 찾아왔습니다.

하나님이 우리에게 복을 주실 때 좋은 시작을 하게 하십니다. 바울은 빌립보 교회의 성도들이 착한 일을 시작한 것을 하나님이 하신 일이라고 격려하고 있습니다. 하나님의 뜻을 헤아리고 순종하는 것을 시작할 때 그 일을 이루어 주실 것을 믿었습니다. 누구든지 하나님을 찾고 의지하면 좋은 시작을 하게 됩니다.

사람은 장래의 일을 알지 못하기에 좋은 시작을 한다고 하지만 나쁜 시작을 할 때도 있습니다. 처음에는 선한 일이라고 생각하고 시작했지만, 악한 일이 되고 맙니다. 그래서 우리는 하나님을 의지해야 합니다. 우리가 좋은 시작을 할 수 있도록 하나님이 도우셔야 합니다. 지금도 하나님은 우리가 좋은 시작을 할 수 있도록 도우시는 분입니다. 하나님을 찾고 의지할 때 좋은 시작을 할 수 있습니다.

3. 다시 기도를 시작해야 한다

요즘 시대를 AI(인공지능) 시대라고 부릅니다. 앞으로 빠른 시간에 모든 분야에서 AI가 활성화될 것입니다.

앞으로 우리나라의 미래, 한국교회의 미래는 어떻게 되겠습니까? 미래를 생각하면 기대감이 있습니다. 저는 전북 지역에 살고 있습니다. 한번은 챗GPT에게 이렇게 물었습니다. "전라북도가 30년 후에 어떤 모습으로 변화될지 알려 줘." 그랬더니 챗GPT가 이렇게 대답했습니다. "30년 후의 전라북도는 혁신적인 기술과 지속 가능한 발전을 추구하여 더욱 선진화된 지역이 될 것으로 전망됩니다. 스마트 시티 기술, 환경 보전 및 신재생 에너지 적용 등이 확대되어 사회 전반에 긍정적인 영향을 미칠 것으로 예상됩니다."

너무 뻔한 대답이었습니다. 그래서 구글에서 운영하는 바드에게 같은 질문을 해 보았습니다. 바드는 좀 더 구체적으로 대답을 했습니다.

"인구 감소와 고령화는 더욱 심화될 것입니다. 2022년 기준 전라북도의 인구는 약 175만 명이지만, 30년 후에는 약 130만 명으로 감소할 것으로 예상됩니다. 또한 65세 이상 인구 비율은 2022년 25.8%에서 30년 후에는 40% 이상으로 높아질 것으로 전망됩니다. 지역 경제는 첨단 산업과 관광을 중심으로 발전할 것입니다. 전라북도는 전통적인 농업과 제조업 중심의 지역 경제에서 벗어나, 첨단 산업과 관광을 중심으로 발전할 것으로 예상됩니다. 특히 전주와 군산을 중심으로 IT, 바이오, 자동차 부품 등 첨단 산업이 육성될 것으로 보입니다. 또한 전라북도의 풍부한 자연과 문화 자원을 활용한 관광 산업도 활성화될 것으로 전망됩니다."

그러면서 "물론 이러한 전망은 현재의 추세가 계속된다는 가정하에 이루어진 것입니다. 향후 전라북도의 미래는 다양한 요인에 따라 달라질 수 있습니다."라고 덧붙였습니다. 한마디로 말하면 '잘 모르겠다.'는 것입니다. 변수가 너무 많다는 것입니다. AI도 우리의 미래를 정확하게 알 수 없습니다. 누가 우리의 미래를 알 수 있습니까? 사람은 미래를 아무리 잘 준비해도 허점이 있고, 부족함이 있습니다. 그런데 우리의 미래를 가장 잘 알고 있는 분이 계십니다. 그분은 바로 창조주 하나님이십니다.

구약에 욥이라는 사람이 나옵니다. 욥은 어느 날 엄청난 고난을 겪게 됩니다. 이 고난 속에서 욥은 뭐라고 기도합니까? "내가 가는 길을 그가 아시나니"라고 기도했습니다. 나는 몰라도 하나님은 아신다는 고백입니다. 우리는 몰라도 하나님은 알고 계십니다. 그러기에 우리는 만유의 주가 되신 하나님께 기도해야 합니다.

본문을 보면, 바울은 빌립보 교회의 성도들을 위하여 기도합니다. 바울이 빌립보 교회를 생각하면서 가장 먼저 시작하는 것은 기도였습니다. 그 기도가 있었기에 빌립보 교회가 있었고, 사도 바울이 존귀한 사역의 열매를 맺을 수 있었습니다. 바울은 무엇보다 기도를 먼저 했던 사람입니다.

우리가 뭔가를 이루기 위해서 해야 하는 가장 좋은 것은 기도를 시작하는 것입니다. 기도하면 상상도 못 했던 좋은 일들이 일어납니다. 기도하면 안 될 것 같은데 되고, 기도를 안 하면 될 것 같은데 되지 않습니다. 기도하면 기이한 일들을 경험할 것입니다. 기도하면 교회가 살고 가정이 살고 자녀가 살고 민족도 살게 됩니다.

뜻하지 않은 어려움이 우리의 앞길을 가로막을 때 무엇보다 기도해야 합니다. 우리가 좋은 일을 시작하면 하나님의 복이 따라오고, 하나님께서 우리를 도우시고 함께하십니다. 그뿐만 아니라 우리가 시작할 수 있도록 도우십니다. 바울은 기도를 시작하면서 "너희 안에서 착한 일을 시작하신 이가 그리스도 예수의 날까지 이루실 줄을 우리는 확신하노라"(빌 1：6)라고 했습니다.

좋은 시작은 내가 시작한 것 같지만, 사실은 내가 한 것이 아니라 성령님이 도우신 것입니다. 우리가 기도하고 말씀을 듣고 예배하는 모든 일들은 내 힘으로 하는 것 같지만 성령의 도우심이 있기에 시작할 수 있었습니다.

이제 무엇보다 좋은 시작을 할 수 있기를 바랍니다. 우리 속에 착한 일을 시작하신 그분께서 그리스도 예수의 날까지 능히 이루실 것입니다. 이 말씀을 가슴에 새기고 이제부터 기도를 시작하고 좋은 열매, 아름다운 열매를 맺는 복된 삶을 사시는 성도들이 되길 바랍니다.

전도는 복입니다

11월 둘째 주   서화평 목사
샘물교회

행 8 : 4~8

예배로 부름
대상 16 : 8~10
"너희는 여호와께 감사하며 그의 이름을 불러 아뢰며 그가 행하신 일을 만민 중에 알릴지어다 그에게 노래하며 그를 찬양하고 그의 모든 기사를 전할지어다 그의 성호를 자랑하라 여호와를 구하는 자마다 마음이 즐거울지로다"

입례 찬양
93장 "예수는 나의 힘이요"

결단 찬양
523장 "어둔 죄악 길에서"

전도는 최고의 가치이며 복입니다. 주님의 심장을 품고 영혼을 사랑하여 그 영혼을 살리는 일이기 때문입니다. 예수님을 믿고 구원받은 그리스도인의 사명은 많은 이들이 예수님께 연결된 삶을 살게 하는 것입니다. 이는 예수님 안에서 복된 삶을 영위하게 하는 일입니다. 그래서 전도는 복입니다.

주님이 친히 우리에게 분부하신 전도는 내 주위의 사람에게 줄 수 있는 사랑의 실천이며 최고의 복입니다. 중병으로 죽어 가는 사람에게 필요한 것은 예쁜 옷이나 돈도, 어떤 물건도 아닙니다. 가장 필요한 것은 복음입니다. 복음 없이는 진정한 소망을 누릴 수 없습니다. 그래서 복음으로 생명을 살리는 전도는 이웃을 향한 최고의 복입니다.

한번은 교인의 가족 중에 한 사람의 생명이 위독하다는 연락을 받고 병원 중환자실에 갔습니다. 산소 호흡기에 의지하며 연명하고 계셨습니다. 그 환자의 손을 붙들고 요한복음 3 : 14~17을 읽어 드리며 복음을 전했습니다.

"예수님을 생명의 구주로 믿습니다. 예수님을 믿습니다. 예수 내 구주!"

의식이 없는 상태였지만, 분명히 귀로는 듣고 있다는 것을 알기에 반복하여 복음을 전했습니다. 그리고 간절하게 기도한 후 집에 돌아왔습니다. 조금 뒤, 그분이 별세했다는 연락이 왔습니다.

정말 인생의 마지막 앞에서는 아무런 할 말이 없습니다. 그 무슨 말도 소용이 없습니다. "오직 예수 내 구주 예수님이 내 생명의 주인임을 믿습니다."라는 말 외에는 그 어떤 말도 의미가 없습니다. 결국은 복음밖에 없습니다.

요즘은 교회 성장이 정체되고, 운영이 잘 안된다는 말을 많이 합니다. 안타까운 것은 그런 상황임에도 복음을 전하여 생명을 구원하는 전도에 힘쓰지 않는다는 사실입니다. 교회의 회복과 부흥은 마음을 졸이며 애태

운다고 되는 것이 아닙니다. 세상을 바라보며 한탄한다고 되는 것도 아닙니다. 비록 상황은 힘들고 어렵지만 성령님을 의지하며 힘써 복음을 전해야 합니다. 그것이 교회의 회복과 부흥으로 가는 길입니다.

복음으로 생명을 살리는 전도는 그리스도인에게 가장 우선순위의 일이요, 가치 있는 일입니다. 인생 최고의 복은 바로 예수님을 믿어 하나님의 자녀가 되는 것이기 때문입니다. 아무리 많은 것을 가져도 생명의 구주 예수님이 그 안에 계시지 않으면 영적으로 생명이 죽은 것입니다. 그래서 영적인 생명을 살리는 전도가 최고의 복입니다.

본문은 박해와 환난 때문에 흩어진 사람들이 두루 다니며 복음의 말씀을 전하는 중에 빌립이 사마리아의 성에 내려가 그곳 백성에게 그리스도를 전한 내용입니다. 빌립이 복음을 전할 때 더러운 귀신들이 나가고 못 걷던 사람들이 나아 그 성에는 기쁨이 가득했습니다. 사마리아 성은 빌립의 전도로 생명을 살리는 은혜의 잔치가 되었습니다. 빌립보 지역에 전한 복음은 루디아와 그 가정이 예수님을 믿고 세례받아 복된 가정으로 세워지게 되었습니다. 이렇게 전도는 생명을 살리는 기쁨이요, 복입니다.

1. 전도는 성령으로 충만하여 생명을 살리는 복이다

"그 흩어진 사람들이 두루 다니며 복음의 말씀을 전할새"(행 8 : 4).

핍박 때문에 흩어진 사람들은 두루 다니며 복음을 전했습니다. 이 일이 가능했던 것은 그들이 성령으로 충만했기 때문입니다. 전도는 성령으로 충만하여 마음이 뜨거워질 때 실천하게 됩니다. 핍박으로 어려움을 겪던 초대교회에 날마다 구원받는 자들이 더해지며, 사마리아 성에 구원의 기쁨으로 가득 차 넘친 것도 성령으로 충만하여 복음을 전했기 때문입니다.

전도하는 과정에서 거절당하기도 하고, 어려움을 겪기도 합니다. 그러나 성령으로 충만하면 그 모든 상황을 뛰어넘어 담대하게 복음을 전할 수 있습니다. 성령이 전도를 위한 모든 일에 힘을 주시기 때문입니다. 복음은 능력입니다. 복음을 전할 때 귀신이 물러가고, 영육 간의 문제가 해결되고, 구원의 은혜가 임합니다. 무엇보다도 전도는 인생이 바뀌게 되는 최고의 복입니다.

전도로 생명을 살리는 복을 누리려면 먼저 성령으로 충만해야 합니다(행 8 : 17). 늘 성령을 사모하며 "성령으로 충만하게 하여 주옵소서." 이렇게 간구해야 합니다. 빌립은 성령으로 충만하여 먼 이방 지역까지 가서 복음을 전했습니다. 사도행전 1 : 8 말씀에 "오직 성령이 너희에게 임하시면 너희가 권능을 받고 예루살렘과 온 유대와 사마리아와 땅끝까지 이르러 내 증인이 되리라"라고 증거하고 있습니다.

전도는 성령 충만하여 생명을 살리는 복입니다. 성령으로 충만하여 권능을 받고, 땅끝까지 복음을 전하여 영적인 생명을 살리는 복된 삶이 되기를 바랍니다.

2. 전도는 큰 기쁨이 넘치게 하는 복이다

전도는 믿지 않는 이들이 예수님을 믿어 구원받게 하는 복입니다. 예수님을 믿으면 인생이 달라집니다. 삶이 기쁘고 행복해집니다. 이 기쁨은 세상이나 어떤 환경을 통해서 누리는 것과는 비교할 수 없는, 주님과의 관계에서 오는 절대적인 것입니다. 신앙생활은 기쁨이요, 잔치입니다. 전도는 지옥에 갈 사람이 예수님을 믿고 천국의 백성이 되게 하는 일이니 가장 큰 잔치의 기쁨이요, 복입니다.

우리 삶의 미래는 불투명합니다. 그 누구도 미래를 예상하거나 예측할 수 없습니다. 예상한다 해도 빗나가는 경우가 많습니다. 이렇듯 미래의 일을 전혀 모르기에 불안과 염려가 따릅니다. 그러나 천지를 만드시고 다스리시는 하나님은 우리에게 "네 모든 염려를 다 맡기라."라고 하셨습니다. 하나님께 맡기는 것이 믿음입니다. 귀한 것일수록 맡겨야 합니다. 전도는 귀한 생명을 하나님께 맡기는 믿음으로 살게 하는 복입니다.

전도자의 얼굴은 행복하고 기쁨으로 가득합니다. 어느 권사님은 가까운 이웃이자 친구를 전도 대상자로 정하고, 그를 위해서 기도했습니다. 늘 찾아가서 친절과 사랑을 베풀었습니다. 그리고 드디어 그의 마음이 열려 교회에 온다고 약속했습니다. 친구가 교회에 오기로 한 주일에 권사님이 교회 마당에서 기쁨과 행복이 가득한 얼굴로 기다리고 있는 것을 보았습니다. 그 모습을 잊을 수가 없습니다. 이렇게 전도는 생명을 살리는 기쁨이요, 복입니다.

물론 전도를 위해서는 힘든 수고와 기다림이란 인내가 필요합니다. 하지만 전도자에게 주어지는 큰 은혜가 있습니다. 바로 전도 열매의 기쁨입니다. 예수님이 파송한 70인 전도대가 전도를 마친 후 돌아와 기쁨으로 보고했습니다.

"칠십 인이 기뻐하며 돌아와 이르되 주여 주의 이름이면 귀신들도 우리에게 항복하더이다"(눅 10 : 17).

이때 예수님이 전도자들에게 하신 말씀에 주목하십시오.

"귀신들이 너희에게 항복하는 것으로 기뻐하지 말고 너희 이름이 하늘에 기록된 것으로 기뻐하라"(눅 10 : 20).

전도자에게 주어지는 큰 기쁨의 복은 이름이 하늘에 기록된다는 것입니다. 세상에서 가장 기쁘고 행복한 일은 전도하여 예수님을 믿게 하는 일입니다. 그래서 전도는 복입니다.

초대교회 당시에 성도들은 엄청난 박해와 핍박을 견딜 수 없어 곳곳으로 흩어져야만 했습니다. 흩어진 사람들은 두루 다니며 복음의 말씀을 전했습니다. 특히 빌립이 사마리아에 내려가 예수 그리스도를 전할 때 놀라운 표적들이 일어났습니다. 더러운 귀신들이 쫓겨 나갔고, 많은 중풍병자와 걷지 못한 자가 나음을 입었습니다. 무엇보다도 예수님을 믿고 구원받는 은혜로 가득했습니다. 얼마나 감격스럽고 행복한 일입니까?

"그 성에 큰 기쁨이 있더라"(행 8 : 8).

사마리아 성은 빌립의 전도로 인해 큰 기쁨이 넘쳤습니다. 이렇게 전도는 큰 기쁨을 안겨 주는 복입니다. 빌립이 복음을 전했을 때, 큰 기쁨이 있었던 것처럼 여러분 모두 전도를 통해서 생명을 살리는 은혜와 큰 기쁨이 넘치게 하는 복의 주인공들이 되기를 바랍니다.

건강한 신앙 문화로서의 추수감사절

11월 추수감사주일 셋째 주   조택현 목사 광주서남교회

레 23 : 39~44, 요 7 : 37~39

예배로 부름
시 100 : 1~4
"온 땅이여 여호와께 즐거운 찬송을 부를지어다 기쁨으로 여호와를 섬기며 노래하면서 그의 앞에 나아갈지어다 여호와가 우리 하나님이신 줄 너희는 알지어다 그는 우리를 지으신 이요 우리는 그의 것이니 그의 백성이요 그의 기르시는 양이로다 감사함으로 그의 문에 들어가며 찬송함으로 그의 궁정에 들어가서 그에게 감사하며 그의 이름을 송축할지어다"

입례 찬양
590장 "논밭에 오곡백과"

결단 찬양
592장 "산마다 불이 탄다 고운 단풍에"

'전승'은 그것이 만들어진 때부터 지금까지 이어 내려오는 것입니다. 그 형태를 보존, 유지, 발전시키면서 본연의 의미를 살리기 위해 힘쓸 때 전승은 비로소 가치 있는 문화가 됩니다. 오래된 문화는 흔들리지 않습니다. 기나긴 시간 동안 삶 속에 잔잔히 스며들어 자연스러운 것이 되었기 때문입니다.

문화는 동기를 갖습니다. 만일 동기가 약하다면 일순간 생겨났다가 어느 순간에 사라져 버릴 것입니다. 문화는 반복적 특성을 갖습니다. 관련 행사를 되풀이하면서 의미를 가다듬게 됩니다. 또 문화는 지속성을 가집니다. 계속 이어져 오는 전승적 요소가 지속성을 강화해 줍니다. 문화는 삶을 풍요롭게 합니다. 스스로 기쁨과 즐거움을 향유하며 나아가서 이웃을 돌아보게 만듭니다. 이로써 문화는 공동체적 성격을 띠며, 사람들 서로 간의 행복을 진전시켜 줍니다.

1. 절기 문화

신앙적 문화는 특히 더 그렇습니다. 구약 시대에 이스라엘은 하나님의 명령에 따라 절기를 지켰습니다. 하나님은 이스라엘이 지켜야 할 절기에 관해 말씀하셨습니다.

"너의 가운데 모든 남자는 일 년에 세 번 곧 무교절과 칠칠절과 초막절에 네 하나님 여호와께서 택하신 곳에서 여호와를 뵈옵되 빈손으로 여호와를 뵈옵지 말고 각 사람이 네 하나님 여호와께서 주신 복을 따라 그 힘대로 드릴지니라"(신 16 : 16-17).

"모세의 명령을 따라 매일의 일과대로 안식일과 초하루와 정한 절기 곧 일 년의 세 절기 무교절과 칠칠절과 초막절에 드렸더라"(대하 8 : 13).

여기에 말하는 3대 절기는 무교절, 칠칠절, 초막절입니다. 이 절기들은 신앙적 문화를 담아냅니다. 그 문화는 하나님의 명령에 대한 순종이란 강력한 동기를 가졌고, 매년 같은 시기에 반복적으로 지켜졌으며, 지금까지 전승되어 왔습니다. 그 절기들은 모든 이웃과 함께 즐기는 잔치였습니다. 무교절은 출애굽의 의미를 기억하면서, 칠칠절은 초실절에 밀을 수확한 뒤 50일째 되는 날에 감사하면서, 초막절이라고도 부르는 수장절은 한 해 동안 거둔 곡식을 저장하고 감사하면서 지키는 절기였습니다.

절기는 내 속으로 받아들이면서 하나님께 감사하고, 또한 내 바깥으로 풀어내어 이웃과 함께 기쁨을 나누는 것입니다. 전자에는 하나님을 향한 순종이 필요하고 후자에는 이웃에 대한 사랑이 요청됩니다. 이로써 하나님의 창조 세계에서 하나님과 나와 이웃 간에 소통이 이루어집니다. 소통은 막힌 것을 뚫어 주어 숨통을 트이게 하는 것일진대, 하나님과 혹은 이웃과의 사이에서 막힌 것이 있다면 반드시 소통하여야 합니다. 절기를 통한 소통이 하나의 문화로 우리 삶에 자리매김한다면 그것은 상시적인 것, 반복적인 것, 지속적인 것, 그리고 모두를 하나로 묶는 공동체적인 것이 될 수 있습니다.

2. 초막절(수장절)의 의미

초막절(Feast of Booths)은 이스라엘 백성들이 출애굽 당시 광야에서 초막을 짓고 살았던 것을 기억하는 절기인데, 농사를 끝내고 곡식을 저장하는 때에 지켜져서 수장절이라고도 합니다. 수장절과 초막절은 동일한 절기로 나타납니다. 수장절은 추수에, 초막절은 광야에 그 배경을 두고 있습니다. 전자는 한 해의 소출을 풍성하게 주신 하나님께 감사하고 후자는 험한 광야 길에서 보호해 주신 하나님께 감사합니다. 수장절과 초막절, 이 두 가지 이름을 어떻게 조화롭게 이해할 수 있습니까? 나아가서 두 개의 이름이 갖는 의미를 삶 속에서 어떻게 풀어내는 것이 성경적이겠습니까?

성경에서 수장절만 말하는 구절이 있습니다. 출애굽기 23 : 14~17에서 하나님은 이스라엘이 꼭 지켜야 할 3대 절기를 언급하며 '수장절'을 말씀하십니다.

"수장절을 지키라 이는 네가 수고하여 이룬 것을 연말에 밭에서부터 거두어 저장함이니라"(출 23 : 16).

출애굽기 34 : 22은 "세말에는 수장절을 지키라"라고 말합니다. 두 개의 구절에서 초막절이란 단어는 언급되지 않습니다.

신명기 16 : 13~17은 수장절과 초막절의 의미를 아울러서 말합니다.

"너희 타작마당과 포도주 틀의 소출을 거두어들인 후에 이레 동안 초막절을 지킬 것이요"(신 16 : 13).

레위기 23 : 33~44 역시 수장절과 초막절을 함께 말하고 있습니다. 39절에서 수장절의 의미를 말하고, 42절에서는 초막절을 말합니다.

"너희가 토지 소산 거두기를 마치거든 일곱째 달 열닷샛날부터 이레 동안 여호와의 절기를 지키되 첫날에도 안식하고 여덟째 날에도 안식할 것이요"(레 23 : 39).

"너희는 이레 동안 초막에 거주하되 이스라엘에서 난 자는 다 초막에 거주할지니"(레 23 : 42).

3. 문화를 넘어서는 신앙

예수님은 초막절이 다 끝나가는 큰 날에 모인 많은 사람들에게 말씀하셨습니다.

"누구든지 목마르거든 내게로 와서 마시라"(요 7 : 37).

초막절을 지키는 유대인에게 물은 어떤 의미입니까? 그들은 실로암에서 물을 길어 왔습니다. 제사장은 초막절 기간 매일 아침마다 금으로 만든 물독을 가지고 실로암 연못에 가서 길어 온 물을 제단에 부어 바쳤습니다. 하나님께서 광야의 반석에서 생수를 주신 것을 기념하고, 밀 파종에 필요한 이른 비를 기원하였습니다. 물을 길어 올 때 수많은 사람이 환호하였고 제사장들은 은나팔을 불며 함께 찬송했습니다.

"그러므로 너희가 기쁨으로 구원의 우물들에서 물을 길으리로다"(사 12 : 3).

예수님이 계시는 현장에서도 이와 비슷한 형태로 초막절 행사가 치러지고 있었을 것입니다. 그러나 예수님이 말씀하시는 물은 유대인이 생각하는 물과 사뭇 달랐습니다. 예수님은 "나를 믿는 자는 성경에 이름과 같이 그 배에서 생수의 강이 흘러나오리라 하시니"(요 7 : 38)라고 하셨는데 이는 예수님을 믿는 자들이 받을 성령을 말씀하신 것이었습니다.

모세가 르비딤 반석을 쳐서 나온 물은 백성들의 원망에서 비롯된 하나님의 응답이었으므로 시간이 지나면 갈증을 일으키는 물질적인 물에 불과했습니다(출 17 : 1-7). 그러나 예수님이 말씀하신 생수의 강은 영적 갈증을 해소해 줄 물, 즉 성령이었습니다. 르비딤은 광야에 있었으며 초막 역시 광야에 있던 장막이었습니다. 초막절에 유대인들이 실로암에서 떠 온 물은 광야의 삶을 반영합니다. 예수님이 초막절에 생수의 강, 성령을 말씀하셨는데, 이는 르비딤에서 일어났던 이스라엘의 실패에 반성을 촉구하시며 진정하고도 근본적인 변화를 요구하신 것입니다. 그리고 예수님은 우리가 실패를 극복하고 나아가야 할 출구를 성령으로 열어 놓으십니다.

추수감사절은 수장절과 초막절의 의미를 다 담아냅니다. 초막절은 올리브, 포도 등을 추수하여 저장한 후 티쉬레이월(7월, 태양력으로 9-10월) 15일부터 지키는 감사 절기입니다. 곡식을 거두고 저장한 후 지키는 절기라 하여 수장절이라고도 합니다. 현재 하나님의 은혜에 감사하는 동시에 장차(미래) 곧 다가올 새해를 생각하며 하나님 앞에서 자신을 돌아보는 절기입니다.

'현재'는 이스라엘을 광야 한가운데 물이 없어 허덕이는 르비딤 반석 앞에 세워 놓습니다. 이스라엘은 원망하고 불평하며 모세와 다투었습니다. 모세에게 불평하고 있지만 실상은 하나님을 향한 원망이었습니다. 하나님께서 그들에게 물을 주셨지만, 이 사건 이후에도 출애굽 과정에서 하나님과 이스라엘 사이의 껄끄러움은 여전했고 결국 해소되지 못했습니다. 그때 해결하지 못했던 그 껄끄러움을 현재 신앙적 문화인 초막절을 통해, 확고한 신앙적 동기를 갖고서 반복적으로, 지속적으로, 공동체적으로 해소해야 합니다.

사실 매년 초막절을 맞이하는 것은 이 땅의 삶에서만입니다. 이 땅을 떠나고 나면 초막절은 아득한 과거로 존재할 뿐입니다. 목마른 현실은 우리에게 늘 존재합니다. 기쁘기도 하고, 때론 가슴 아프기도 한 삶에서 우리는 영적 갈증을 해소하기도 하고, 겪기도 합니다. 예수님은 그것을 해소할 수 있는 본질을 말씀해 주셨습니다.

먼저 예수님을 참되게 믿는 것입니다. 그냥 믿는 것, 형식적으로 믿는 것, 남을 의식하면서 믿는 것, 나의 목적을 위하여 믿는 것 등은 참된 믿음과 거리가 멉니다. 참된 믿음을 가진 사람이 성령님을 받게 되는 것은 실로 지당합니다. 믿음을 가진 사람의 배에서 생수의 강이 흘러나오는데 그것은 믿는 자들이 받을 성령을 가리킵니다. 예수님의 관점에서 초막절의 본질은 바로 성령님을 받는 것에 있었습니다. 르비딤에서의 갈증, 아니 인생의 갈증을 극복하는 것, 그리고 르비딤에서 나온 물을 마심으로 갈증을 해소하는 것, 아니 우리 삶의 본질인 영적인 갈증을 해소하는 것은 성령님을 받는 것에 있습니다.

다음으로 '미래'는 광야 한가운데 있는 이스라엘을 가나안 땅 앞에 세워 놓습니다. 수장절에 이스라엘은 소출을 주신 은혜에 감사하며 곡식을 저장했습니다. 한 해의 마지막 절기였습니다. 마지막 절기인 만큼 자연스레 한 해를 되돌아 보고(반성), 다음 해를 생각하며, 새로운 삶을 다짐했습니다(결단). 출애굽 이후 이스라엘의 광야에서의 삶은 실패했습니다. 스무 살 이상의 사람은 여호수아와 갈렙을 제외하고 그 누구도 가나안 땅에 들어가지 못했습니다. 그들의 불순종이 자초한 결과였습니다.

역사의 후대를 살아가는 사람의 장점이 있습니다. 역사를 통해 선대를 살았던 사람들의 잘못을 익히 알기에 그것을 극복할 가능성을 가질 수 있다는 것입니다. 광야에서 경험한 이스라엘의 실패를 눈여겨보면서 우리 신앙을 점검하고 불순종의 여지를 없애려고 힘쓸 수 있습니다. 가능성과 기회가 있는데도 불구하고 선대를 살았던 사람들보다 더 하나님께 순종하지 못한다면 참으로 안타까운 삶이 아닐 수 없습니다. 하나님의 경고는 명백합니다. 여호수아와 갈렙을 제외한 출애굽 1세대들은 광야에서 죽었습니다. 이것이 가나안 땅, 즉 하나님 나라 앞에서 선 우리들이 생각해 보아야 할 점입니다.

추수감사절은 수장절과 초막절의 의미를 함께 새겨볼 때 그 뜻을 더 깊이 생각해 볼 수 있습니다. 매일매일 살아가는 데 필요한 소출을 주시는 하나님께 감사하고, 평범하기도 하고 때론 갈급하기도 한 삶에 성령님께서 오셔서 진정한 삶으로 인도하시는 은혜에 감사하면서 살아가는 것, 이것이야말로 참 행복한 삶입니다.

주님이 주목하시는 교회

11월 넷째 주   남택률 목사
            광주유일교회

살전 1 : 2~4

예배로 부름
시 42 : 5~8
"내 영혼아 네가 어찌하여 낙심하며 어찌하여 내 속에서 불안해하는가 너는 하나님께 소망을 두라 그가 나타나 도우심으로 말미암아 내가 여전히 찬송하리로다 내 하나님이여 내 영혼이 내 속에서 낙심이 되므로 내가 요단 땅과 헤르몬과 미살 산에서 주를 기억하나이다 주의 폭포 소리에 깊은 바다가 서로 부르며 주의 모든 파도와 물결이 나를 휩쓸었나이다 낮에는 여호와께서 그의 인자하심을 베푸시고 밤에는 그의 찬송이 내게 있어 생명의 하나님께 기도하리로다"

입례 찬양
67장 "영광의 왕께 다 경배하며"

결단 찬양
508장 "우리가 지금은 나그네 되어도"

데살로니가 교회는 야손이라고 하는 사람의 집에서 시작되어 세워진 교회입니다. 바울이 3주 동안 안식일에 회당에 들어가 성경을 가지고 강론했습니다. 그런데 놀랍게도 경건한 헬라인의 큰 무리와 적지 않은 귀부인들이 권함을 받고 성도가 되어 사도 바울을 따르기 시작했습니다. 놀랍습니다. 딱 3주간의 전도로 야손의 집에 믿는 자들이 모여서 예배함으로 데살로니가 교회가 시작된 것입니다.

여러분은 지금까지 설교를 몇 번이나 들었습니까? 우리는 많은 설교를 듣고도 결단하지 않고 설교를 소비하기만 합니다. 그저 설교의 소비자일 뿐입니다. 이 시대 사람들의 문제는 수십 편의 설교를 들어도 소비만 할 뿐 믿음의 결단을 하지 않는다는 것입니다. 좋은 설교를 찾아서 듣고, 평가하며, 판단합니다. 여러분 모두 더 이상 설교 소비자가 되어 판단하는 것을 멈추고, 말씀을 듣고 결단하는 은혜를 누리기를 간절히 바랍니다.

데살로니가 교회는 집에서 시작되었습니다. 데살로니가 교회뿐 아니라 초대교회 중 많은 교회가 집에서 시작되었습니다. 예루살렘 교회는 마가의 다락방에서 시작되었고, 빌립보 교회는 자주 장사 루디아의 집에서 시작되었습니다.

데살로니가전서 1 : 1에 데살로니가 교회의 주소가 나옵니다.

"바울과 실루아노와 디모데는 하나님 아버지와 주 예수 그리스도 안에 있는 데살로니가인의 교회에 편지하노니 은혜와 평강이 너희에게 있을지어다"(살전 1 : 1).

야손의 집에서 시작한 데살로니가 교회의 주소는 야손의 집이 아니라 '하나님 아버지 안에서, 그리스도 예수 안에서'(in God the

Father and in Christ Jesus)입니다. 사람들은 교회의 위치가 중요하다고 말합니다. 그렇지 않습니다. 최고의 주소지는 하나님 안(in God)과 예수님 안(in Christ)입니다. 예수님 안에 있는 교회가 가장 좋은 위치에 있는 교회입니다. 그러니 우리 교회가 언제나 예수님 안에 있어서 좋다고 말해야 합니다. 우리 교회가 예수님 안에 있으니 가장 좋은 교회라고 확신하십시오. 사도 바울은 그런 교회를 향하여 복을 선포합니다.

"은혜와 평강이 너희에게 있을지어다"(살전 1 : 1). '평강'은 히브리어로 '샬롬'입니다. 히브리 사람들은 만나면 '샬롬'이라고 인사했습니다. 평강은 구약성경을 대표하는 단어이고, 은혜는 신약성경을 대표하는 단어입니다. 그러니까 은혜와 평강이 너희에게 있기를 원한다는 말 속에는 구약과 신약의 대표적인 복이 다 들어 있다고 볼 수 있습니다. 이 두 가지는 교회에 반드시 있어야 할 복입니다. 교회는 은혜가 있어야 하고, 평강이 있어야 합니다. 우리 교회에도 은혜와 평강이 있기를 소원합니다.

또한 데살로니가 교회는 감사가 터져 나오는 교회였습니다. 2절에서 사도 바울은 항상 감사하며 기도할 때 너희를 기억한다고 했습니다. 사도 바울은 교회를 많이 세웠습니다. 그런데 어떤 교회는 생각만 하면 머리가 아프고 화가 납니다. 갈라디아 교회는 복음에서 금방 떠나 다른 복음을 좇아 정말 화가 났습니다. 고린도 교회를 생각하면 머리가 지끈지끈합니다. 분쟁이 있고 음행도 있습니다. 그뿐만 아니라 교회 안에서 은사가 남용됩니다. 그런데 데살로니가 교회는 생각만 해도 감사가 나옵니다. 생각만 해도 기도가 나오고 기쁜 교회입니다. 왜 그렇습니까? 3절에서 "너희의 믿음의 역사와 사랑의 수고와 우리 주 예수 그리스도에 대한 소망의 인내"가 있다고 말씀합니다.

믿음, 소망, 사랑 이것은 보이지 않는 것인데 데살로니가 교회는 이 세 가지가 보이는 교회였습니다. 우리 교회도 바로 이런 교회가 되기를 원합니다.

1. 믿음의 역사가 있는 교회(Work Produced by Faith)

이 교회는 믿음의 역사가 있는 교회였습니다. 데살로니가전·후서는 "믿는다면 반드시 하나님께 합당한 삶, 부르심에 합당한 삶, 하나님 나라에 합당한 삶이 있다."라고 했습니다. 이 믿음이 구체화되어 나타나는 믿음의 열매가 있다는 것입니다. 야고보서에서는 이렇게 말씀합니다.

"내 형제들아 만일 사람이 믿음이 있노라 하고 행함이 없으면 무슨 유익이 있으리요 그 믿음이 능히 자기를 구원하겠느냐 만일 형제나 자매가 헐벗고 일용할 양식이 없는데 너희 중에 누구든지 그에게 이르되 평안히 가라, 덥게 하라, 배부르게 하라 하며 그 몸에 쓸 것을 주지 아니하면 무슨 유익이 있으리요 이와 같이 행함이 없는 믿음은 그 자체가 죽은 것이라" (약 2 : 14-17).

믿음이 구원을 얻게 하는 것은 맞지만, 종교개혁자들은 믿음과 행위를 지나치게 분리했습니다. 그러나 성경은 믿음과 행위, 믿음과 삶을 분리하여 구분하지 않습니다. 믿음이 있다면 삶으로 증명될 것입니다. 그래서 성경 히브리서 11장은 믿음의 사람들의 삶과 행위를 이야기합니다. 믿음으로 아벨은 하나님께 더 나은 제사를 드렸고, 믿음으로 노아는 방주를 준비했으며, 믿음으로 아브라함은 부르심을 받을 때 순종하여 갈 바를 알지 못하고 나아가 믿음으로 이삭을 드렸고, 믿음으로 모세는 바로의 공주의 아들이라 칭함 받기를 거절하였습니다. 이처럼 믿음의 사람들은 하고, 하지 않음이 분명했습니다. 믿음은 삶을 산출해 냅니다. 데살로니가 교인들은 믿음으로 많은 삶과 행위를 보였습니다.

그들은 우상을 버리고 하나님께 돌아오는 구체적 행위가 있었습니다. 믿음으로 삶의 방향을 바꾸는 회개가 있었습니다. 데살로니가 교회에는 믿음의 역사, 믿음의 삶이 있었습니다. 우리 교회에도 이러한 믿음의 역사가 있기를 원합니다.

2. 사랑의 수고가 있는 교회(Labor Prompted by Love)

데살로니가 교회는 사랑의 수고가 있었습니다. 진정한 사랑은 노동(labor)을 동반합니다. 섬김이요, 헌신이요, 애씀입니다. 사랑은 입술로만 하는 것이 아닙니다. 손발로 수고하는 것이 있어야 사랑입니다. 부모는 자녀를 사랑한다고 말만 하지 않고 사랑하는 자녀들을 위해 애쓰며 수고합니다. 사랑하면 우는 아이를 방치하지 않습니다. 부부가 서로 사랑하면 절대로 방치할 수 없습니다.

여러분은 하나님을 사랑하십니까? 그러면 섬김과 애씀이 반드시 있어야 합니다. 데살로니가 교회도 그랬습니다.

"하나님께로 돌아와서 살아 계시고 참되신 하나님을 섬기는지와"(살전 1 : 9).

우상을 버리고 하나님께 돌아온 다음에 살아 계시고 참되신 하나님을 섬겼습니다. 이 교회는 섬김이 있었습니다. 수고가 있고 애씀이 있었습니다. 그런데 중요한 것은 그 수고의 동기가 사랑이었다는 사실입니다. 여러분이 교회에서 섬기고 애쓰며 헌신하되 그 동기는 반드시 자신의 인정을 위함이 아니라 하나님을 향한 사랑이어야 합니다.

동기가 무엇인지 겉으로는 구별되지 않습니다. 그런데 시간이 지나면 드러납니다. 하나님을 사랑해서 섬기는 사람과 내가 인정받기 위해서 섬기는 사람은 곧 드러납니다. 주님을 사랑하여 헌신을 시작한 사람은 절대로 섭섭하다고 말하지 않습니다. 오히려 주님의 몸 된 교회를 사랑으로 잘 섬기지 못해서 미안하다고 말합니다. 더 잘하지 못한 아쉬움이 항상 남습니다. 여러분, 하나님을 사랑하십시오. 섬김이 있어야 합니다. 입술로만 사랑한다고 해선 안 됩니다. 손발로 섬겨야 합니다.

3. 소망의 인내가 있는 교회(Endurance Inspired by Hope)

데살로니가 교회는 소망의 인내가 보였습니다. 인내가 있었다는 말은 견디는 일이 많았다는 말이고, 그 말은 곧 어려움과 고난이 있었다는 뜻입니다. 6절에서 그들 가운데 많은 환난이 있었다고 말합니다. 그렇습니다. 초대교회에는 환난이 있었습니다. 그런데 이 교회는 환난을 견뎌 냈습니다. 오늘날도 견뎌야 할 일이 너무 많습니다. 인생을 살다 보면 버텨야 할 일이 너무 많습니다. 신앙생활에도 아픔과 환난이 따릅니다. 그럴 때마다 잘 인내하기 바랍니다.

데살로니가 교인들은 소망이 있어서 인내했습니다. 소망이 인내하게 해 줍니다. 세상 사람들도 소망 때문에 인내합니다. 군대 간 사람들은 제대라는 소망이 있기 때문에 인내합니다. 아이돌 연습생들은 데뷔라는 소망이 있어서 견디어 냅니다. 올림픽 국가 대표 선수들도 금메달이라는 소망이 있어서 인내합니다.

데살로니가 교회는 '우리 주 예수 그리스도에 대한 소망'(3절)을 가지고 있었습니다. 그들은 그 어떤 교회보다 예수님의 재림을 사모했습니다.

"또 죽은 자들 가운데서 다시 살리신 그의 아들이 하늘로부터 강림하실 것을 너희가 어떻게 기다리는지를 말하니 이는 장래의 노하심에서 우리를 건지시는 예수시니라"(살전 1 : 10).

데살로니가 교회는 예수님의 재림을 매우 사모했습니다. 환난과 핍박과 곤고가 많았으나 예수님이 분명히 오셔서 위로해 주실 것이란 소망이 있어 인내했습니다. 로마서 15장에 이런 말씀이 있습니다.

"소망의 하나님이 모든 기쁨과 평강을 믿음 안에서 너희에게 충만하게 하사 성령의 능력으로 소망이 넘치게 하시기를 원하노라"(롬 15 : 13).

성령의 충만으로 소망이 넘치게 됩니다. 성령 충만한 자는 절대 좌절하지 않습니다. 절망하지 않습니다. 왜냐하면 성령께서 내 삶에 감동을 주셔서 다시 일어나게 하시기 때문입니다. 그래서 기도합니다. 기도하고 일어납니다. 여러분 모두 예수님에 대한 소망으로 인내하고 승리하길 바랍니다.

데살로니가 교회는 참 아름다운 교회입니다. 말씀을 낭비하지 않는 교회, 말씀을 소비하지 않는 교회입니다. 말씀을 듣고 믿는 것이 중요합니다. 지금까지 설교를 수백 편을 들었는데도 아직 믿을까 말까를 주저하시는 분이 있습니까? 이제 결단하십시오. 데살로니가 교회 성도들처럼 하나님 편에 서겠다고 결단하시기 바랍니다. 데살로니가 교회의 주소는 하나님 안, 예수 그리스도 안이었습니다. 우리 교회의 주소도 하나님 안에 있는 줄로 믿습니다. 여러분 집의 주소도 하나님 안에 있기를 소원합니다. 생각할수록 좋은 교회요, 감사가 터져 나오는 교회인 것은 믿음의 역사와 사랑의 수고와 소망의 인내가 있기 때문입니다.

주님은 이런 교회를 주목하십니다. 우리가 섬기는 교회가 이런 교회가 되기를 소망합니다.

소망의 기다림

11월 대림절 1 김승학 목사
다섯째 주 안동교회

아 8 : 13~14

예배로 부름
시 62 : 5~6
"나의 영혼아 잠잠히 하나님만 바라라 무릇 나의 소망이 그로부터 나오는도다 오직 그만이 나의 반석이시요 나의 구원이시요 나의 요새이시니 내가 흔들리지 아니하리로다"

입례 찬양
31장 "찬양하라 복되신 구세주 예수"

결단 찬양
176장 "주 어느 때 다시 오실는지"

오늘부터 2025년 대림절이 시작됩니다. 우리를 위해 이 세상에 오셔서 십자가 위에서 죽으셨다가 부활의 첫 열매가 되었고, 우리가 거할 영원한 생명의 나라를 예비하기 위해 하늘로 올라가셨으며, 다시 오겠다고 약속하신 예수님의 재림을 기다리는 절기가 바로 대림절입니다. 그래서 대림절의 주제는 '기다림'입니다. 물론 기다린다고 해서 목적하는 바가 반드시 이루어진다는 보장은 없습니다. 그러나 목적을 이루기 위해서는 기다려야 할 때가 많습니다. 기다리면서 준비해야 합니다.

대림절 4주 동안 교회는 네 개의 초를 매 주일 예배 시간마다 밝힙니다. 한 주 또 한 주가 지날수록 네 개의 초는 마치 계단처럼 차례로 낮아져 시각적으로 시간의 흐름을 볼 수 있습니다. 대림절에 켜는 촛불은 서로 다른 의미가 있습니다. 첫째 주일의 촛불은 소망을, 둘째 주일은 언약을, 셋째 주일은 기쁨을, 마지막으로 넷째 주일의 촛불은 은총을 상징합니다.

오늘은 대림절 첫째 주일이며, 주제는 소망 중의 기다림입니다. 일반적으로 기다림에는 두 종류가 있습니다. 하나는 절망의 기다림으로 마치 사형 선고를 받은 죄수가 사형 집행일을 기다리는 것과 같습니다. 다른 하나는 소망의 기다림으로 결혼 예식을 앞둔 신랑 신부가 결혼 날짜를 기다리는 것과 같습니다. 그리스도인들에게 있어서 다시 오실 예수 그리스도를 기다리는 시간은 소망의 시간입니다.

본문 말씀이 속한 아가 8장은, 신랑과 신부가 서로 사랑을 확인하며 그 사랑이 영원히 지속되기를 간절히 소망하는 내용입니다. 신랑과 신부는 한마음으로 사랑의 노래를 부르며 꽃이 만발한 동산으로 달려갑니다. 신부의 친구들은 소망을 갖고 신부를 기다리고 있으며, 신부 역시 소망을 품고 사랑하는 신랑을 기다리고 있습니다. 그렇다면 대림절 첫째 주일에 그리스도인들이 소망을 품고 기다려야 할 것은 무엇입니까?

1. 소망의 음성을 기다려라

솔로몬은 신부인 술람미 여인의 친구들이 신부의 목소리를 듣고 싶어 한다고 말합니다.

"너 동산에 거주하는 자야 친구들이 네 소리에 귀를 기울이니 내가 듣게 하려무나"(아 8 : 13).

본문의 배경을 이렇게 생각해 볼 수 있습니다. 신부는 신랑인 솔로몬과 함께 친정으로 왔습니다. 함께 자란 동네 친구들이 신부인 술람미 여인을 보려고 모여서 그의 목소리라도 듣고 싶어 했나 봅니다. 왜 친구들은 술람미 여인의 목소리를 듣고 싶어 했습니까? 어렸을 때 함께 놀던 술람미 여인이 왕의 신부가 되었기 때문입니다. 친구들에게 술람미 여인은 사랑스럽고 덕스러운 존재, 즉 선망의 대상이었습니다. 따라서 술람미 여인의 목소리는 친구들에게 소망을 주는 음성이었기에 친구들은 술람미 여인의 목소리를 듣고 싶었습니다.

마찬가지입니다. 우리는 하나님의 음성을 듣기 위해 귀를 기울여야 합니다. 왜냐하면 하나님의 음성은 상처를 치유하고 절망을 극복하는 소망의 소리이기 때문입니다. 우리 주변에는 수많은 소리가 있습니다. 그러나 우리에게 유익한 소리는 그리 많지 않습니다. 들려오는 소리가 기쁨의 소식, 소망의 소리가 되어 절망에 빠진 사람들을 일으켜야 하는데 대부분 그렇지 않습니다. 우리에게 상처를 주거나 낙심하게 하고, 때로는 절망하게 만드는 소리가 많습니다. 오늘날 우리에게 정말 필요한 소리는 소망을 주는 소리입니다. 하나님의 음성이 바로 소망의 소리입니다. 그러니 우리는 사람의 음성을 듣기보다는 하나님의 음성을 즐겨 들어야 합니다.

사탄은 우리에게 결코 할 수 없다고, 포기하라는 절망의 소리를 들려줍니다. 그러나 하나님은 어떤 절망 가운데에서도 우리는 할 수 있다고, 믿는 자에게는 능히 하지 못할 일이 없다며, 소망의 음성을 들려주십니다. 사탄은 두려움을 줍니다. 그러나 하나님은 두려워하지 말라고 말씀하십니다. 내가 너를 도와주겠다고 말씀하십니다. 혼란과 낙심이 가득 찬 오늘날, 하나님은 우리에게 소망의 말씀을 들려주시는 분입니다. 그래서 하나님의 백성은 세상이 주는 절망적 소리가 아니라 하나님께서 주시는 소망의 음성에 귀를 기울여야 합니다. 날마다 소망을 품고 하나님의 능력을 기다리는 성도들이 되어야 합니다.

예배와 교회의 여러 사역에 잘 참석하다가 코로나19 팬데믹 사태 이후 교회를 떠난 성도들이 적지 않습니다. 흔히 말하는 가나안 성도가 코로나19 팬데믹 이후에 폭발적으로 증가했습니다. 이들 가나안 성도는 어디에도 구속되지 않으려 합니다. 교회에 속하기 싫어합니다. 가나안 성도들이 교회를 떠나는 큰 이유는 교회라는 틀 자체를 거부하고 자유로운 신앙생활을 하기 위해서라고 합니다. 이들 가운데 31.2%는 교회에 출석하지 않는 이유를 '교회 출석 욕구 부재'라고 답했습니다. 반드시 교회에 가야한다는 마음이 생기지 않는다는 것입니다. 적지 않은 가나안 성도가 시간이 지남에 따라 교회를 완전히 떠날 가능성이 큰 것도 사실입니다. 교회가 더 심각한 위기에 처할 수도 있습니다.

그럼에도 하나님은 교회의 회복과 부흥을 원하십니다. 우리는 이 땅에 있는 교회들의 새로운 부흥을 알리는 복된 소낙비가 쏟아지는 소리를 들을 수 있어야 합니다.

"내가 그들에게 복을 내리고 내 산 사방에 복을 내리며 때를 따라 소낙비를 내리되 복된 소낙비를 내리리라"(겔 34 : 26).

그래서 한국교회가 코로나19 팬데믹 사태 이후 침체와 쇠퇴의 길을 걷고 있는 세계교회를 살리는 부흥의 시발점이 되기를 소망합니다.

2. 소망의 성취를 기다려라

신부 술람미 여인은 신랑 솔로몬이 너무 보고 싶어 신랑이 노루와 사슴처럼 신속히 오기를 원했습니다.

"내 사랑하는 자야 너는 빨리 달리라 향기로운 산 위에 있는 노루와도 같고 어린 사슴과도 같아라"(아 8 : 14).

노루는 빠르게 달리는 동물입니다. 어린 사슴 역시 빠르게 달립니다. 갈수록 사랑하는 마음이 깊어지는 신부는 신랑이 속히 보고 싶었습니다. 사랑하는 신랑이 술람미 여인에게는 소망 그 자체였기 때문입니다. 신랑을 직접 만나는 것은 신부가 가지고 있던 소망이 성취되는 것과 같았습니다.

초대교회의 가장 중요한 신앙은 마라나타(maranatha) 신앙입니다. 마라나타는 '아멘, 주 예수여 어서 오시옵소서'라는 의미입니다. 초대교회는 예수님 때문에 너무도 가혹한 핍박을 받았습니다. 신앙을 지키다가 죽음을 맞이한 성도들이 많았습니다. 그들이 죽어가면서도 믿음을 지킨 이유는 예수님의 재림을 굳게 믿는 마라나타 신앙이 있었기 때문입니다. 신부가 신랑을 초청하는 본문은 예수 그리스도의 재림을 간절히 사모하는 성도를 예표하고 있는 듯합니다. 예수님의 재림을 간절히 바라는 마라나타 신앙은 소망의 신앙입니다. 예수님이 분명히 다시 오실 것이라고 믿는 마라나타 신앙은 우리가 어떤 상황에 처해 있든지 인내하며 예수님을 기다릴 수 있게 합니다.

오늘날에도 그리스도의 재림을 사모하는 성도는 본문 말씀처럼 신랑과의 대면을 기다리는 신부의 마음을 가지고 있어야 합니다. 그뿐만 아니라 예수님의 재림을 확신하는 성도라면 다시 오실 예수님을 만날 수 있다는 소망이 반드시 이루어질 것을 확신하며 그날을 기다려야 합니다.

안동에 복음이 전해진 지 131년이 지났지만 복음화율은 12% 정도에 불과합니다. 지금까지 교회들이 열심히 예수님을 전해왔지만, 여전히 낮은 복음화율로 하나님께 송구스러울 뿐입니다. 그래서 안동시에 있는 교회들은 2024년부터 예배 시간에 안동의 성시화를 간절히 바라는 공동의 기도제목으로 기도하고 있습니다.

주일오전예배 시간의 기도제목은 "우리 세대에 안동 시민의 20%가 하나님을 예배하는 예수 마을 안동이 되게 하옵소서."입니다. 주일오후예배 시간에는 "시내 교회와 교회학교의 회복을 넘어 부흥을 주옵소서."이며, 수요저녁예배 시간에는 "사탄의 영이 물러가고 하나님의 영, 성령이 지배하는 거룩한 안동이 되게 하옵소서."라는 제목으로 기도합니다. 그뿐만 아니라 새벽기도회 시에는 위의 세 가지 공동 기도제목으로 기도하면서 "때를 따라 소낙비를 내리되 복된 소낙비를 내리리라"(겔 34 : 26)라는 하나님의 약속을 붙잡고 안동 땅에 구원의 소낙비, 은혜의 소낙비가 쏟아져 우리 세대에 안동의 성시화가 성취되기를 간절히 기다리고 있습니다.

대림절은 기다림의 절기입니다. 그리스도인의 기다림은 소망 중의 기다림입니다. 본문 말씀의 신랑과 신부, 그리고 신부의 친구들은 소망을 갖고 기다렸습니다. 소망의 음성을 듣고 싶어 하며 기다렸습니다. 그리고 소망의 이루어짐, 즉 소망의 성취를 기다렸습니다.

2025년 대림절을 시작하며 우리는 소망을 주시는 하나님의 말씀과 음성을 간절히 기다려야 합니다. 또한 마라나타 신앙을 가지고 그리스도의 재림이 성취되는 그날을 믿음으로 기다릴 수 있기를 소망합니다.

2025 MINISTRY RESOURCE
MANUAL BOOK

목회와
설교자료

새 하늘과 새 땅을 기다리며

12월 첫째 주 대림절 2 　 홍성호 목사
순천제일교회

벧후 3 : 8~13

예배로 부름

사 30 : 18

"그러나 여호와께서 기다리시나니 이는 너희에게 은혜를 베풀려 하심이요 일어나시리니 이는 너희를 긍휼히 여기려 하심이라 대저 여호와는 정의의 하나님이심이라 그를 기다리는 자마다 복이 있도다"

입례 찬양

37장 "주 예수 이름 높이어"

결단 찬양

105장 "오랫동안 기다리던"

한 아빠가 딸아이에게 "이번 성탄절에 아빠를 위해 선물을 준비했니?"라고 물었습니다. 아이는 "내가 있다는 사실 자체가 선물이에요."라고 대답하며 아빠에게 어떻게 생각하느냐고 되물었습니다. 아빠는 "그렇다."라고 대답했습니다. '내가 여기에 있다'는 사실 자체만으로 누군가에게 선물이 될 수도 있다는 생각이 듭니다. 내가, 우리가 여기에 있다는 것이 누군가에게 선물이 된다면 좋겠습니다.

교회력에서 처음 한 달을 대림절, 곧 '기다림'으로 보낸다는 것이 참 귀합니다. 우리는 대림절 기간에 이미 오셨던 주님을 기억하는 동시에 다시 오겠다고 약속하신 주님을 만나리라는 기대를 품고, 우리 삶을 돌아보게 됩니다. 사실 지난 1년을 돌아보면 '발자국마다 은총'이었다고 고백할 수밖에 없습니다. 어렵고 난감한 일을 겪기도 했지만, 우여곡절 속에서도 하나님의 사랑이 지속되고 있었음을 경험했기 때문입니다. 하지만 하나님을 사랑한다고 고백하면서도 "마음과 목숨과 뜻과 힘을 다하여" 사랑하지 못했습니다. 세상의 보이지 않는 전쟁터에서 살아남기 위해 전전긍긍했을 뿐입니다. "네 이웃을 네 몸처럼 사랑하라." 하셨지만, 우리는 '내 코가 석 자'라는 생각에 사로잡혀서 고통받는 이웃들을 짐짓 외면했습니다.

주님의 말씀을 따르지 못하고 주님을 사랑하지 못하고 살았는데 대림절, 곧 오시는 주님을 기다리는 이 절기에 과연 우리는 주님을 알아볼 수 있겠습니까?

1. 주의 약속이 더디다고?

"주의 약속은 어떤 이들이 더디다고 생각하는 것같이 더딘 것이 아니라 오직 주께서는 너희를 대하여 오래 참으사 아무도 멸망하지 아니하고 다 회개하기에 이르기를 원하시느니라"(벧후 3 : 9).

베드로 사도는 사람들의 믿음이 해이해졌음을 알아차렸습니다. 다시 오시겠다고 하신 예수 그리스도의 약속이 자꾸만 지연되고 있었기 때문입니다. 그러다 보니 어떤 이들은 자기 뜻과 욕망대로 살면서 다시 오실 주님을 기다리며 신실하게 살고 있는 이들을 조롱하기도 했습니다.

"주께서 강림하신다는 약속이 어디 있느냐 조상들이 잔 후로부터 만물이 처음 창조될 때와 같이 그냥 있다"(벧후 3 : 4).

정말 그런 것 같은 생각이 들 때가 많습니다. 시편 73편의 시인은 선한 사람이 고통을 당하고, 거만한 자들이 오히려 득세하는 세상을 보며 하나님에 대한 신뢰를 잃을 뻔했다고 고백합니다. 이런 현실에 우리 마음을 빼앗기다 보면 회의감에 빠지기 쉽습니다. 조롱하는 이들이 힘을 얻는 것은 그 때문입니다.

하지만 그들은 사실 어리석은 자들입니다. 당장은 세상에서 불의가 득세하는 것처럼 보여도 역사는 하나님의 뜻이 이루어지는 과정입니다. 오만한 자들은 하나님의 심판을 대수롭지 않게 여기지만, 세상의 모든 것이 다 제자리로 돌아갈 때가 옵니다.

"내가 어쩌면 이를 알까 하여 생각한즉 그것이 내게 심한 고통이 되었더니 하나님의 성소에 들어갈 때에야 그들의 종말을 내가 깨달았나이다"(시 73 : 16-17).

하나님 앞에 설 때야 모든 것을 알게 되었다고 합니다. 지금 우리는 하나님 앞에 선 것은 아니지만 신앙생활의 주기를 따라 대림절 가운데 서 있습니다. 그러므로 하나님의 오심을, 하나님의 일하심을 기다리고 기대하며 마음을 새롭게 해야 합니다.

"사랑하는 자들아 내가 이제 이 둘째 편지를 너희에게 쓰노니 이 두 편지로 너희의 진실한 마음을 일깨워 생각나게 하여 곧 거룩한 선지자들이 예언한 말씀과 주 되신 구주께서 너희의 사도들로 말미암아 명하신 것을 기억하게 하려 하노라"(벧후 3 : 1-2).

"사랑하는 자들아 주께는 하루가 천 년 같고 천 년이 하루 같다는 이 한 가지를 잊지 말라"(벧후 3 : 8).

2. 하나님의 시간 vs 인간의 시간

"사랑하는 여러분, 이 한 가지만은 잊지 마십시오. 주님께는 하루가 천 년 같고, 천 년이 하루 같습니다"(벧후 3 : 8, 표준 새번역).

하나님의 시간은 우리의 시간과 다릅니다. 시편 저자도 이와 똑같은 고백을 하면서 인생의 유한함을 이렇게 표현합니다.

"주의 목전에는 천 년이 지나간 어제 같으며 밤의 한순간 같을 뿐임이니이다 주께서 그들을 홍수처럼 쓸어가시나이다 그들은 잠깐 자는 것 같으며 아침에 돋는 풀 같으니이다"(시 90 : 4-5).

이런 사실을 잘 알기에 그는 시편 90 : 12에서 "우리에게 우리 날 계수함을 가르치사 지혜로운 마음을 얻게 하소서"라고 기도합니다.

이것은 인생의 유한함을 되씹으며 허무에 빠진 이의 말이 아닙니다. 오히려 '지금, 여기'(here & now)라는 선물을 가장 아름답게 살아 내고 싶은 이의 간절한 청원입니다.

그러니 아직 남은 질문이 있습니다. 왜 주님은 이 세상에 속히 오시지 않는 것입니까? 믿음 때문에 고통을 겪은 이들이라면 누구나 이런 의문을 품었을 겁니다. 주님이 약속을 잊으신 것입니까? 땅의 현실을 모른 척하시는 것입니까? 베드로는 이 질문에 이렇게 대답합니다.

"주의 약속은 어떤 이들이 더디다고 생각하는 것같이 더딘 것이 아니라 오직 주께서는 너희를 대하여 오래 참으사 아무도 멸망하지 아니하고 다 회개하기에 이르기를 원하시느니라"(벧후 3 : 9).

지금은 하나님을 등지고 사는 이들, 믿음을 가졌다고 하면서도 여전히 세상의 욕망에 따라 타협하면서 생을 허비하는 이들이 하나님께로 돌이키기를 기다리는 때라는 것입니다. 소위 '집행유예'(執行猶豫)의 시간입니다.

3. 다가오는 주님의 시간

주님이 차분하게 다가오고 계십니다. 그러니 우리는 어찌해야 합니까? 하나님의 날을 기다리는 사람 혹은 다시 오실 주님을 기다리는 사람답게 산다는 것은 어떤 것입니까? 베드로는 아주 간명하게 대답합니다.

"거룩한 행실과 경건함으로 하나님의 날이 임하기를 바라보고 간절히 사모하라"(벧후 3 : 11-12).

그렇다면 베드로 사도가 말하는 거룩한 행실과 경건한 생활이란 어떤 것입니까?

오늘 우리의 믿음을 한번 돌아봅시다. 믿음의 대상인 하나님 앞에서 나는 신실합니까? 그 신실함이 내가 살아가는 세상, 그리고 관계를 맺고 살아가는 이웃들과의 관계 속에서 입증되고 있습니까? 늘 그렇듯이 하나님을 경외하는 것은 믿음 생활의 기본 중의 기본입니다. 하나님을 경외하는 이의 삶은 레위기 19장에서 말씀하는 것처럼 타자에 대한 배려와 존중으로 나타납니다. 다른 이들을 위해 좋은 몫을 남겨 둘 줄 아는 마음, 다른 이들을 수단으로 삼지 않는 태도, 힘이 있다고 약자들을 억압하거나 착취하지 않는 것, 공정하지 못한 재판을 하지 않는 것, 생명을 위태롭게 하면서까지 이익을 보려 하지 않는 것이야말로 하나님을 경외하는 이들의 마땅한 모습입니다.

더군다나 베드로 사도는 본문 12절에서 "그날을 앞당기도록 하여야 하지 않겠습니까?"(새번역)라고 말합니다. 하나님 나라를 꿈꾸는 사람들은 지금 여기서 하나님 나라를 성취해야 합니다. 그야말로 주님이 오심으로 열리는 새 하늘과 새 땅을 여기서 시작해야 합니다.

여러분은 하나님 나라를 어떤 모습이라고 생각합니까? 이런 질문 앞에 설 때마다 사람들은 요한계시록에 나오는 "다시는 사망이 없고 애통하는 것이나 곡하는 것이나 아픈 것이 다시 있지 않는 세상"을 떠올립니다(계 21 : 4). 생각만 해도 좋습니다. 그러나 하나님 나라를 소망하는 이들은 지금 여기서 그 세계를 시작해야 합니다.

정말로 하나님 나라에 슬픔과 울부짖음과 고통이 없다고 믿는다면, 지금 여기에서 그것들을 없애기 위해 노력해야 합니다. 하나님 나라에 공해가 없다고 믿는다면, 지금 여기서 공해를 만들지 않는 삶을 시작해야 합니다. 하나님 나라에 전쟁이 없다고 믿는다면, 평화로운 세상을 만들기 위해 노력해야 합니다. 그곳에 기쁨과 감사가 있다면, 지금 현실 속에서도 기쁨과 감사를 누릴 줄 알아야 합니다.

경탄할 줄 아는 사람이 되는 것, 다른 이들과 우정을 나누는 것, 다른 이들의 아픔을 덜어 주기 위해 애쓰는 것, 바로 그것이 진정한 기다림입니다. 베드로는 우리가 기다리는 세계를 이렇게 요약합니다.

"우리는 그의 약속대로 의가 있는 곳인 새 하늘과 새 땅을 바라보도다" (벧후 3 : 13).

히브리서 11 : 1에서 "믿음은 바라는 것들의 실상이요 보이지 않는 것들의 증거"라고 했습니다. 실상은 보이는 것입니다. 증거는 말할 수 있는 것입니다. 보여 주어야 합니다. 그러니 이미 아기 예수님으로 오신 주님, 또한 오늘 우리와 늘 함께하시는 임마누엘 나의 주님, 또한 다시 오실 주님을 기다린다면 그분의 오심과 함께 열릴 새 하늘과 새 땅을 그저 추상적으로 머릿속에 그리고 가슴으로 느끼는 것으로 끝나서는 안 됩니다. 우리의 손과 발을 움직이면서 우리의 삶 속에 사랑의 열매를 맺어야 합니다.

주님을 기다리는 이 계절, 오실 주님이 머무실 여백을 우리 마음에 마련해야 합니다. 육체의 욕망과 눈의 욕망, 세상 살림에 대한 자랑에서 벗어나야 합니다(요일 2 : 16). 촛불을 밝혀 어둠을 조금씩 몰아내는 것처럼, 우리의 어두운 마음에도 하늘의 빛이 스며들기를 원합니다.

2025 MINISTRY RESOURCE
MANUAL BOOK

목회와
설교자료

양과 염소 비유

12월 대림절 3　정 훈 목사
둘째 주　　　여천교회

마 25 : 31~34

예배로 부름
요 1 : 14
"말씀이 육신이 되어 우리 가운데 거하시매 우리가 그의 영광을 보니 아버지의 독생자의 영광이요 은혜와 진리가 충만하더라"

입례 찬양
114장 "그 어린 주 예수"

결단 찬양
570장 "주는 나를 기르시는 목자"

예수님은 항상 비유로 하나님의 나라를 전하셨습니다. 본문 말씀도 그 비유 중 하나인데, 예수님께서는 양과 염소의 비유를 통해 마지막 때에 있을 재림과 심판에 대해 말씀하셨습니다.

목자들은 양을 키울 때 염소 한두 마리를 양 무리 안에 집어넣어 함께 키운다고 합니다. 양은 배가 고파도 잘 움직이지 않는 게으른 기질을 갖고 있습니다. 반면에 염소는 양과 다르게 가만히 있지를 못하고 이리저리 돌아다니며 닥치는 대로 뿔로 받는 사나운 기질을 가지고 있습니다. 그래서 양을 움직이게 하려고 염소를 함께 키우는 것입니다.

교회 안에도 양과 같은 성도만 있는 것이 아니라 염소와 같은 성도가 있어 함께 어울려 신앙생활을 합니다. 왜 하나님은 교회 안에 양과 염소와 같은 성도를 두셨습니까?

1. 성장의 도구

첫째, 하나님은 염소를 통해 양을 성장하게 하십니다.

"나더러 주여 주여 하는 자마다 다 천국에 들어갈 것이 아니요 다만 하늘에 계신 내 아버지의 뜻대로 행하는 자라야 들어가리라"(마 7:21).

염소들이 사납게 날뛰면 겁이 많은 양들은 염소 때문에 뿔뿔이 흩어지고, 그러면서 자연스럽게 새 풀을 찾아다니게 됩니다. 날뛰는 염소 덕에 양들은 드넓은 초원에서 골고루 양식을 먹어 건강하게 성장할 수 있게 됩니다. 교회 안에서 염소 같은 성도들이 분란을 일으키고 다른 성도의 마음을 상하게 할 때가 있습니다. 하지만 염소 같은 성도를 통해 양 같은 성도는 하나님을 찾고, 하나님 곁에 가까이 감으로 영적 게으름에 빠지지 않게 됩니다.

또한 염소 같은 성도를 통해서 참된 성도와 거짓 성도를 구별하기도 합니다. 염소 같은 성도 때문에 마음 상하는 일이 생길 때 하나님을 더 찾고 기도의 자리로 나아가는 성도들이 있는가 하면, 염소의 사나움을 보고 실족하여 쉽게 교회를 떠나는 안타까운 성도들도 있습니다. 우리의 마음을 어렵게 하는 염소 같은 성도들을 보고 왜 나와 다른지, 왜 마음을 어렵게 하는지 불평하고 낙심하지 맙시다. 그런 성도 덕분에 오히려 영적인 게으름에 빠지지 않고, 하나님을 찾는 성실한 성도가 될 수 있는 것에 감사하며 오히려 기쁨으로 연단을 감당할 수 있기를 원합니다.

2. 반면교사

둘째, 양은 염소를 통해 목자의 음성을 듣습니다.

"우리는 하나님께 속하였으니 하나님을 아는 자는 우리의 말을 듣고 하나님께 속하지 아니한 자는 우리의 말을 듣지 아니하나니 진리의 영과 미혹의 영을 이로써 아느니라"(요일 4 : 6).

양과 염소의 가장 큰 차이는, 양은 목자의 음성에 따라 움직이며 염소는 본능대로 움직인다는 것입니다. 양은 목자가 인도하는 곳에서 양식을 먹지만, 염소는 본능대로 움직이기 때문에 무리에 이탈하여 사나운 짐승에게 잡아먹히거나 길을 잃을 때가 있습니다. 성도도 마찬가지입니다. 신앙생활을 하면서 누구의 음성을 듣고 어떤 영의 양식을 먹고 자라느냐에 따라 양과 염소가 구분됩니다.

시대가 발전하면서 유튜브와 같은 영상매체를 통해서 전 세계적으로 다양한 목회자들의 설교와 찬양을 쉽게 찾아 들을 수 있게 되었습니다. 그러다 보니 정작 제대로 들어야 할 본 교회 목사의 설교를 듣지 않는다거나, 편리한 경건 생활을 추구하며 교회 안에서 섬김과 봉사를 가볍게 여기거나, 교회에 소속감을 갖지 못하고 교회 공동체를 혼란하게 하는 사람들이 많이 생겨나고 있습니다.

하지만 하나님께서 각 교회의 목자를 세우신 것은 그 목자를 통해 하나님의 음성을 들려주시기 위함입니다. 그러므로 자기 목자의 음성을 따르지 않고, 자기가 속한 무리를 사랑하지 않는 성도는 양이 아니라 염소와 같은 성도로 성장할 가능성이 매우 큽니다. 양은 목자의 음성을 따라 양식을 먹습니다. 양은 목자가 허락한 양식을 먹고 자랍니다. 목자가 부르면 다른 곳에 있다가도 목자의 음성이 들리는 곳으로 향합니다. 그러나 염소는 목자의 음성이 들리든 말든 자기 멋대로 신앙생활을 하며 영적 교만에 빠져 살아갑니다. 그런 염소의 모습을 통해 양은 오히려 영적 감각을 더 세우고 목자의 음성에 귀 기울이며 목자가 인도하는 곳으로 걸어갑니다.

특히 마지막 때에 미혹하는 자가 많이 나타나므로 양은 목자의 음성에 더욱 귀 기울여야 합니다. 목자는 양들을 반드시 푸른 초장으로 인도합니다. 혹여나 사나운 짐승과 험한 산골짜기를 지나도 목자는 반드시 양을 지킵니다. 염소처럼 목자의 음성에 귀 기울이지 않고 목자가 주는 양식을 먹지 않으면, 잠깐은 괜찮을 수 있어도 목자가 없는 곳에서는 사나운 대적들에게 잡아먹힐 수 있다는 사실을 깨달아야 합니다.

3. 영원한 상속, 영원한 형벌

셋째, 양은 영원한 상속을 받지만, 염소는 영원한 형벌을 받습니다.

"이 모든 날 마지막에는 아들을 통하여 우리에게 말씀하셨으니 이 아들을 만유의 상속자로 세우시고 또 그로 말미암아 모든 세계를 지으셨느니라" (히 1 : 2).

목자의 음성을 따라 살아가는 양에게는 마지막 날 주인에게 받는 상속이 있습니다. 본문 말씀은 예수님께서 심판의 날 모든 민족을 모으고 오른편에는 하나님의 상속을 받는 자, 왼편에는 영원한 불 심판을 받을 자로 구별할 것이라고 합니다.

양과 염소를 구별하는 기준은 목자에게 있습니다. 무리에 속하였다고 모두가 상속받는 것은 아닙니다. 사람들이 인정해 준다고 상속을 받는 것도 아닙니다. 아무리 작은 일이라고 할지라도 하나님의 음성에 귀 기울여 말씀대로 끝까지 살아가는 성도만이 하나님 나라의 상속자가 될 수 있습니다.

신앙인들에게 결과보다 중요한 것은 과정입니다. 세상은 결과를 만들어 내기 위해 수단과 방법을 가리지 말아야 한다고 말합니다. 그러나 주님은 우리에게 결과를 요구하시지 않습니다. 우리가 믿음을 지키며 살아 낸 과정과 삶의 모습들을 보십니다. 작은 것이라도 주인의 음성에 순종하고 따라 행했다면 그것이 그가 상속받을 만한 자로 인정받는 이유가 됩니다.

세상 사람들과 비교했을 때 조금 더디고 부족할지라도 목자를 기쁘게 하는 삶을 살았다면 그들은 반드시 상속받을 것입니다. 그러나 아무리 세상에서 인정받는 삶, 남부럽지 않은 삶을 살았다 할지라도 목자가 기억하지 못하고, 기뻐하지 않는 삶이라면, 그런 자들의 삶은 상속이 아닌 영원한 형벌을 받는 안타까운 인생이 될 뿐입니다.

이스라엘 백성들은 하나님의 언약을 지키며 그들을 구원할 메시야를 기다렸습니다. 그 가운데 바리새인과 서기관들은 자신의 방법대로 믿음을 지키며 살았지만, 끝내 참된 메시야를 보지 못하고 스스로 염소의 역할을 자처하였습니다.

그러나 우리의 대제사장이 되시며 또 희생제물이 되어 주신 예수님은 하나님의 음성을 좇아 하나님이 인도하시는 길로 온전히 향하였습니다. 그 길은 죽음의 길, 고난의 길이었습니다. 세례 요한은 예수님을 보고 "보라 세상 죄를 지고 가는 어린양이다."라고 외쳤습니다.

예수님은 직접 우리에게 하나님의 음성을 따라 살아가는 순종의 모습을 보여 주셨습니다. 한 사람의 순종이 온 인류를 구원하였습니다. 죽음의 길이 끝이라고 생각했지만, 죽음을 이기고 부활하셔서 영원한 상속을 받는 생명의 길을 우리에게 선물로 주셨습니다.

우리가 하나님의 음성을 듣고 걸어가는 순종이 많은 생명의 열매를 맺는다는 것을 기억합시다. 그리고 대림절을 맞아 나는 어떤 모습으로 주인 되신 예수님을 기다리는지를 돌아봅시다. 염소와 같이 자기 멋대로 살아가며 영원한 심판을 받는 안타까운 인생을 살지 않기 위해, 더디 가더라도 목자의 음성에 귀 기울이며 목자가 인도하는 길로 걸어갑시다. 그리고 마지막 때에 주님께서 심판하실 때 당당히 오른편에 구별되어 하나님이 창세 전부터 예비하신 나라의 상속을 받는 양과 같은 성도로 살아가기를 진심으로 소망합니다.

동방 박사들의 성탄절

12월 대림절 4, 성탄절
셋째 주

이진구 목사
성루교회

마 2 : 1~12

예배로 부름
벧전 1 : 3~4
"우리 주 예수 그리스도의 아버지 하나님을 찬송하리로다 그의 많으신 긍휼대로 예수 그리스도를 죽은 자 가운데서 부활하게 하심으로 말미암아 우리를 거듭나게 하사 산 소망이 있게 하시며 썩지 않고 더럽지 않고 쇠하지 아니하는 유업을 잇게 하시나니 곧 너희를 위하여 하늘에 간직하신 것이라"

사 6 : 8
"내가 또 주의 목소리를 들으니 주께서 이르시되 내가 누구를 보내며 누가 우리를 위하여 갈꼬 하시니 그때에 내가 이르되 내가 여기 있나이다 나를 보내소서 하였더니"

입례 찬양
22장 "만유의 주 앞에"

결단 찬양
116장 "동방에서 박사들"

기독교 시인 윤동주는 별에 관한 시를 많이 썼습니다. 시대가 암울하고 현실이 어두울수록 시인의 시선은 하늘을 향하고 밤하늘에 반짝이는 별들을 볼 수밖에 없었습니다. 별들을 보면서 조국에 대한 사랑과 삶에 대한 애착을 노래했습니다. 그가 쓴 "별 헤는 밤"의 한 구절입니다.

별 하나에 추억과
별 하나에 사랑과
별 하나에 쓸쓸함과
별 하나에 동경과
별 하나에 시와
별 하나에 어머니, 어머니
어머님, 나는 별 하나에 아름다운 말 한마디씩 불러 봅니다

삶이 각박하다고 합니다. 힘들고 곤고하다고 합니다. 그러나 자세히 살펴보면 환경, 세상 때문만이 아니라 우리의 마음이 각박하고 우리 마음이 얼어붙어 있기 때문임을 발견합니다.
시와 문학작품 가운데 밤하늘의 별들이 자주 등장하는 것은, 별이 소망과 희망을 나타내는 상징이기 때문입니다. 인류는 별을 바라보면서 험난한 인생살이에서 아름다운 삶을 살아가는 비결을 배웠습니다. 야곱도 형과 아버지를 속이고 외삼촌 라반의 집으로 도망가던 중 벧엘에서 너무나 외롭고 쓸쓸하여 눈물지을 때 밤하늘의 별을 바라보면서 하나님의 약속을 붙잡았습니다.
세상이 힘들고 곤고하니 나도 몰래 한숨 쉬는 일이 많습니까? 그때마다 삶의 소망이요, 인도자 되시는 예수님을 바라보면서 힘을 얻으

시기를 바랍니다.

"또 우리에게는 더 확실한 예언이 있어 어두운 데를 비추는 등불과 같으니 날이 새어 샛별이 너희 마음에 떠오르기까지 너희가 이것을 주의하는 것이 옳으니라"(벧후 1 : 19).

본문 말씀을 보면 아기 예수님의 탄생을 가장 먼저 깨달아 머나먼 길을 마다하지 않고 떠난 동방의 박사들이 등장합니다. 하나님을 섬기는 백성들이 모여 살던 예루살렘성의 수많은 이스라엘 백성 그리고 성경을 연구하던 서기관들, 백성을 대표해서 하나님을 섬기던 대제사장들도 아기 예수님의 탄생을 모르고 있던 그때 그들은 어떻게 아기 예수님의 탄생을 알고 경배할 수 있었습니까? 그들은 세상에 소망을 두기보다는 하늘을 보았고, 하늘에 떠 있는 별에 관심을 두고 있었기 때문입니다.

땅보다는 하늘을 바라봐야 함을 가르쳐 주는 좋은 교훈입니다. 우리가 혹은 우리 주변의 가족과 이웃들이 하나님을 믿고 이 땅이 아니라 영원한 하늘나라에 소망을 두고 살아야 함을 가르쳐 주는 말씀입니다. 이 말씀을 통해서 우리가 생각해야 할 것이 무엇인지를 살펴보도록 하겠습니다.

1. 예수님을 증거하는 전도자가 되어야 한다

동방 박사들이 아기 예수님을 찾아 예루살렘까지 올 수 있었던 까닭은 한 가지입니다. 밤하늘의 별들이 그들을 안내해 주었기 때문입니다. 만일 별들이 안내해 주지 않았다면, 동방 박사들은 아기 예수님을 만날 수도 경배할 수도 없었을 것입니다. 또 동방의 박사들이 예루살렘에 와서 그 소식을 전해 주지 않았다면 아마도 예루살렘과 유대 지방도 아기 예수님의 태어나심을 알 수 없었을 것입니다.

별이 동방 박사들을 안내하고, 동방 박사들은 별을 따라 머나먼 여행을 감수하면서 예루살렘에 와서 아기 예수님의 탄생을 전함으로 유대인들과 예루살렘은 성탄을 맞을 수 있었습니다. 성경 본문을 살펴보십시오. 예루살렘은 종교의 도시요, 하나님과 곧 오실 메시야 예수님에 대해서 너무나도 잘 알고 있었던 도시였습니다.

"헤롯 왕 때에 예수께서 유대 베들레헴에서 나시매 동방으로부터 박사들이 예루살렘에 이르러 말하되 유대인의 왕으로 나신 이가 어디 계시냐 우리가 동방에서 그의 별을 보고 그에게 경배하러 왔노라 하니 헤롯 왕과 온 예루살렘이 듣고 소동한지라"(마 2 : 1-3).

여기서 '소동했다'의 헬라어 '타랏소'(Ταράσσω)는 '뒤흔들다, 당황하게 하다, 무섭게 하다'라는 말입니다. 언제인지 몰라도 반드시 베들레헴에서 메시야가 탄생할 것을 알았지만, 전혀 준비도 안 된 상태에서 아기 예수님이 탄생했다는 소식은 그들을 놀라게 했고 당황스럽게 만들었다는 말입니다.

오늘 우리가 이제 성탄의 증인이 되어야 한다는 것은 2천 년 전에 베들레헴에서 아기 예수님이 탄생했다는 소식을 전하자는 말이 아닙니다. 예수님께서 2천 년 전에 이 땅에 오신 것을 모르는 사람은 없습니다. 2천 년 전에 오신 아기 예수님은 우리를 위해 죽으셨다가 다시 살아나시고 승천하시어 하나님의 우편에 앉아 계십니다. 그렇기에 이제 우리는 하늘에 계신 주님께서 심판의 주인으로 이 땅에 임하신다는 사실을 증언해야 합니다.

　세상을 보십시오. 예수님을 믿든지 안 믿든지 너도나도 "말세다."를 외칩니다. 자식을 버리는 부모를 보면서, 부모를 해치는 자식들을 보면서, 도무지 믿기지 않는 세상의 일들을 보면서 말세라고 합니다. 심판의 때가 가까왔다고 생각합니다. 예수님께서 반드시 심판주로 오신다는 것을 모르는 사람은 없습니다. 그럼에도 심판을 준비하고 마지막 날을 준비하는 이들은 없습니다. 언제인지 모르지만 반드시 우리 주님이 오실 때 우리 민족이, 우리 가족이, 형제들이 예루살렘 백성들처럼 무서워하고 당황하며 혼란스러워하지 않게 하는 것이 우리의 사명이요, 성탄을 맞는 우리들이 새겨야 할 내용입니다.

　오늘 우리가 사는 세상에 교회가 어떤 곳인지, 성탄절이 무슨 날인지를 모르는 사람은 없습니다. 그러나 성탄절이 무슨 날인지 알면서도 교회에 나오지 않고, 예수님과 상관없는 길을 가는 사람들이 너무 많습니다. 동방의 박사들은 아기 예수님이 탄생하신 것을 알았습니다. 즉, 그들은 예수님이 인류의 소망이심을 알았기에 베들레헴까지 멀고 험한 여행을 감수했던 것입니다. 우리는 교회와 예수님에 대해서 알기는 하지만 그분 앞에 나오지 못하고 예수님의 탄생을 준비하지 못해서 당황했던 예루살렘 백성들처럼 살아가는 많은 사람들이 진리 되신 주님을 만나 그분으로 소망을 삼고 살아갈 수 있도록 2천 년 전의 동방 박사들과 같은 전도자들이 되어야 합니다.

2. 예수 그리스도를 전하는 것이 삶의 우선순위여야 한다

　우리는 동방 박사들이 아기 예수님을 경배하고, 주님을 만나기 위해서 자기들의 가정과 직장과 살던 고향을 떠났음에 주목해야 합니다. 그들에게도 사생활이 있고, 가족과 자녀들과 형제들이 있으며, 섬기던 직장이 있었을 것입니다. 그러나 그들은 그 모두를 과감히 뒤로하고 얼마나 걸릴지 모르는 여행길을 떠났습니다. 성경은 그들이 여행을 시작하면서 아무것도 알지 못하고 떠났음을 보여 줍니다. 밤하늘에 메시야를 상징하는 별이 떠올랐고, 그들은 그 별이 떠오르는 날 밤, 바로 그 별을 따라서 여행길에 올랐습니다.

사랑하는 성도 여러분! 여러분에게 예수님은 어떤 존재입니까? 취미 생활이나 교양 활동으로 믿는 분입니까? 사교와 친교를 위한, 혹은 인격 함양을 위한 도구는 아닙니까?

문제는 그렇게 산 넘고 물 건너 인도해 주던 별이 베들레헴 근처에 와서 사라져 버렸다는 것입니다. 얼마나 막막하겠습니까? 오직 그 별 하나만 따라서 왔는데 갑자기 별이 사라졌습니다. 동방 박사들은 예루살렘에 가면 메시야에 대해서, 그가 어디에서 탄생할 것인지를 아는 사람이 있으리라 생각했습니다. 그래서 예루살렘성에 들어가 만나는 사람마다 붙잡고 "아기 예수님이 어디서 탄생했습니까? 혹시 아기 예수님이 탄생하신 곳이 어딘지 아십니까?" 하고 물었을 것입니다. 얼마나 열심히 물었는지 3절에서 "헤롯 왕과 온 예루살렘이 듣고 소동한지라"라고 했습니다.

예수 그리스도가 우리의 소망이고 우리의 희망임을 알고, 그분을 따라갈 때 소망이 있고 희망이 있음을 안다면, 우리는 그 예수님과 가까이하는 것을 주저해서는 안 됩니다. 가만 보면 교회에 나오다가 몇 달이 못 되어서 포기하고 신앙생활을 쉬겠다는 이들을 볼 수 있습니다. 처음 교회에 나오면 금방 기적이 나타나고, 생활도 변하며, 삶이 바뀔 줄 알지만 몇 달이 지나도 변화도, 기적도 없으니 포기해 버리는 사람들 말입니다.

생각해 보십시오. 예루살렘 성에 들어간 박사들이라고 왜 포기하고 싶은 생각이 없었겠습니까? 하지만 그들은 포기하지 않았습니다. 끝까지 아기 예수님이 탄생하신 곳을 묻고 묻다가 결국 헤롯 왕에게까지 갔습니다. 헤롯 왕은 대제사장들과 서기관들을 불러서 베들레헴에서 예수님이 탄생한다는 소식을 확인하였습니다. 동방 박사들이 아기를 찾으면 알려 달라는 헤롯 왕의 말을 듣고 성에서 나오니 별들이 다시 나타나서 안내하여 베들레헴 말구유에 도착하게 됩니다.

"박사들이 왕의 말을 듣고 갈새 동방에서 보던 그 별이 문득 앞서 인도하여 가다가 아기 있는 곳 위에 머물러 서 있는지라"(마 2 : 9).

그들은 너무나 기뻤습니다. 그래서 10절에서 "그들이 별을 보고 매우 크게 기뻐하고 기뻐하더라"라고 기록하였습니다. 할렐루야! 그들이 기뻐한 것은 헤롯 왕이 그들을 대접하고 박사라고 인정해 준 것 때문이 아니라, 자기들을 예수님께로 인도하는 그 별 때문이었습니다.

성도 여러분! 천하보다 귀한 영혼과 생명을 살리는 전도가 우리에게 기쁨이 되고 우선순위가 되는 복을 누리길 바랍니다. 예수님이 나를 위해서 오셨습니다. 예수님이 나를 위해서 지저분한 말구유에서 탄생하셨고, 나 때문에 십자가에서 고난당하고 부활하셨다는 그 사실 때문에 기쁘고 즐거운 삶을 사시는 여러분이 되기를 원합니다.

3. 예수님께 드릴 가장 귀한 선물은 천하보다 소중한 영혼이다

동방 박사들이 고향을 떠나고 가족을 떠나는 헌신만으로도 이미 아기 예수께는 귀한 선물을 드린 것이었습니다. 그러나 그들은 거기에 그치지 않고 아기 예수님을 위한 선물을 준비해서 가지고 왔습니다.

"집에 들어가 아기와 그의 어머니 마리아가 함께 있는 것을 보고 엎드려 아기께 경배하고 보배합을 열어 황금과 유향과 몰약을 예물로 드리니라" (마 2 : 11).

황금은 동서고금을 막론하고 가장 가치 있고 보배로운 것을 상징하는 것이요, 유향은 아름다운 향료이며, 몰약은 장례식에 없어서는 안 되는 귀한 보물이었습니다.

그렇게 귀하고 복된 선물을 왜 꼭 예수님께 드려야 했습니까? 그들은 예수님이 메시야이심을 확신했기 때문입니다. 지금이야 교회에 나오고 십자가에 달리신 예수님으로 인해 구원을 얻었다는 교리를 알기 때문에 구원의 가치에 대해서 잘 알고 있지만, 당시에는 아기 예수님께 황금과 유향과 몰약을 드린 것은 엄청난 사건이었습니다. 구세주 되신 예수님은 그 비싸고 가치 있고 희귀한 보물을 받으실만한 가치와 의미가 충분했다는 의미입니다.

오늘날 예수님께서 우리에게 받고자 하는 가장 가치 있고 소중한 것은 무엇입니까? 예수님은 자신이 이 세상에 오신 것이 다른 이유 때문이 아니라 죄인들을 불러 회개시키기 위해서라고 말씀하십니다. 즉, 영혼 구원을 위해서 오셨다는 말입니다.

"내가 의인을 부르러 온 것이 아니요 죄인을 불러 회개시키러 왔노라"(눅 5 : 32).

여러분은 돌아오는 성탄절에 아기 예수님께 어떤 선물을 드리려고 준비하고 계십니까? 예수님은 이 세상에서 가장 귀한 것이 영혼 구원임을 말씀하셨습니다. 다시 말하면, 예수님께 드릴 가장 귀한 선물은 영혼 구원이라는 것입니다.

"사람이 만일 온 천하를 얻고도 제 목숨을 잃으면 무엇이 유익하리요 사람이 무엇을 주고 제 목숨과 바꾸겠느냐"(마 16 : 26).

성탄의 계절, 동방 박사들이 가장 귀한 것을 아기 예수님께 드렸던 것처럼 우리도 복음 증거에 힘써 영혼 구원이라는 선물을 준비하여 예수님께 드리는 은혜가 있기를 소망합니다.

2025 MINISTRY RESOURCE
MANUAL BOOK

목회와
설교자료

하나님 앞에
자신을 드리는 일꾼

12월 넷째 주   이창교 목사
                   상남교회

딤후 2 : 15

예배로 부름
시 33 : 1
"너희 의인들아 여호와를 즐거워하라 찬송은 정직한 자들이 마땅히 할 바로다"

입례 찬양
9장 "하늘에 가득 찬 영광의 하나님"

결단 찬양
459장 "누가 주를 따라"

사도 바울은 서신서에서 자신을 '그리스도의 종 바울'이라고 소개합니다. 종은 자유가 없고 주인에게 매여 있는 사람입니다. 종은 주인의 명령에 절대복종해야 하는 신분입니다. 바울은 자신의 정체성이 그리스도의 종, 즉 그리스도께 매여 있는 자, 그리스도를 위하여 자신의 자유를 포기하고 그리스도의 명령에 복종하는 자이며 그렇게 살아간다고 고백하고 있습니다.

바울은 억지로 종이 된 것이 아니라 주님의 부르심에 자발적으로 종이 되었습니다. 이런 종을 '자유의 종'이라고 부릅니다. 자유할 수 있으나 주인을 위해 자신의 자유를 스스로 반납하고 자신을 주인에게 드리는 종 말입니다.

본문은 바울이 제자 디모데에게 보내는 편지로, 바울은 디모데에게 하나님의 일꾼으로서 하나님 앞에 자신을 드리는 일꾼이 되라고 권면하고 있습니다. 여기서 바울이 말하는 '일꾼'은 종과 같은 의미로 쓰였습니다. 그리고 하나님 앞에 자신을 드리는 일꾼이 되라는 말씀도 하나님의 부르심에 억지로가 아니라 자원하는 마음으로, 기쁨으로 자신을 드려 헌신하라는 뜻입니다.

그렇다면 하나님 앞에 자신을 드리는 참 일꾼은 어떤 일꾼입니까?

1. 말씀을 분별하며 부끄럽지 않은 일꾼

"너는 진리의 말씀을 옳게 분별하며 부끄러울 것이 없는 일꾼으로 인정된 자로 자신을 하나님 앞에 드리기를 힘쓰라"(딤후 2 : 15).

하나님의 말씀을 옳게 분별하여 하나님 앞에서 부끄럽지 않아야 합니다. 에덴동산에서 뱀의 유혹에 넘어간 하와는 "네가 먹는 날에는 반드시 죽으리라" 하신 하나님의 말씀을 왜곡하였습니다.

"동산 중앙에 있는 나무의 열매는 하나님의 말씀에 너희는 먹지도 말고 만지지도 말라 너희가 죽을까 하노라 하셨느니라"(창 3 : 3).

하나님께서 아담에게 하신 명령에는 "만지지 말라."라는 말씀이 없습니다. 또한 "반드시 죽으리라." 하셨지 "죽을까 하노라." 하신 적도 없습니다. 이 말이 아담에서부터 왜곡된 것인지 아니면 하와에게서 왜곡된 것인지는 알 수 없지만, 분명한 것은 하나님의 말씀을 그들이 임의대로 받아들이고 왜곡했다는 것입니다. 죄는 이와 같이 하나님의 말씀을 자기 소견에 좋은 대로 해석하고 잘못 받아들이는 데서 시작됩니다.

'옳게 분별하라'는 말은 헬라어 '오르도토메오'로 '바르게 자르다'라는 뜻입니다. 이는 하나님의 말씀을 자기 소견대로 함부로 해석하지 말고, 본래의 뜻과 의도대로 해석하여 바르게 받아들이라는 말입니다. 한마디로 하나님의 말씀을 '바로 해석하라'라는 것입니다. 특히 하나님의 말씀을 전하는 일꾼이라면 그 어떤 명령보다 중요하게 받아들여야 할 말씀입니다.

'부끄러울 것이 없는 일꾼'으로 인정받는 자가 되어야 한다는 말은 하나님께서 보시기에 부끄럽지 않아야 한다는 뜻입니다. 하나님은 사람의 마음과 중심을 감찰하십니다. 그러므로 하나님의 일꾼은 하나님의 말씀을 바로 해석하고 전하며, 그 말씀대로 살아서 하나님께서 보시기에 부끄럽지 않아야 할 것입니다.

말씀을 바로 해석하는 것보다 더 어려운 것은 전하고 가르치는 자로서 솔선수범하여 그 말씀을 지키고 본을 보이는 일입니다. 그러므로 바울은 디모데에게 어렵지만 '하나님께서 보시기에 부끄럽지 않은 일꾼'이 되라고 권면하고 있는 것입니다.

2. 망령된 말을 버리는 일꾼
하나님의 일꾼은 망령되고 헛된 말을 버려야 합니다

"망령되고 헛된 말을 버리라 그들은 경건하지 아니함에 점점 나아가나니" (딤후 2 : 16).

여기서 '망령되고 헛된 말'이란, 먼저는 진리에서 떠난 말을 뜻합니다. 당시 초대교회 안에는 영지주의 이단이 들어와 교회를 어지럽혔습니다. 영지주의는 영적인 것은 선하고 물질은 악한 것으로 주장하며, 예수 그리스도의 신성만 인정하고 인성은 부정했습니다. 예수님의 부활도 영적 부활은 인정하면서 육체의 부활은 부인했습니다. 영적인 것과 육적인 것을 지나치게 분리하고, 육적인 것을 무시하여 오히려 타락과 쾌락주의를 부추기는 현상을 가져왔습니다.

17절에는 이와 같은 영지주의자들의 말이 악성 종양처럼 퍼져나갔다고 말하면서 '후메내오와 빌레도'라고 두 사람의 이름까지 구체적으로 밝히고 있습니다. 그만큼 영지주의자들의 영향력이 당시 교회를 크게 흔들며 어지럽히고 있었다는 뜻입니다.

그리고 '망령되고 헛된 말'은 진리인 하나님의 말씀을 따라 말하지 않고 자기 소견에 옳은대로 말하는 것입니다. 안타깝게 교회 안에서도 서로 다른 의견을 가지고 이야기할 때 "진리와 현실은 다르다.", "남들도 다 그렇게 산다.", "세상이 다 그렇다." 하는 식으로 세상의 기준을 가지고 하나님의 말씀을 판단하고 자기 소견을 주장하는 이들이 많습니다. 결국 교회를 어지럽히고 분열을 조장하는 말들은 진리의 말이 아니라 세상의 가치관과 자기 소견에 좋은 대로 하는 말입니다.

우리가 하나님의 일꾼으로서 교회를 섬길 때 가장 경계해야 하는 일은 하나님의 진리와 말씀 앞에서 자기 소견을 주장하는 것입니다. 사도행전 3장에 베드로와 요한이 성전 미문에서 태어날 때부터 걷지 못했던 사람을 일으켜 걷게 한 기적 사건이 나옵니다. 사람들이 기적을 보고 놀라 두 사람을 주목하자, 베드로는 "우리 개인의 권능과 경건으로 이 사람을 걷게 한 것처럼 왜 우리를 주목하느냐 …… 예수로 말미암아 난 믿음이 너희 모든 사람 앞에서 이같이 완전히 낫게 하였느니라"(행 3 : 12-16)라고 전합니다. 그 어떤 기사와 표적이 일어나도 초대교회 하나님의 일꾼들은 자신의 이름이나 생각을 드러내지 않고, 오직 진리이신 예수 그리스도의 이름과 그 능력만을 나타내며, 오직 하나님의 영광만을 위해 성령의 권능을 사용했습니다.

초대교회 하나님의 일꾼들이 보여 준 이 원칙에서 벗어나는 순간, 우리는 하나님의 영광을 가로채고 진리인 하나님의 말씀을 그대로 전하는 것이 아니라 나의 사사로운 이익을 위해서 하나님의 말씀을 이용하는 자가 되고 맙니다. 특별히 하나님의 말씀을 가르치고 전하는 일꾼들은 절대로 잊지 말아야 경계의 말씀입니다.

3. 깨끗한 일꾼

하나님의 일꾼은 깨끗한 그릇이어야 합니다. 한 집에 금그릇, 은그릇, 나무그릇, 질그릇, 천히 쓰이는 그릇, 귀히 쓰이는 그릇 등 다양한 그릇이 있습니다. 그릇은 각각 그 쓰임새가 있습니다. 하지만 아무리 귀한 금

그릇, 은그릇이라도 더러우면 쓸 수 없습니다. 이처럼 하나님께 쓰임 받는 그릇이 되려면 우리가 어떤 그릇이든지 먼저 깨끗해야 합니다.

솔로몬이 왕위에 오르고 일천 번제를 마친 날, 기브온 산당에 찾아오신 하나님께서 솔로몬에게 복을 주셨습니다. 그 후 솔로몬이 성전과 왕궁을 짓고, 자신이 계획한 대부분의 일을 마친 어느 날 하나님께서 다시 솔로몬을 찾아와 그에게 복을 주셨습니다. 하지만 모든 것을 이룬 후에 찾아오신 하나님은 복의 말씀보다 경계의 말씀을 강조하셨습니다.

"만약 너와 네 백성, 네 자손이 내 말을 새겨듣지 않고, 말씀을 지켜 행하지 않으며, 나를 떠나 우상을 섬기면, 제아무리 아름다운 성전일지라도 내 마음과 내 눈길을 더 이상 그곳에 두지 않겠고 그 성전을 버리겠다."라고 하셨습니다. 그리고 하나님께서 이스라엘에게 준 가나안 땅에서 그들을 쫓아내겠다고 하셨습니다. 모든 것을 이루었다고 할 수 있는 솔로몬이 교만해져서 하나님을 떠나고 범죄 할 것을 걱정하신 하나님께서 그에게 죄의 결과를 말씀하시며 경고하신 것입니다.

하지만 솔로몬이 죽은 후 그의 아들 르호보암 시대에 이르자 솔로몬이 노년에 저지른 많은 죄악으로 인해 애굽 왕 시삭이 쳐들어와 성전의 많은 금과 보물들을 모두 도적질해 가고, 나라는 두 동강이 나고 말았습니다. 이스라엘이 오늘날에도 꿈꾸는 시온의 영광은 다윗 왕국과 솔로몬 왕국 같은 나라의 회복입니다. 솔로몬 왕국의 영광은 영원할 것 같았습니다. 하지만 제아무리 크고 화려하고 대단해 보여도 하나님을 떠나 더러워진 그릇은 하나님께서 쓰시지 않습니다.

그리스도인들은 우리 안에 그리스도를 모신 하나님의 성전입니다. 하나님께서 성전인 우리에게 마음을 두고 눈길을 두십니다. 하지만 우리가 하나님의 말씀을 행하지 않고 자기 소견에 좋은 대로 살아가며, 하나님을 의지하기보다 세상을 사랑하고 세상을 의지하며 살아가면, 곧 깨끗하지 못하면 하나님께서는 그 그릇에 마음과 눈길을 두지 않으십니다.

여러분, 하나님의 마음과 눈길이 떠난 성전은 쓸모없는 성전이 되고 맙니다. 그러므로 우리 그리스도인들은 항상 하나님의 진리의 말씀에 나를 비춰 보고, 하나님의 성전인 우리 자신이 하나님이 보시기에 얼마나 정직하고 깨끗한지 돌아보아야 합니다. 깨끗하지 않은 일꾼은 하나님께서 사용하실 수 없는 그릇이기 때문입니다.

하나님께서 자격 없는 우리를 일꾼으로 불러 주셨습니다. 그러므로 우리는 그 부르심 앞에 우리 자신을 자원하여 드리는 일꾼이 되어야 합니다. 하나님의 말씀을 옳게 분별하고, 부끄러울 것이 없는 일꾼이 되며, 망령되고 헛된 말을 버리고, 깨끗한 일꾼으로 쓰임 받는 그리스도인이 되어야 합니다. 오늘도 하나님께서는 자신을 온전히 드리는 깨끗한 일꾼을 찾고 계십니다.

2025 MINISTRY RESOURCE
MANUAL BOOK

목회와
설교자료

2025 MINISTRY RESOURCE
MANUAL BOOK

목회와 설교자료

초판발행	2024년 9월 24일
펴 낸 이	강성훈
발 행 처	한국장로교출판사
주 소	03128 / 서울시 종로구 대학로3길 29, 신관 4층(연지동, 총회창립100주년기념관)
편 집 국	(02) 741-4381 / 팩스 741-7886
영 업 국	(031) 944-4340 / 팩스 944-2623
홈페이지	www.pckbook.co.kr
인스타그램	pckbook_insta **카카오채널** 한국장로교출판사
등 록	No. 1-84(1951. 8. 3.)

책임편집	정현선
편 집	이슬기 김은희 이가현 강수지 **디자인** 남충우 김소영 남소현
경영지원	박호애 서영현
마 케 팅	박준기 이용성 성영훈

ISBN 978-89-398-4498-8
값 50,000원

※ 이 출판물은 저작권법에 의해 보호를 받는 저작물이므로 무단전재와 무단복제를 할 수 없습니다.